# 古代歷史文化研究輯刊

## 二 編

王明蓀 主編

## 第14冊

### 東晉初期政治勢力的形成與推移

馬以謹 著

國家圖書館出版品預行編目資料

東晉初期政治勢力的形成與推移／馬以謹 著 — 初版 — 台北
縣永和市：花木蘭文化出版社，2009〔民98〕
目 2+178 面；19×26 公分
（古代歷史文化研究輯刊 二編：第 14 冊）
ISBN：978-986-6449-91-8（精裝）
1. 東晉史　2. 政治權力
623.2　　　　　　　　　　　　　　　　　　98014231

ISBN -978-986-6449-91-8

9 789866 449918

古代歷史文化研究輯刊
二 編 第十四冊　　　　　　　ISBN：978-986-6449-91-8

## 東晉初期政治勢力的形成與推移

作　　　者　馬以謹
主　　　編　王明蓀
總 編 輯　杜潔祥
出　　　版　花木蘭文化出版社
發 行 所　花木蘭文化出版社
發 行 人　高小娟
聯絡地址　台北縣永和市中正路五九五號七樓之三
　　　　　　電話：02-2923-1455／傳眞：02-2923-1452
網　　　址　http://www.huamulan.tw 信箱 sut81518@ms59.hinet.net
印　　　刷　普羅文化出版廣告事業
初　　　版　2009 年 9 月
定　　　價　二編 30 冊（精裝）新台幣 46,000 元　　版權所有·請勿翻印

# 東晉初期政治勢力的形成與推移

馬以謹　著

## 作者簡介

馬以謹，一九六一年生於臺灣省臺中市。

靜宜大學外文系學士、東海大學歷史系學士、臺灣大學歷史研究所碩士、中正大學歷史研究所博士。

曾任逢甲大學通識中心、靜宜大學通識中心、朝陽科技大學通識中心、勤益科技大學通識中心、玄奘大學歷史系等諸校兼任副教授。

研究領域為中國婦女史、魏晉南北朝史。

## 提　要

東晉肇建，恃大族之支持以成事，其中尤以王家居功厥偉，遂有「王與馬共天下」之說。「王與馬共天下」包含「王與馬共成天下」與「王與馬共治天下」雙重涵義，非其他家族能夠代換之政治模式，因為彼等對司馬氏無共成天下之協贊，即不具有共治天下之條件。故「王與馬共天下」僅是司馬氏與王家間之默契，無法援引或施用在其他家族，也因此造就開國之初王家勢傾朝野，獨領風騷的局面，其他家族無有能出其右者。

晉元帝欲逐步收回君權，為「王與馬共天下」帶來變數，王敦遂採「清君側」之兵諫手段。這場亂事，真正獲利最大者為大族，也註定東晉一朝與門閥大族相始終的局面，等同宣告門閥大族社會之成型與凝固。

元帝駕崩後，明帝概括承受「王與馬共天下」之事實，其後徐圖潛謀，以太子時期僚屬組成對抗王敦之班底，王敦第二次興兵犯順，結果兵敗，結束「王與馬共天下」。明帝在位僅三年，其主政期間幾項政績，對東晉國祚之賡續，功不可沒。其中影響最深者，為政治架構之設計與導引。東晉主弱臣強，賴此架構發揮勢力平衡之作用，是延續國祚之主因。

成帝咸康六年以後之政局發展，基本上仍是東晉初期政治勢力推移之變體，及至最後二十年，打破政治勢力均勢，東晉政治方有新發展。

目

次

# 第一章　序　論

## 第一節　研究動機與研究回顧

### 一、研究動機

　　歷來研究東晉政治史之學者，多認為東晉政治之發展基調是門閥〔註1〕政治，百餘年之政治情勢就在門閥間之競爭下推移發展，此說固為事實，但東晉時期掌權之家族如琅邪王氏、庾氏、桓氏、謝氏、太原王氏等並非盡出昔日高門大族，〔註2〕彼等門第地位實不相等。東晉係國史上門閥政治勢力最具典型者，能產生如此結果，端賴已成型之門閥社會以為支撐，〔註3〕而

〔註1〕有關兩晉南北朝累世官宦家族之稱呼，至少有二、三十種之多，其中「門閥」或「閥閱」是從家門社會地位方面稱呼之，請參閱毛漢光，《兩晉南北朝士族政治之研究》，臺北：中國學術著作獎助委員會，民國57年7月初版，〈第一章第一節：「士族」名詞之商榷〉，頁1～2。

〔註2〕有關琅邪王氏、庾氏、桓氏、謝氏、太原王氏等家族是屬於舊族門戶或新出門戶，請參見田餘慶，《東晉門閥政治》，北京：北京大學出版社，2005年6月，〈後記：一、舊族門戶與新出門戶〉，頁270～275。

〔註3〕有關門閥社會之成型與發展，諸多學者皆有專文研究此一課題，可參閱唐長孺，〈門閥的形成及其衰落〉，收錄於《中國社會經濟史參考文獻》，臺北：華世出版社，民國73年10月，頁365～407；谷霽光，〈六朝門閥——門閥勢力之形成與消長〉，《文史哲季刊》5-4，1936年；蒙思明，〈六朝世族形成的經過〉，《文史雜誌》第一卷第九期，1941年8月；汪征魯、鄭達炘，〈論魏晉南朝門閥士族的形成〉，《福建師範大學學報》第二期，1979年；馬志冰，〈從魏晉之際官僚貴族世襲特權的法律化制度化看士族門閥制度的確立與發展〉，《中國文化研究（京）》（春之卷）2000年1月；簡修煒，〈封建門閥制度

欲保持高門大族之各種優勢與資源，除了宦與婚是以門第高低做爲準衡外，士庶不相接、門第界線錙銖必較、以家風家學內在精神維繫門第優勢於不墜，均爲確保門閥社會之方。〔註4〕換言之，門第觀靠社會價值觀型塑，且能超越政治力之掌控。政治力之取得既與門第高低有相輔相成之勢，〔註5〕是以小姓與寒素，〔註6〕要在已成型之門閥社會取得政治上的清顯之職，實非易事，〔註7〕更遑論在門閥政治勢力最高的東晉掌控朝政。以東晉先後掌權之家族而論，琅邪王氏和太原王氏先世閥閱雖可溯及東漢，但卻比不上楊、袁等大宗族，僅能尾附當日世家大族之列，並不能視爲世家大族入魏晉以後的眞正代表。〔註8〕庾氏先祖亦不算顯達，〔註9〕桓氏先世可上溯至東漢桓榮，算是世家大族，然而桓榮六世孫桓範在曹魏時，因嘉平之難，誅連三族。其後代子孫因爲刑家子遺，力圖掩蔽其家世，所以至桓彝時，雖致力躋身大族之列，仍被目爲新出門戶，甚爲時人所輕。〔註10〕直至唐代，桓氏仍不預《姓系錄》中僑姓王、謝、袁、蕭等第一等大姓之列，〔註11〕充其量

簡論〉，收錄於《中國古代史論叢第九輯》，福州：福建人民出版社，1985年4月；魏俊超、杜紹順，〈試論門閥士族制度的基礎〉，《華南師範大學學報》第二期，1983年；石榮倫，〈門閥制度發展階段新論〉，《江蘇教育學院學報（主科版）》，南京：1993年4月。

〔註4〕 請參閱毛漢光，《兩晉南北朝士族政治之研究》第七章至第九章，頁230～312。

〔註5〕 有關士族地位之升降與政治地位的關係，請參閱唐長孺，〈士族的形成與升降〉，收錄於氏著《魏晉南北朝史論拾遺》，臺北：流通書報社，頁53～64。

〔註6〕 毛漢光，《兩晉南北朝士族政治之研究》云：「與『士族』相對的名詞爲『寒素』，寒素的定義，當時人言之甚詳。《晉書・李重傳》中荀組嘗曰：「寒素者，當謂門寒身素，無世祚之資也。」至於介于『士族』與『寒素』之間，即稍有門資，父祖之一任官，而又未達士族標準者，特以『小姓』稱之，以與前兩者區別。」，頁8。

〔註7〕 請參閱毛漢光，《兩晉南北朝士族政治之研究》第六章〈從壓抑寒素論士族保持政治地位〉，頁159～229。

〔註8〕 請參閱田餘慶，《東晉門閥政治》，頁272。

〔註9〕 請參閱唐長孺，〈士族的形成和升降〉，頁58～59。

〔註10〕 有關桓溫先世的問題，田餘慶先生論述甚詳，請參見田餘慶，《東晉門閥政治》〈桓溫先世的推測〉，頁113～126。

〔註11〕 《新唐書》，臺北：鼎文書局，民國78年12月，卷一百九十九〈柳沖傳〉云：「魏氏立九品，置中正，尊世胄，卑寒士，權歸右姓而已。其州大中正、主簿、郡中正、功曹，皆取著姓士族爲之，以定門胄，品藻人物。晉、宋因之，始尚姓已。然其別貴賤，分士庶，不可易也。于時有司選舉，必稽譜籍，而考其眞偽。故官有世胄，譜有世官，賈氏、王氏譜學出焉。由是有譜局，令史職皆具。過江則爲『僑姓』，王、謝、袁、蕭爲大；東南則爲『吳姓』，朱、

只能算做次等士族。謝氏雖然名列第一等高門，亦被當日諸高門舊族視爲新興門戶，〔註12〕彼等門第地位殊不相若，何以均能成爲東晉掌權之門閥？竊意門閥政治僅爲東晉政治面外顯之一結果，在此面貌之下，暗藏爾虞我詐之政治鬥爭與角力。何以東晉百年政治均無法擺脫大族之箝制？又何以東晉一開國便是君弱臣強，且終東晉之世均無法翻轉這種局面？掌權之門閥又是如何產生？彼等僅代表家族勢力之昂揚嗎？諸多疑惑與問題，讓人欲一探東晉政治之內在形成原因。

　　東晉歷史有百年之久，但捜諸史實，發現影響東晉政治之重要因素，都在東晉初期便已顯現，且有階段性不同之發展。從司馬睿與王導家族之合作初期，「王與馬共天下」之說即不脛而走，〔註13〕東晉元帝繼爲正朔，依然是「祭則司馬，政由王氏」，不脫「王與馬共天下」二元政治模式，顯非皇權政治之常態。且「王與馬共天下」之說，「王」在「馬」前，更悖離中國素有之尊君傳統，到底「王與馬共天下」是在何種環境與條件下形成，時人對「王」與「馬」之排序，是否另有政治上之含意？雖然「王與馬共天下」是東晉初期政治狀況之最佳註解，但對此問題加以深入探討者鮮少，田餘慶對此問題有精闢析論，他認爲「王與馬共天下」是東晉一朝門閥政治的模式，而且被皇帝與士族共同接受，此後庾與馬、桓與馬、謝與馬只是依此模式替換，這種政治格局，始終沒有大變動。〔註14〕本文對「王與馬共天下」之看法與之稍有差異，另出新解，有別於前輩學者之觀點，欲藉此提供一個新的觀察角度，以期對司馬氏與王氏之合作與鬥爭有一更深入之探討。

　　司馬氏與王家之合作，最後以兩次王敦之變收場，到底那些原因促成這樣轉變？「王與馬共天下」之政治模式在明帝即位後，發生根本上之變化，明帝在位僅僅三年，不但成功地阻斷王家政治勢力之繼續擴張，同時敉平王

　　　張、顧、陸爲大；山東則爲『郡姓』，王、崔、盧、李、鄭爲大，關中亦號『郡姓』，韋、裴、柳、薛、楊、杜首之；代北則爲『虜姓』，元、長孫、宇文、于、陸、源、竇首之。」，頁 5677～5678。

〔註12〕《世說新語·簡傲第二十四》9 條云：「謝萬在兄前，欲起索便器。于時阮思曠在坐曰：『新出門戶，篤而無禮。』參見余嘉錫，《世說新語箋疏》，臺北：仁愛書局，民國 73 年 10 月，頁 773。

〔註13〕何法盛，《中興書》卷七〈瑯琊王錄〉云：「中宗渡江，王導羣從翼戴，時人語曰：『王與馬，共天下。』」參見清·湯球輯，《九家舊晉書輯本》，收錄於《二十五別史》，濟南：齊魯書社，2000 年 5 月，頁 423。

〔註14〕請參閱田餘慶，《東晉門閥政治》，頁 282～283。

敦之亂。明帝的歷史地位與功業，過去從未有人專文探討，筆者以爲明帝三
年政績，影響東晉政治至鉅。尤其明帝臨崩前，設計政治勢力架構，在政治
上充分發揮預期功能，有效達到勢力平衡之目的，在君弱臣強之政治環境下，
使得皇權得以維繫、國祚得以延續。本文欲就明帝之政績深入探討，並就其
所設計之政治勢力架構，觀察其運作與機制，以及該架構如何讓幾股縱橫捭
闔、互相角力之政治勢力能夠達於一種平衡狀態，而皇權又是如何在此架構
下免於直接承受政治風暴。再者，竊意東晉門閥得以掌權之關鍵實繫於軍權
之掌控。東晉政治發展的基本背景，除了階級意識極強之門閥外，其動能還
有爲爭奪政治利益、搶奪軍權，或明爭、或暗鬥，且因之形成或隱或顯，各
有不同背景之政治勢力集團。所以觀察東晉政治情勢之發展，應以門閥爲經，
以政治勢力集團之動向爲緯，兩者交相觀察，方能更眞確地掌握東晉政治情
勢之推移與發展。故本文即以東晉初期政治勢力的成形與推移爲題，探究東
晉初期政治之內在實質問題及政治勢力與東晉政局間之關係，並且藉此印證
是否軍權眞爲掌權之關鍵。就時間斷限而言，本文從西晉末年王與馬之合作
開始，直至東晉成帝咸康六年（340 年）。因爲咸康五年（339 年）七月至咸
康六年（340 年）元月之半年間，當時東晉政壇三大勢力領袖王導、郗鑒、庾
亮相繼而薨，政治發展進入另一嶄新階段，政治勢力與推移也產生新變化。
新階段之幾股重要政治勢力雖與此前稍異，但架構卻在之前已經確立，故新
階段之新型態，可視爲前一階段之變體與後續，故本文僅將斷限設在咸康六
年（340 年）爲止。

## 二、研究回顧

　　有關研究魏晉南北朝史相關之論文與專著，幾本重要之文獻目錄，如日本
桑田・守屋等編《六朝史研究文獻目錄》、〔註15〕九州大學東洋史研究室〈六朝
隋唐政權研究文獻目錄〉、〔註16〕鄺利安編《魏晉南北朝史研究論文書目引得》、
〔註17〕高明士主編《中國史研究指南 2 魏晉南北朝史・隋唐五代史》以及王伊

---

〔註15〕桑田・守屋等編，《六朝史研究文獻目錄》，大版：大版大學文學部，1955。
　　　　該目錄轉引自高明士主編，《中國史研究指南 2（魏晉南北朝史・隋唐五代
　　　　史）》，臺北：聯經出版事業公司，民國 79 年 4 月，頁 100。
〔註16〕九州大學東洋史研究室，〈六朝隋唐政權研究文獻目錄〉，載於《東洋史學》
　　　　19，1958。該目錄轉引自高明士主編，《中國史研究指南 2（魏晉南北朝史・
　　　　隋唐五代史）》，頁 100。
〔註17〕鄺利安編，《魏晉南北朝史研究論文書目引得》，臺北：臺灣中華書局，1971 年。

同〈六朝史文獻提要〉（收錄於氏著《五朝門第》中）〔註18〕等均羅列諸多參考文獻書目，許多學者撰述的研究回顧，〔註19〕更爲治此段歷史工作者提供瞭解研究動態和查詢上之便利。但諸多目錄中有關東晉政治史之專書幾乎闕如，蕭黎《中國歷史學四十年》〔註20〕東晉部分亦未列專著。一九八九年一月田餘慶先生《東晉門閥政治》問世，不但填補東晉政治史專著之空白，且該書堪稱討論東晉政治史之經典作品，書中除了詳述王、庾、桓、謝四大掌權門閥及複雜詭譎之政治情勢之外，還兼論郗鑒、太原王氏與劉裕。田先生以江左幾家僑姓士族之興衰爲線索，詳實考察東晉政治之發展，其論證精闢，見解獨到，對於東晉門閥政治之特殊性與發展有鞭辟入裡之研究，是治東晉史者不可不讀之經典之作。除此書外，與本文研究相關之其餘專著均爲跨斷代之研究，如陳長崎《兩晉南朝政治史稿》〔註21〕對於兩晉南朝的世族政治、政權結構、權力中心雙重結構以及政治組織演化之情形均有探討，時有新意創見。吳慧蓮《東晉劉宋時期之北府》〔註22〕對北府軍區的形成與發展及其與東晉和劉宋政局之關係有深入剖析。日本學者川勝義雄《六朝貴族制社會の研究》〔註23〕在東晉初期政治部分著重於王敦、北方流民、桓宣等軍團之發展和軍事基礎的問題。安田二郎《六朝政治史の研究》〔註24〕東晉部分僅論及東晉初期的外戚、母后臨朝問題和謝安的政策，其餘問題則未觸及。胡志佳《門閥士族時代下的司馬氏家族》著重兩晉司馬氏家族之政權結構、帝位繼承的權力結構、世系繼承與婚姻

〔註18〕 王伊同，《五朝門第》，香港：香港中文大學出版社，1978 年。
〔註19〕 有關學者撰述之魏晉南北朝史研究回顧的專文，數量很多，茲列舉數篇如下：劉顯叔，〈近六十年來國人對魏晉南北朝史的研究〉，《史學彙刊》第四期，1971 年 12 月；蔡學海，〈近五年（1987～1991）來魏晉南北朝史研究報導〉，《中國歷史學會史學會刊》第二十五期，1993 年；窪添慶文，〈1970～1989 年日本的魏晉南北朝史研究〉，《中國史研究動態》十二期，1991 年；曹文柱、李傳軍，〈二十世紀魏晉南北朝史研究〉，《歷史研究》第五期，2002 年；陳明光、洪鋼，〈20 世紀魏晉南北朝財政史研究述評〉，收錄於黃留珠、魏全瑞主編，《周秦漢唐文化研究》第一輯，西安：三秦出版社，2002 年 10 月；金應熙、鄺雲濤，〈國外對六朝世族的研究述評〉，《暨南學報》第二期，1987 年。其他按年份或研究領域介紹之研究回顧尚多，不一一贅述。
〔註20〕 蕭黎，《中國歷史學四十年》，北京：書目文獻出版社，1989 年 9 月。
〔註21〕 陳長崎，《兩晉南朝政治史稿》，開封：河南大學出版社，1992 年 1 月。
〔註22〕 吳慧蓮，《東晉劉宋時期之北府》，臺北：國立臺灣大學文史叢刊，民國74 年 6 月。
〔註23〕 川勝義雄，《六朝貴族制社會の研究》，東京：岩波書店，1982 年 12 月。
〔註24〕 安田二郎，《六朝政治史の研究》，京都：京都大學學術出版會，2003 年 2 月。

網絡。方北辰《江東世家大族述論》、〔註25〕王永平《六朝江東世族之家風家學研究》、〔註26〕吳正嵐《六朝江東的家學門風》〔註27〕都是以江東世家大族爲論述主題，方著除述及江東世家大族在政治上之表現，還論及彼等經濟、文化發展和集團結構；王、吳兩書則分述江東大族吳郡張氏、顧氏、陸氏家族以及武力豪宗吳興沈氏、會稽士族〔註28〕之家風家學。其餘論及士族政治與門第者之專書亦多，如毛師漢光《兩晉南北朝士族政治之研究》，窮盡正史可資檢索的史料，得出士族入仕及仕宦的堅實數據，並以之檢視中古士族之興衰及如何保持其家族地位與政治地位，非僅在方法上開社會科學運用於中古史研究的典範而已。王伊同《五朝門第》對高門大族在政治上之優勢、經濟及社會基礎、家風家學有多面向之討論。何啓民《中古門第論集》、〔註29〕蘇紹興《兩晉南朝的士族》〔註30〕都是以單篇論文集結成書。此外，論及全時代相關背景知識並可資參考之書極夥，對於個人理解東晉初期政治之推演與歷史發展甚有助益，但因與本文內容關聯有限，故不在此一一贅述。

單篇論文方面，陳寅恪〈述東晉王導之功業〉〔註31〕對於王導在東晉開國之過程中及其後在融合南北、安定人心、保存文化上之貢獻及王導之歷史地位有極高評價。王炎平〈關於王導與東晉政治的幾個問題〉〔註32〕則探討王導較有爭議之一些做法。吳有火〈王導鞏固東晉政權之策略及其成效〉〔註33〕詳述王導施政的策略及功效，對穩固東晉政權立有大功。至於討論王敦之著作有魏斌〈王敦三考〉、〔註34〕唐長孺〈王敦之亂與所謂刻碎之政〉〔註35〕

〔註25〕方北辰，《江東世家大族述論》，臺北：文津出版社，1999 年 9 月。

〔註26〕王永平，《六朝江東世族之家風家學研究》，南京：江蘇古籍出版社，2003 年 1 月。

〔註27〕吳正嵐，《六朝江東士族的家學門風》，南京：南京大學出版社，2003 年 11 月。

〔註28〕吳正嵐討論之會稽士族以孔氏、虞氏爲主，王永平則多論一個賀氏。

〔註29〕何啓民，《中古門第論集》，臺北：臺灣學生書局，民國 71 年 2 月。

〔註30〕蘇紹興，《兩晉南朝的士族》，臺北：聯經出版社，民國 76 年。

〔註31〕陳寅恪，〈述東晉王導之功業〉，收錄於氏著《陳寅恪集‧金明館叢稿初編》，北京：三聯書店，2001 年 6 月。

〔註32〕王炎平，〈關於王導與東晉政治的幾個問題〉，收錄於中國魏晉南北朝史學會編，《魏晉南北朝史研究》，成都：四川省社會科學院出版社，1986 年 3 月，頁 248～273。

〔註33〕吳有火，〈王導鞏固東晉政權之策略及其成效〉，收錄於《新亞書院歷史系系報》5，民國 69 年。

〔註34〕魏斌，〈王敦三考〉，收錄於武漢大學中國三至九世紀研究所編，《魏晉南北朝

內容不脫王敦與司馬氏之鬥爭。林校生〈關於王敦幕府的考察及推論〉〔註36〕則指出東南吳姓人士是王敦功業的重要社會基礎，兩次王敦之變引發出的「荊揚之爭」，在相當程度上也是西晉末東土豪強「三定江南」的餘波。李濟滄〈論庾亮〉〔註37〕則深入剖析庾亮家世、才學、用人政策，以及庾亮、王導相爭的過程。楊合林〈陶侃及陶氏家族興衰門閥政治之關係〉〔註38〕說明陶侃從發跡至顯達的過程，亦點出陶氏家族地位隨陶侃辭世而迅速衰落，終不能衝破當世門閥社會的藩籬。王志高〈試論溫嶠〉〔註39〕則據南京地區發現之溫嶠墓葬，對溫嶠家世、事蹟和葬地進行全面考察。毛師漢光〈五朝軍權轉移及其對政局之影響〉〔註40〕一文對五朝都督刺史與軍權之關係及東晉與南朝在軍權掌控上之移轉有深入剖析。傅樂成〈荊州與六朝政局〉〔註41〕則指出荊州分陝之任與軍權之關係以及對六朝政局之影響。石田德行〈東晉的荊州軍閥——譙國龍亢桓氏的場合〉、〔註42〕〈東晉荊江軍閥的形成過程——穎川庾氏の場合〉〔註43〕對於桓溫家族和庾亮家族在荊州以及江州的勢力做分析探討。其他討論士族政治、社會、經濟、文化之論文，與其他主題之著作一樣，對本文之背景知識均有參考價值，不在此一一羅列。先輩學者之研究成果或促發本文之想法，或提供必要之知識背景、不同之觀點，對本文之建構與討論多有助益。然本文之論述仍盡量以基本史料爲主，雖無新史料、新

隋唐史資料》第十八輯，武昌：武漢大學出版社，頁36～43。

〔註35〕唐長孺，〈王敦之亂與所謂刻碎之政〉，收錄於氏著《魏晉南北朝史論拾遺》，頁155～171。

〔註36〕林校生，〈關於王敦幕府的考察及推論〉，《華僑大學學報（哲學社會科學版）》，2002年四期。

〔註37〕李濟滄，〈論庾亮〉，收錄於中華書局上海編輯所編，《中華文化史論叢（總第八十三輯）》，上海：中華書局，頁179～212。

〔註38〕楊合林，〈陶侃及陶氏家族興衰與門閥政治之關係〉，《史學月刊》，2004年第七期。

〔註39〕王志高，〈試論溫嶠〉，《東南文化》，2002年第九期（總第一六一期）。

〔註40〕毛漢光，〈五朝軍權轉移及其對政局之影響〉，收錄於氏著《中國中古政治史論》，臺北：聯經出版社，民國80年4月，頁281～322。

〔註41〕傅樂成，〈荊州與六朝政局〉，收錄於氏著《漢唐史論集》，臺北：聯經出版事業公司，民國70年6月，頁93～116。

〔註42〕石田德行〈東晉的荊州軍閥——譙國龍亢桓氏的場合〉，收錄於《軍事史學》6～4，1971年。

〔註43〕石田德行，〈東晉荊江軍閥的形成過程——穎川庾氏の場合〉，收錄於《軍事史學》6～4，1971年。

方法，然從不同角度重新檢視基礎史料，為該段歷史重繪一新面貌，得一新解，貢獻芻蕘，則為本文之目的。

## 第二節　東晉初年前後之南北形勢

### 一、劉、石並驅中原與南方偏安

　　本文重點側重於西晉末年司馬睿與王導家族合作之過程及東晉建立初期政治勢力之推移與發展，為免渙散主題，內文並未觸及北方胡人政情。然而司馬睿與王導所以南下，以及日後在南方之開展，本與北方為胡族所侵，中原鼎沸，因而出現民族大遷徙，〔註44〕晉祚若斷若續有關。南下之謀雖為馬、王之政治盤算，亦為當日漢族確保華夏衣冠希望之所寄。故馬、王南下，立足江東、和輯南北固備嘗艱辛，但南、北大族之合作亦勢所必然，〔註45〕非如此則不足以拒北胡；非如此亦無法保江東。換言之，南、北大族之合作是受北方外部壓力之結果，北胡給予南方莫大威脅，而此一遲早會南向進犯之威脅，遠比實質之攻戰更能牽制東晉內部局勢。西晉末年至東晉初年南北之對立，不僅是漢、胡之對立，亦是漢人與各自為政、不同種屬間胡人的對抗。江左政權南、北大族之合作誠屬不易，但北方各族胡人之分合與競爭態勢尤其複雜，就中不僅有種族之因素，更牽連晉朝宗室成員鬥爭之延續，實有必要將此牽動東晉內政之外部壓力與因素稍加說明，故將西晉末年至東晉初年北方胡人情勢先做一簡略說明。

　　惠帝末年，八王之亂，〔註46〕宗室成員各有所屬，非但擁兵亂政，甚且

〔註44〕中原人士大量南遷之高峰，出現在永嘉之亂以後，有關此一時期之人口遷移問題，請參見葛劍雄主編，《中國移民史第二卷》，福州：福建人民出版社，1997年7月，〈第十章永嘉亂後的人口南遷〉，頁307～421；金發根，《永嘉亂後北方的豪族》，臺北：中國學術著作獎著委員會，〈四、永嘉亂後北方人口的遷徙〉，頁65～75。

〔註45〕唐長孺論及南、北人士的合作，他認為江南豪門之所以願意接受司馬睿這個僑人政權，除了不願意劉淵、石勒的軍隊損害他們的財富，也將東晉政權視為江南獨立政權的重建。詳見唐長孺，《三至六世紀江南大土地所有制的發展》，臺北：帛書出版社，1957，頁55～57。

〔註46〕有關討論八王之亂的專文極多，但學者對於八王之亂的成因，看法卻頗紛歧，有些學者認為是因為宗王出鎮之故，如唐長孺，〈西晉分封與宗王出鎮〉，收錄於氏著《魏晉南北朝史論拾遺》，頁127～144。即持此看法；有認為是繼承人和輔政大臣不得其人所致，如祝總斌，〈「八王之亂」爆發原因試探〉，

連結外族，各結黨以爲援。〔註 47〕自東漢以來逐漸內徙之外族，乃趁勢而起。北方諸胡之中最早稱王者爲匈奴之劉淵，〔註 48〕諸胡投歸劉淵者眾，其中最重要者爲羯人石勒。劉、石在此階段之擴展，即受司馬穎與司馬越對抗的影響，打著司馬穎的旗號，兵鋒始終指向司馬越及其所屬諸軍，一時之間還未發展成獨立的民族對抗形勢。〔註 49〕

司馬穎薨後，劉、石進攻洛陽，懷帝永嘉五年（311 年）三月，東海王越卒於項，餘眾推王衍爲主，王衍乃奉司馬越喪還葬東海，結果爲石勒輕騎追及，執王衍、宗室五王等數十人，使人夜排牆塡殺之。〔註 50〕石勒又擊洧倉，殺東海王世子司馬毗及宗室四十八王，晉朝宗室幾至殆盡。六月，石勒會同劉曜、王彌陷洛陽，後斬王彌併其眾，一年之間，石勒以疾風襲捲之姿滅東海王越、苟晞、王如、王彌四大集團，南擾荊、襄，破江夏，北躪豫州。〔註 51〕石勒雖歸劉淵，但已形同獨立，與繼劉淵之劉聰〔註 52〕已有分庭抗禮之勢。

洛陽陷落後，懷帝欲奔長安，爲漢兵〔註 53〕所執，劉曜殺太子司馬詮、吳王晏、竟陵王楙，送懷帝於平陽。劉、石此時並驅中原，無暇他顧，讓初至南方之琅邪王司馬睿得以在王導之擘劃下從容布置，逐漸在南方站穩腳根，並積極著手建立新朝。建興元年（317 年）二月，懷帝遇害。四月，愍帝司馬業於長安即位，此時長安城中戶不盈百，蒿棘成林，慘不忍睹。建興四

《北京大學學報》第六期，1980 年；有認爲係政爭導致，如楊光輝，〈西晉分封與八王之亂〉，《中國史研究》第四期，1989 年；其他觀點之專文尚有顧向明，〈西晉賈后：八王之亂的罪魁禍首？〉，《許昌學院學報》，第二十二卷第一期，2003 年第一期；竹園卓夫，〈八王の亂に関する一考察〉，《東北大學東洋史論集第七輯》，1998 年 1 月。

〔註 47〕田餘慶認爲胡族馳騁中原，發端於八王之亂後期成都王司馬穎和東海王司馬越引胡族爲援，互相對峙，是他們引胡騎入中原。請參閱田餘慶，《東晉門閥政治》，頁 24。

〔註 48〕劉淵於惠帝永寧元年（301 年）十月，還左國城，胡漢歸之者眾。爲恐漢人不附，乃建國號漢，稱漢王，自稱漢氏之甥。

〔註 49〕請參閱田餘慶，《東晉門閥政治》，頁 24～25。

〔註 50〕請參閱《晉書》，臺北：鼎文書局，民國 76 年元月，卷一百四〈石勒載記上〉，頁 2713。

〔註 51〕請參見張儐生，《魏晉南北朝政治史》，臺北：中國文化大學出版部，民國 71 年 2 月，頁 225～227。

〔註 52〕懷帝永嘉四年（310 年）七月，劉淵卒，劉聰殺太子劉和自立。

〔註 53〕劉淵以名犯漢高祖廟諱，故《晉書》中稱其字爲劉元海，據《晉書》卷一百一〈劉元海載記〉云：「大凡劉元海以惠帝永興元年（304 年）據離石稱漢。」，頁 2644。故此處所言漢兵乃指匈奴兵。

年（320 年），劉曜圍長安，愍帝出降，劉曜送帝及公卿大臣至平陽，建興五年（321 年）十二月害之，西晉亡。司馬睿即位於建康，以晉祚所在為號召，與北方以劉石為主的胡人集團呈現南北對峙之勢。

## 二、劉、石反目與後趙南侵

劉聰即位後，征戰之事皆委之於劉淵族子劉曜，本人則耽於淫樂。元帝建武元年（317 年）十月，劉聰卒，子劉粲繼立，旋為大將軍靳準執殺。晉司州李矩馳表建康，建議當有所作為，但元帝不欲北伐，僅見奉迎梓宮而已。與此同時，石勒起兵討靳準，并州之境，除南部外，皆入石勒之手。劉曜則自行稱帝，太興二年（319 年），改都長安，並改國號為大趙，史稱前趙。此時函谷關以東已為石勒勢力範圍，劉曜乃轉而平定秦、涼，晉宗室留在北方之南陽王司馬保亦為劉曜所殺。石勒則脫離劉曜，建國後趙。

其時北方尚有少數晉人殘餘勢力，如幽州之王浚、并州之劉琨、青州之曹嶷、徐、兗之徐龕等。〔註 54〕然先後均遭定都襄國之石勒逐步肅清。石勒先殺王浚取幽州，太興三年（320 年），再敗劉琨取并州。至於徐州，原刺史蔡豹甚得人心，淮、徐賴之得安，太興三年（320 年）石虎擊蔡豹，蔡豹退守下邳，元帝聞豹退守，收而斬之。翌年，石虎再度來犯，先執徐龕送襄國殺之，又續圍彭城、下邳，徐州刺史卞敦退保盱眙，兗州刺史劉遐亦退至泗口，徐州半陷於後趙。元帝永昌元年（322 年），徐龕為後趙所殺，郗鑒勢孤，於是退屯合肥，至此，徐州全陷於趙矣。明帝太寧元年（323 年），石勒遣石虎攻青州，曹嶷出降，送襄國殺之，東晉再喪青州。青、徐之喪失，迫使東晉的國防線由原先之守淮退而轉為守江，北方胡人給予南方之壓力大增。

石勒大致肅清晉人殘留北方勢力後，便將觸角西伸，此舉與欲往東發展之劉曜有所牴觸，劉、石衝突便勢所難免。明帝太寧三年（325 年）、成帝咸和三年（328 年）七月，石勒兩度遣石虎征洛陽，但皆受挫，咸和三年（328 年）九月，兩方第三度交戰，石虎大破前趙軍，執太子劉胤及王公以下三千餘人，皆殺之。秦、隴悉平，前趙亡。石勒成為當時北方最具實力之胡族領袖。

---

〔註54〕有關西晉末年北方晉人的統合與整併，請參閱都築晶子，〈西晉末期の諸集團について —— その統合の過程と理念 ——〉，《名古屋大學東洋史研究報告》10，1985 年。

元帝太興二年（319 年）十一月，石勒稱趙王。成帝咸和三年（328 年），
滅前趙，華北已大致統一。咸和五年（330 年）十一月，石勒即皇帝位，改元
建平，史稱後趙。石勒漢化極深，有軍事長才，雖目不識丁，每令儒生講述
《春秋》及《史》、《漢》，遠邁當日諸胡首領。其建國後，諸多措施頗爲可觀，
於十六國中，僅前秦苻堅可堪比擬。咸和八年（333 年）七月，石勒病卒，石
虎篡位稱帝。石虎淫暴，內政方面無可稱述，軍事成就，亦較前大爲遜色，
然多次南犯。成帝咸康元年（335 年），石虎曾率輕騎至歷陽，臨江而還，東
晉舉朝震驚，又遣石遇圍桓宣於襄陽。咸康五年（339 年）七、八月，王導、
郗鑒先後薨殂，庾亮猶積極過江經營。石虎惡之，以夔安爲大都督，率步騎
五萬人南侵荊、揚之北，又攻邾城、沔陰，掠漢東七千戶而還。成帝之世，
石虎之南侵雖然並未眞正有突破性之進展，然而已爲東晉帶來極大威脅。

大抵而言，晉末司馬越與司馬穎之對立，雙方各引胡族爲援，劉淵與司
馬穎相結，司馬越則拉鮮卑、烏桓與之對抗，故五胡擾據中原之直接起因，
乃各胡族統治者分別參與西晉統治者之間的內亂，〔註 55〕使得西晉末年之政
治形勢益形複雜。司馬穎與司馬越薨後，北方五胡之間仍舊壁壘分明，原司
馬穎陣營之劉淵、劉聰、石勒與原司馬越陣營之鮮卑拓跋部、鮮卑段部和「乞
活」〔註 56〕彼此相互屠殺，讓原本生靈塗炭之中原，始終陷於分裂和破壞之
中。南方之東晉政權，也因與司馬越之特殊關係，與劉、石不通使，〔註 57〕
遠交鮮卑與劉、石相抗，並且利用一些北方殘存之晉人勢力，做爲與劉、石
相抗之前哨。東晉所圖唯偏安是賴，元帝與王導既無意北伐，〔註 58〕對北方
晉人勢力之支援亦少，往往僅以空頭官職以爲籠絡之資。〔註 59〕司馬越薨後
至元帝時期，北方諸胡注意力多用心於應付中原各族間之鬥爭與征戰，實無
暇顧及南方。東晉政局得以逐步穩定，當與此有關，唯東晉君臣貪圖偏安，

〔註 55〕 請參閱田餘慶，《東晉門閥政治》，頁 26～27。
〔註 56〕 所謂「乞活」是西晉末年夾處在胡人與晉朝漢人勢力間之流民團體，亦是當
日北方流民中最團結堅強，活動地域最廣，歷時最久之流民。詳見周一良，〈乞
活考〉，收錄於氏著《周一良集（第壹卷）》，瀋陽：遼寧教育出版社，1998
年 8 月，頁 15～36。
〔註 57〕 同上書，頁 23～31。
〔註 58〕 有關東晉北伐的問題，可參閱越智重明，〈東晉朝中原恢復の一考察〉，《東洋
學報》第三十八卷一期，1955 年。
〔註 59〕 東晉初期常授以北方晉人州刺史之職，然而這些州並無實土，僅有一虛銜，
以爲籠絡。

內部變亂頻仍，鬥爭無時或已。待北方晉人勢力逐一淪喪，後趙領有華北大部，東北方鮮卑勢力亦日益強盛，東晉此時再欲「克復神州」，〔註60〕形勢更非昔比，東晉中期以後幾次北伐皆未能建不世之功業，除內部掣肘外，與當日形勢已非初期易與，亦有所影響。

　　兩次王敦之變以及接續而來之蘇峻之亂與郭默之變，前後十餘年的動盪，讓東晉政局陷於嚴重內耗。雖然明帝英武兼資，但棘手之內政問題，使東晉自顧不暇，且明帝在位僅三年，未及大展身手，便告駕崩。後繼之成帝，年幼即受制於權門，內部之鬥爭更是方興未艾，自難期在胡、漢關係上有所突破。此時北方情勢反倒稍見明朗，石勒在併滅前趙之後，有意南圖，後繼者石虎亦多次臨邊，東晉旋即面臨外部嚴重之軍事威脅。再者，東晉權臣自庾亮以下均思北伐，欲藉軍功穩定並提升其政治地位，形成對皇權及門閥既得利益者之威脅。東晉中期以後政局，即處在此內外雙重壓力之下，這個原以中原正朔為號召並思藉此凝聚人心之政權，大體上雖較北方來得「康平豐盛」，〔註61〕然政治情況及內部分化則較諸初期已是複雜得多。

---

〔註60〕語出王導，見《世說新語·言語第二》31 條。引自余嘉錫撰，《世說新語箋疏》，臺北：仁愛書局，民國 73 年，頁 92。

〔註61〕請參閱陳寅恪，〈述東晉王導之功業〉，頁 77。

# 第二章　王與馬共天下新解

　　東晉肇業，琅邪王氏擁有大功，王導輔佐尤其功不可沒，元帝亦將大政委由王氏。後世遂常以「王與馬共天下」做爲這段期間的施政寫照。田餘慶認爲「王與馬共天下」決定東晉一朝門閥政治之格局，成爲一種可代換的模式，往後庾與馬、桓與馬、謝與馬均循此模式，與皇權共治天下。竊意「王與馬共天下」並非東晉的政治模式，此種型態之政治只能施用於琅邪王氏，此與當初雙方決定合作時之默契有關，後繼掌權之門閥均無條件套用此模式。因爲時空環境已不相同，皇室既未與彼等建立合作默契，這些家族也沒有相同之條件。故本章欲闡明西晉末年王家與司馬睿是在什麼樣的情況下結合，司馬睿有何條件足以繼統？以便說明「王與馬共天下」一語，爲何只能施用於王家，而無法援用於其後之掌權家族。

## 第一節　西晉末之政治形勢與王、馬的合作

### 一、王衍的布局與「霸業」之謀

　　司馬炎篡魏，有鑑曹魏速亡，在於外無強藩夾輔，故大封同姓宗王，並以宗王出鎮。〔註1〕未料在其死後不久便引發八王之亂，同宗互相殘殺，王朝因此元氣大傷。惠帝崩後，〔註2〕因無子承嗣，兩派人馬展開帝位爭奪戰。羊

---

〔註 1〕　請參閱唐長孺，〈西晉分封與宗王出鎮〉，收錄於氏著《魏晉南北朝史論拾遺》，頁 127～144。
〔註 2〕　據《晉書》卷四〈惠帝紀〉載：「（惠帝）因食餅中毒而崩，或云司馬越之鴆。」，

皇后欲立廢太子清河王司馬覃，〔註3〕而侍中華混等人急報東海王司馬越召皇太弟司馬熾入宮。〔註4〕懷帝司馬熾即位後大權操於司馬越之手，司馬越與王衍，皆居心篡弒，〔註5〕王衍更另有一連串的政治布局。〔註6〕其中最關鍵，也是影響日後政局最深遠者則爲王導與司馬睿的南下。

田餘慶認爲「司馬睿、王導受命過江，從軍事、政治上說，是爲了填補陳敏被消滅後江左的眞空，……從經濟上說，很可能有替堅守中原的司馬越、王衍搜括江南財富，特別是漕運江南糧食的目的。」〔註7〕但司馬越、王衍勢力的地方色彩濃厚，且自始便無南遷之打算。〔註8〕而最後司馬睿、王導卻在南方延續晉祚，這豈是當初受命填補地方性眞空勢力和搜括財運的任務型機制可以辦到的？從司馬睿「百六掾」〔註9〕的設置和王導刻意地拉攏地方勢力等種種做法觀之，司馬睿和王導並未將他們的南下經營及運作機制，僅僅定

---

頁 108。

〔註3〕 有關羊皇后在西晉末年政爭中所扮演之角色及數度被廢立之過程，請參閱胡志佳，〈惠帝羊皇后與西晉政局——兼論羊氏家族的發展〉，《逢甲人文社會學報》第八期，2004 年 5 月，頁 226～232。

〔註4〕 清河王覃於惠帝永興元年（304 年）再度被廢，十二月司馬熾被立爲皇太弟，按司馬熾爲惠帝二十五位兄弟中僅存的三位之一，司馬熾以清河王司馬覃本爲太子，懼不敢當。經典書令盧陵、脩蕭說以：「清河幼弱，未允眾心」乃從之。光熙元年（306 年）十一月，惠帝崩，羊皇后以於太弟爲嫂，不得爲太后，催清河王覃入，已至尚書閣，疑變，託疾而返。永嘉二年（308 年），太傅司馬越殺清河王覃。有關此事始末，詳見《晉書》卷五〈孝懷帝紀〉，頁 115～118 及司馬光等撰，《資治通鑑》，北京：中華書局，1995 年 7 月，卷八十五、八十六〈晉紀〉，頁 2692～2735。

〔註5〕 朱堅章謂：「一般觀念，常把『篡弒』二字聯爲一辭，解作臣奪君位。……『篡弒』均包括篡位、弒篡、弒君和廢君四項。」又權臣篡弒的動機是「權力」與「自保」螺旋進程的終結，就臣下而言，因權重而見疑，因見疑而不安，因不安而更謀權力，見疑愈深，發展到最後，自然祇有篡弒一途也。請參閱朱堅章，《歷代篡弒之研究》，臺北：嘉新水泥公司文化基金會，民國 47 年，頁 4～6 與 180～215。而司馬越與王衍之野心，田餘慶對之有詳盡的說明，請參閱田餘慶，《東晉門閥政治》，頁 6～14。

〔註6〕 請參閱田餘慶，《東晉門閥政治》〈釋"王與馬共天下"〉，頁 6～23。

〔註7〕 同上書，頁 11。

〔註8〕 司馬越的勢力是在逗留東海、收下邳以後才成爲獨立力量的，他的軍隊主要是以東海國人爲主，地方色彩濃重。而司馬越之戰略是依托徐州、守住洛陽，自爲游擊軍與石勒周旋。詳見田餘慶，《東晉門閥政治》，頁 12～13。

〔註9〕 有關「百六掾」出現之時間，《資治通鑑》載於永嘉五年（311 年）四月至七月間，而《晉書·元帝本紀》載於建武元年（317 年）三月以後，時間前後相距五年。若以過江爲準，採《資治通鑑》之說較合理。

位於單一型的工作任務上，其間實有更複雜之問題有待探討。

干寶論及西晉亡國之因時曰：「國政迭移於亂人，禁兵外散於四方，方岳無鈞石之鎮，關門無結草之固。」〔註10〕西晉惠帝以後諸帝，受制於強臣，形同傀儡，內無禁兵可供驅遣，外無勤王之方鎮，〔註11〕權臣唯思挾天子以令諸侯，方鎮則擁兵行割據之實。「朝寡純德之人，鄉乏不貳之老」，〔註12〕無怪乎王鳴盛感嘆「晉少忠臣」。〔註13〕少數家族處此混亂之際，遂心生禪代之思或圖謀霸業，前者之代表人物為太原王氏之王浚，〔註14〕後者則為琅邪王氏之王衍。王浚與王衍後雖均為石勒所執，死於北方。〔註15〕但東晉建國與王衍之謀和琅邪王氏關係至為密切，特加以剖析。

琅邪王氏累代簪纓，魏晉之際王家最具代表性的人物為王祥。〔註16〕王祥孝順的事蹟廣為流傳。〔註17〕高貴鄉公被弒，王祥涕淚交流，令眾人慚愧。

〔註10〕《晉書》卷五〈孝愍帝本紀〉，頁134。語出干寶，《晉紀》總論，收錄於梁・蕭統編、唐・李善注，《昭明文選》，上海：上海古籍出版社，1986年6月，頁2180。

〔註11〕永嘉四年（310年）冬，東海王司馬越羽檄徵天下，懷帝謂使者曰：「為我語諸征鎮，若今日，尚可救，後則無逮。」時莫有至者。愍帝時召司馬睿、司馬保勤王，二人亦均不至。詳見《晉書》〈孝懷帝本紀〉，頁120及〈孝愍帝本紀〉，頁126～127。

〔註12〕語出干寶，《晉紀》總論，參見《晉書》〈孝愍帝本紀〉，頁135。

〔註13〕參閱王鳴盛，《十七史商榷》，北京：中華書局，1985年，卷四十九「晉少貞臣」條，頁448～449。

〔註14〕《資治通鑑》卷八十八〈晉紀十〉云：「王浚以其父字處道，自謂應『當塗高』之讖，謀稱尊號。勃海太守劉亮、北海太守王摶、司空掾高柔切諫，浚皆殺之。……浚始者唯恃鮮卑、烏桓以為強，既而皆叛之。加以蝗旱連年，兵勢益弱。石勒欲襲之，未知虛實，將遣使覘之，參佐請用羊祜、陸抗故事，致書於浚。勒以問張賓，賓曰：「浚名為晉臣，實欲廢晉自立，但患四海英雄莫之從耳；其欲得將軍，猶項羽之欲得韓信也。將軍威振天下，今卑辭厚禮，折節事之，猶懼不信，況為羊、陸之亢敵乎！夫謀人而使人覺其情，難以得志矣。」勒曰：「善！」，頁2804～2805。有關王浚家族可參閱胡志佳，〈西晉王浚家族的興衰及其人際關係——由華芳墓誌銘觀察〉，《逢甲人文社會學報》七期，2003年11月。

〔註15〕王浚為石勒所執，送於襄國處死。王衍等則為石勒使人夜排牆填殺。

〔註16〕有關西漢中葉至曹魏後期重要的琅邪王氏人物，文內不贅述。請參閱王連儒，〈西漢中葉及曹魏後期之琅邪王氏政治〉，山東：《山東社會科學》，2002年1月，頁98～101。至於王家在中古時期的整體表現及重要人物，可參閱毛漢光，〈中古大士族之個案研究——琅邪王氏〉，收錄於氏著《中國中古社會史論》，臺北：聯經出版事業公司，民國77年2月，頁365～404。

〔註17〕東漢以降，「孝」為家族間之基本道德。晉以後，孝道的實踐在社會上更具有

及至司馬炎爲晉王，王祥又以曹魏三公身分，當面婉拒晉王拜其爲相王，其素以忠孝清直見稱當世，亦因而見重於司馬炎。〔註18〕然至其族孫王戎、王衍時，雖仍以孝著稱，但已「不以經國爲念，而思自全之計」。〔註19〕所謂「自全之計」，亦即保家之計。〔註20〕王戎人品頗有瑕疵，曾因納賄，爲司隸所糾，後得以不坐，帝謂朝臣曰：「戎之爲行，豈懷私苟得，正當不欲爲異耳！」由是爲清愼者所鄙。〔註21〕又爲選官，「自經典選，未嘗進寒素，退虛名，但與時浮沈，戶調門選而已。」〔註22〕此舉促成門閥主義的抬頭。〔註23〕王戎未按其創製的甲午制選官授用，爲司隸所奏，但因與賈謐、郭彰通親，得以不坐。又品議孫秀以避禍。〔註24〕史書言其「苟媚取容，屬愍懷太子之廢，竟無一言匡諫。」〔註25〕由此可見，王戎依附有權有勢者，既攫取世家大族的階級利益，又不惜爲人所鄙，以圖家族和個人利益。其族弟王衍盛才美貌，〔註26〕雅詠玄虛，累居顯職，矜高浮誕，人物風流，時人莫不景慕傚效。王衍有三女，分別嫁予愍懷太子、賈謐以及裴遐，企圖以政治婚姻連結多方勢力，以求立於不敗之地。〔註27〕後愍懷太子爲賈后所誣，王衍自表離婚以遠禍，

經濟上與政治上的作用，也促使親先於君，孝先於忠的觀念得以形成。請參閱唐長孺，〈魏晉南朝的君父先後論〉，收錄於氏著《魏晉南北朝史論拾遺》，頁238～253。

〔註18〕 參閱《晉書》卷三十三〈王祥傳〉，頁988。

〔註19〕 《晉書》卷四十三〈王戎傳〉，頁1237。

〔註20〕 有關世家大族特重保家之念，緣於漢末以後，動亂頻仍，惟有家族團聚，共謀自保，渡過難關。亂世家族既有保護個體的功能，動亂愈久，家族乃愈受重視，個體亦設法維持其家族，這自然使世胄之家，愈益興盛。請參閱孫以繡，《王謝世家之興衰》，臺北：三民書局，民國56年，頁13～16。

〔註21〕 《晉書》卷四十三〈王戎傳〉，頁1233。

〔註22〕 同上，頁1234。

〔註23〕 請參閱宮崎市定，《九品官人法の研究》，京都：同朋社出版，昭和63年4月，頁17。然而日本學者習慣以貴族主義一詞替代門閥主義，但貴族主義在中文中常被認爲是有爵位的政治人物，並不包含社會高層人物，此處採用中國學者常用的習慣用法：門閥主義。

〔註24〕 「初，孫秀爲琅邪郡吏，求品於鄉議。（王）戎從弟（王）衍將不許，戎勸品之。及秀得志，朝士有宿怨者皆被誅，而戎、衍獲濟焉。」請參閱《晉書》卷四十三〈王戎傳〉，頁1235。

〔註25〕 《晉書》卷四十三〈王戎傳〉，頁1233。

〔註26〕 《世說新語‧容止》17條云：「王大將軍（王敦）稱太尉（王衍）：『處眾人中，似珠玉在瓦石間。』」見余嘉錫，《世說新語箋疏》，頁614。

〔註27〕 詳見田餘慶，《東晉門閥政治》，頁8。

得太子手書又隱蔽不出，致太子冤死。〔註28〕司馬越病歿，王衍被推爲元帥，卻推託「少無宦情，隨牒推移，遂至於此。」〔註29〕後爲石勒所虜，爲陳禍敗之由，猶言計不在己，並勸石勒稱尊號，種種作爲，有虧臣節，石勒因此怒曰：「君名蓋重四海，身居重任，少壯登朝，至於白首，何得言不豫世事邪！破壞天下，正是君罪。」遂使人夜排牆塡殺之。〔註30〕田餘慶認爲王衍和司馬越身爲重臣，「除了操縱皇帝，剪除異己，羈縻方鎮，應付叛亂以外，沒有推行過任何有積極意義的措施。」〔註31〕此說用之於國事固是最好註腳，若言及家事，王衍實際上卻有相當積極的布局和作爲。

王衍循其族兄王戎的步伐，特措意於保家之舉。與司馬越結合，操持西晉政局，先是說服司馬越以文武兼資者任方伯，乃以弟王澄爲荊州，族弟王敦爲青州，並謂敦、澄曰：「荊州有江漢之固，青州有負海之險，卿二人在外，而吾留此，足以爲三窟矣。」〔註32〕《世說新語‧簡傲》第6條劉孝標注引《晉陽秋》記錄此事云：

> （王）澄、（王）敦俱詣太尉（王衍）辭。太尉謂曰：『今王室將卑，故使弟等居齊、楚之地，外可以建霸業，內足以匡帝室，所望於二弟也！』〔註33〕

所謂以文武兼資者任方伯只不過是一種說法，天下人才豈盡出王家？狡兔三窟與外建「霸業」才是本意，王衍欲保家族進退有據，進可以成霸業，退可以安權位。王衍所謂的「霸業」到底何所指？他並未明言，但從「內足以匡帝室」一語觀之，似乎只是預作準備，此時並無取晉室而代之的意圖。但成霸業者云云既已宣之於口，又不聞族弟們異聲，可見這個圖謀已成爲王敦和王澄所接受的共識，亦爲這些王氏家族成員共同努力的指導方向。要探究王衍之「霸業」圖謀，是圖晉室之霸業？抑或是王家之霸業？必須再往前尋其蛛絲馬跡。早在三窟之外，〔註34〕王導之南下也是王衍布局中之一著。《晉書》

〔註28〕《晉書》卷四十三〈王戎傳〉，頁1237。
〔註29〕同上書，頁1238。
〔註30〕同上。
〔註31〕田餘慶，《東晉門閥政治》，頁8。
〔註32〕《晉書》卷四十三〈王戎傳〉，頁1237～1238。
〔註33〕見余嘉錫，《世說新語箋疏》，頁771。
〔註34〕琅邪王司馬睿與王導於懷帝永嘉元年（307年）九月至建業，十一月王衍出弟王澄與族弟王敦至荊州、青州，有三窟之謀。見宋‧司馬光等著，《資治通鑑》卷八十六〈晉紀八〉，頁2730～2732。

卷六〈元帝本紀〉云：

> （懷帝）永嘉初，用王導計，始鎮建鄴。〔註35〕

《世說新語·言語》33條劉孝標注引鄧粲《晉紀》曰：

> （王）導與元帝有布衣之好，知中國將亂，勸帝渡江，求爲安東司
>
> 馬，政皆決之，號仲父。晉中興之功，導實居其首。〔註36〕

從上述二條資料可以看出，司馬睿之南下與王導有密切關係，換言之，是王導勸服司馬睿南下經營。有關此問題，前輩學者田餘慶有精闢析論「南渡問題不是一人一時的匆匆決斷，而是經過很多人的反復謀劃，概括言之，南渡之舉王氏兄弟曾策畫密室，其中王曠倡其議，王敦助其謀，王導以參東海王越軍事，爲琅邪王司馬睿的關鍵地位主持其事；裴妃亦有此意，居內大力贊助；最後決策者當出自司馬越與王衍二人，特別是司馬越。……不經司馬越上表這一形式，司馬睿、王導就無從被派遣過江，過江後亦無法統憑據。」〔註37〕田氏所言甚是，然而爲何是王導與司馬睿的結合呢？他二人分屬王衍與司馬越的人脈，他們兩人的結合既是眾人共同的共識，其間想必有一些特殊考量。

王衍既預見王室將卑，若有成就霸業的念頭，不免會有所動作，但此時大權仍在司馬越之手，所有行事與布局既要符合司馬越之利益，亦要擴展、壯大王家勢力，同時又不能引起司馬越之猜疑。而派一組人馬南下擴張勢力，是符合雙方利益之事。因此，王家積極促成此事。就司馬越而言，此舉可以安定南方政局，不致讓自己腹背受敵，又可轉輸江南漕運，支撐北方經濟，故自無反對之理由。王家則可藉此機會，有計畫地經營南方，既是狡兔三窟，又可逐行家族霸業之實現，故雙方人選之選定，與大業能否底成息息相關。

琅邪爲司馬睿封國所在，琅邪王氏與司馬睿本有密切的地緣關係，〔註38〕王導容貌志氣具將相之器，〔註39〕本是王氏族人中之佼佼者，又與司馬睿有布衣之好，互相親善，故以王導輔佐司馬睿當屬上選。司馬睿則是王家在物色合作人選時，經過仔細評估和討論的。

《太平御覽》卷一八四〈居處部十二戶〉：

---

〔註35〕《晉書》卷六〈元帝本紀〉，頁144。

〔註36〕余嘉錫，《世說新語箋疏》〈言語第二〉33條，頁95。

〔註37〕田餘慶，《東晉門閥政治》，頁16～17。

〔註38〕請參閱田餘慶，《東晉門閥政治》，頁1～6。

〔註39〕陳留高士張公見王導，謂其從兄王敦曰：「此兒容貌志氣，將相之器也。」見
《晉書》卷六十五〈王導傳〉，頁1745。

《語林》曰：「大將軍（王敦）丞相（王導）諸人在此時閉戶共爲謀身之計，王曠世弘來在戶外，諸人不容之，曠乃剔壁闚之，曰：『天下大亂，諸君欲何所圖謀？』將欲告官，遽而內之，遂建江左之策。」
〔註40〕

按王曠乃王羲之父，曾任淮南太守，處在人才濟濟的王家，他尙無法進入家族權力結構的核心，故王敦、王導諸人在閉戶共爲謀身之計時，他無法與聞。王氏諸人，俱已身居顯職，故此處所謂「共爲謀身之計」，斷不會愼重其事地只爲圖謀個人出路。當時天下已亂，王家圖謀者亦不會是匡危扶正之事，因爲天下事非王家所能獨撐，從閉戶密商的情形研判，此必爲王家謀，而非爲天下謀。故可知所謀者必與家族未來動向有關。王曠以告官要脅，眾人不得已納之共商，江左之策隨之定調。《語林》並未明白指陳「江左之策」何所指？但據《晉書》〈王羲之傳〉云：「元帝之過江也，（王）曠首創其議」〔註41〕此語至少含有二種意涵，其一是指王曠倡議渡江，〔註42〕在南方另闢局面，才有日後王導勸琅邪王自下邳鎮建鄴之事。其二則爲王家確定至南方圖霸業，但與何人結合？王曠的「江左之策」，不但決定將家族勢力南移，同時還確定結合的人選爲司馬睿。如若諸王密商決定「南渡」，並圖家族「霸業」終見底成者，必愼之又愼選擇合作人選，蓋此人牽涉到家族霸業能否實現，故眞正關鍵者在於選擇什麼人，既能讓司馬越接受，又能逐步實現王家的霸業美夢。表面上司馬睿與王導之南下是由司馬越與王衍主導，實際上司馬睿能在建康延續晉祚，是王家精心挑選上他。《晉書》卷六十五〈王導傳〉云：〔註43〕

初，西都覆滅，海內思主，群臣及四方並勸進於帝。時王氏強盛，有專天下之心，（王）敦憚帝賢明，欲更議所立，（王）導固爭乃止。及此役也，敦謂導曰：「不從吾言，幾致滅族。」導猶執正議，敦無以能奪。〔註44〕

〔註40〕 李昉等撰，《太平御覽》，北京：中華書局，1985年10月，頁892～893。
〔註41〕 《晉書》卷八十〈王羲之傳〉，頁2093。
〔註42〕 田餘慶認爲是王曠倡議渡江，且建策時間當在永嘉元年（307年）三月至七月，地點推測是下邳。見田餘慶，《東晉門閥政治》，頁16。
〔註43〕 建康本名秣陵，漢獻帝建安十六年置縣，孫權改爲建業，愍帝建興元年（313年）八月，爲避帝諱改爲建康。請參見《宋書》，臺北：鼎文書局，民國76年5月，卷三十五〈州郡志〉，頁1029。建業，南史皆作建鄴。見王鳴盛，《十七史商榷》卷五十四〈建鄴京師京邑京都建康都下〉條，頁485～486。
〔註44〕 《晉書》卷六十五〈王導傳〉，頁1749～1750。

「王氏強盛，有專天下之心」，一般多解讀爲王敦有不臣之心，但此時元帝尚未即位，王敦之亂亦未發生，此處王氏係指王家整個家族，而非單指王敦較爲允當。王敦欲更議「所立」者，此即王導口中的「正議」，前後兩「議」當指一事，是人臣自擇君，以待時機成熟便取而代之，其實就是執行其家族大業。由此更可嗅出司馬睿是由王家決定並扶翼而出的氣息。然則司馬睿具備何種條件，獨受王家青睞？

## 二、馬、王默契：共成霸業、共天下

司馬睿乃司馬懿曾孫，琅邪恭王司馬覲之子，年十五嗣位爲琅邪王，拜員外散騎常侍。八王之亂，隨叔父東安王司馬繇討成都王司馬穎，司馬繇後爲司馬穎所害，司馬睿避禍歸國，在此期間並未擔任什麼要職，後倒向東海王司馬越。司馬越收兵下邳，欲鞏固東南勢力，乃以司馬睿任平東將軍，監徐州軍事，鎮下邳，後遷安東將軍，都督揚州諸軍事。司馬睿獲任這些職務，並非才堪重任，恐怕還是以宗室的緣故。《晉書》〈元帝本紀〉云：「惠皇之際，王室多故，帝每恭儉退讓，以免於禍。」〔註45〕顯示八王之亂，宗室相殘時，司馬睿以個性保守，但求避禍。又云「不顯灼然之迹，故時人未之識焉。」〔註46〕可見其非才華出眾、擔當有爲之人，及至宗室無人，方得以出頭。嵇紹嘗謂人曰：「琅邪王毛骨非常，殆非人臣之相也。」〔註47〕此乃從相貌而言，非從其才能而論也。綜言之，司馬睿展現的特質是「恭儉之德雖充，雄武之量不足。」〔註48〕這樣的司馬睿一則具有與琅邪王氏相同的地緣關係，再則司馬睿的阿姨嫁予王導之叔王正，司馬睿與王正之子王廙、王彬、王曠是表兄弟，〔註49〕故與王家有土親加人親的兩層關係。此外，司馬睿又是宗室，與王家和司馬越同時具有相當程度的關係。最重要者爲其才幹與雄武不足，既不致威脅到同爲宗室的司馬越，復因才能不夠突出，易於被王家掌控，故司馬睿之所以和王導共同南下，並非偶然。

司馬睿被選定之後，王家極可能透過與裴家特殊的關係，〔註50〕由東海

〔註45〕《晉書》卷六〈元帝本紀〉，頁143。
〔註46〕同上。
〔註47〕同上。
〔註48〕同上書，頁157。
〔註49〕《晉書》卷七十六〈王廙傳〉云：「王廙，字世將，丞相導從弟，而元帝姨弟也。」，頁2002。
〔註50〕「初，裴、王二族於魏晉之世，時人以爲八裴方八王，徽比王祥、楷比王衍、

王裴妃向司馬越建策，〔註51〕最後雖由司馬越做決策，而且司馬睿只能被動從命。〔註52〕但其間王家其實早已展開遊說的工作，並且和司馬睿達成某種政治默契，在幕後操控這些策略者應爲家族領袖王衍，而負責執行遊說工作者是王導。《晉書》卷六十五〈王導傳〉：

> 時元帝爲琅邪王，與導素相親善。導知天下已亂，遂傾心推奉，潛有興復之志。帝亦雅相器重，契同友執。帝之在洛陽也，導每勸令之國。
>
> 會帝出鎮下邳，請導爲安東司馬，軍謀密策，知無不爲。〔註53〕

上引史料，隱約可嗅出另一個「隆中對」的味道。昔日諸葛亮爲劉備定出國政方針「隆中對」，〔註54〕蜀漢一朝，完全是執行隆中對的擘畫。

諸葛亮建議劉備要跨有荊、益，網羅人才，外結好孫權，內脩政理，待天下有變，圖霸中原。因是之故，劉備入益州，結好益州大姓，與魏、吳三分天下。唯先主早崩，政事雖悉委諸葛亮，而亮亦未能待天下有變，即告鞠躬盡瘁，以致隆中對功虧一簣。王導在南下之前，與司馬睿抵掌論天下大勢，其所借箸代籌者，一套謂之建國大計者當在其中，司馬睿非但接受，並且交由王導主持大政。此即王導「軍謀密策，知無不爲」之所由來。

雖然諸葛亮之於劉備和王導之於司馬睿面對的情勢並不相同，王導之密策內容，史無明文，但鉤稽探徵，仍可窺其端倪，不論「隆中對」或是王導的「建國大計」，都是政權得以偏安的大戰略和大布局。同樣地，王導爲司馬睿謀畫者是以江東爲腹地，爲使政權開展，亦當盡力結好南方大族。所不同者，諸葛亮躬自執行隆中對的策略，是以戰養戰，無歲不征，積極進取中原，亮曾自表僅有桑八百株，薄田十五頃，無家族之私；〔註55〕王導的策略則以偏安爲先，南北分治之勢因之成形，東晉一朝對北伐之消極與掣肘，恐均與

---

康比王綏、緯比王澄、瓚比王敦、遐比王導、顏比王戎、邈比王玄云。」語見《晉書》卷三十五〈裴秀附裴憲傳〉，頁 1052。此外，裴妃兄裴邵曾辟司馬睿爲安東府長史，又與王導特相親善。又，王敦尚晉武帝女襄陽公主，語見《晉書》卷九十八，〈王敦傳〉，頁 2553。

〔註51〕「初，元帝鎮江東，裴妃之意也，帝深德之。」請參閱《晉書》卷五十九〈東海王越傳〉，頁 1626。

〔註52〕參見田餘慶，《東晉門閥政治》，頁 17。

〔註53〕《晉書》卷六十五〈王導傳〉，頁 1745。

〔註54〕《三國志》，臺北：鼎文書局，民國 76 年 5 月，卷三十五〈蜀書·諸葛亮傳〉，頁 912～913。

〔註55〕《三國志》，卷三十五〈蜀書·諸葛亮傳〉，頁 927。

此有關，或可備一說。且觀王家對待司馬睿，內有王導，外有王敦，軍政大權均出自王家，司馬睿徒具虛位，這也是日後馬、王無法避免政治衝突與鬥爭的主因。

前已述及，勸司馬睿渡江者為王導。司馬睿與江左並無淵源，又沒有政治資本，晉興以來江東屢有亂事，綏靖不易，〔註56〕司馬睿何以會答應渡江呢？王導在勸說時所畫出的藍圖正是「共成霸業」。否則就不會「傾心推奉，潛有興復之志」，當時主持大局者雖仍為司馬越，而此「興復之志」指的則是王家與司馬睿共成天下之志。《晉書》卷二十七〈五行志上〉：「孝懷帝永嘉四年（310年）四月，江東大水，時王導等潛懷翼戴之計，陰氣盛也。」〔註57〕此時司馬越還握有大權，而王導就已表現出潛懷的翼戴之望，如若不是南下之前就有此謀，實難有合理解說。就政治關係言，司馬睿是司馬越放在東南的一顆棋子，並遙受其節制。但王導勸他改鎮建康，一則遠離北方戰區，再則可脫離司馬越的掌控。司馬睿深知自己政治資本薄弱，不論在軍事、政治、人脈上都得倚靠王家，南下之謀對他而言，非但可以避禍，且可「共成霸業」。因此司馬睿對於王導，豈止「雅相器重」而已。此時他必須也相對地得向王家退讓，做出某種政治妥協，否則這個「大業」根本無由實現。在彼此殷切需求下，司馬睿與王家必須先達成彼此可以接受的合作默契，因為司馬睿的天下要由王家為其開拓，王家則可藉司馬睿的名位實現家族霸業。一個是有其位，一個是擁其實，所謂祭則司馬，政由王氏。故「王與馬，共天下」是在此情形下達成的政治妥協與默契。雖然在表面上還有司馬越主導，但王家與司馬睿私下建立的默契，對司馬睿而言，是客觀形勢上必要之妥協，對王家而言，則是計算精準之政治投資，雙方是互蒙其利的交易，但礙於外部形勢，這種私下之默契只能心照不宣。但觀日後王氏家族對司馬睿之翼戴與司馬睿對王家之容忍，此說可能性極高。

司馬睿與王導南下後二個月，王衍更進一步說服司馬越以王澄、王敦出

---

〔註56〕晉武帝親自策問華譚時曰：「蜀人服化，無攜貳之心；而吳人趑雎，屢作妖寇。豈蜀人敦樸，易可化誘，吳人輕銳，難安易動乎？」見《晉書》卷五十二〈華譚傳〉，頁1450。又惠帝以後，有所謂「三定江南」，詳見方北辰，《魏晉南朝江東世家大族述論》第三章第一節〈西晉時的「亡國之餘」〉與「三定江南」，頁59～66。琅邪王司馬睿渡江前江南的局勢亦非常混亂，詳見金民壽，〈東晉政權的成立過程〉，《東洋史研究》四十八卷二號，頁71～73。

〔註57〕《晉書》卷二十七〈五行志上〉，頁815。

鎮荊州、青州，〔註58〕一方面營其三窟，再則可強化司馬睿的政治資源，並傾家族力量扶持司馬睿在南方立穩腳跟。《晉書》卷六十五〈王導傳〉曰：

> 及徙鎮建康，吳人不附，居月餘，士庶莫有至者，導患之。會敦來朝，導謂之曰：「琅邪王仁德雖厚，而名論猶輕。兄威風已振，宜有以匡濟者。」會三月上巳，帝親觀禊，具威儀，敦、導及諸名勝皆騎從。吳人紀瞻、顧榮，皆江南之望，竊覘之，見其如此，咸驚懼，乃相率拜於道左。〔註59〕

《晉書》卷九十八〈王敦傳〉曰：

> 帝初鎮江東，威名未著，敦與從弟導等同心翼戴，以隆中興，時人為之語曰：「王與馬，共天下。」〔註60〕

初至江東的司馬睿僅有一個空殼子，南土人士對他的輕視與敵意，不言而喻。處此困境，他深知只能倚仗王家，故而除了對王導言聽計從，全力配合之外，對於權力，也表現得至為謙遜，嘗謂顧榮曰：「寄人國土，心常懷慚。」〔註61〕司馬睿卑辭面對顧榮，既是反映現實狀況，同時也是為爭取南方大族的支持。顧榮跪答曰：「臣聞王者以天下為家，是以耿、亳無定處，九鼎遷洛邑，願陛下勿以遷都為念。」〔註62〕陳寅恪認為「東晉元帝者，南來北人集團之領袖。吳郡顧榮者，江東士族之代表……顧榮之答語乃允許北人寄居江左，與之合作之默契，此兩方協定既成，南人與北人戮力同心，共禦外侮，而赤縣神州免於全部陸沈，東晉南朝三百年之世局因是決定矣。」〔註63〕南人與北人因歷史因素，此一合作，實是最困難之結合。〔註64〕司馬睿與顧榮在言語間達成雙方合作之協定，也是一種政治默契。當初諸葛亮勸劉備入益

---

〔註58〕後司馬睿召王敦為軍諮祭酒，會揚州刺史劉陶卒，帝復以敦為揚州刺史，加廣武將軍。參見《晉書》卷九十八〈王敦傳〉，頁2554。

〔註59〕《晉書》卷六十五〈王導傳〉，頁1745～1746。

〔註60〕《晉書》卷九十八〈王導傳〉，頁2554。

〔註61〕請參閱余嘉錫，《世說新語箋疏》〈言語第二〉29條，頁91～92。

〔註62〕同上，頁92。

〔註63〕陳寅恪，〈述東晉王導之功業〉，收錄於氏著《陳寅恪集・金明館叢稿初編》，頁59。

〔註64〕南人與北人因歷史原因，彼此間的仇視與對立其來有自，東晉政權建立，雖然促使南北人士攜手合作，但南北人士在政治與社會的對立上從來未曾中止，有關問題請參閱矢野主稅，〈東晉における南北人對立問題——その社會的考察〉，收錄於《史學雜誌》77-10。以及矢野主稅，〈東晉における南北人對立問題——その政治的考察〉，收錄於《東洋史研究》26-3。

州，爲求政權穩固，必須與當地人合作，並適度開放政權，擴大社會基礎，諸葛亮處理此問題之方式是：中央級官吏以非益州人爲主體；丞相府的主簿、參軍等，非益州人與益州大姓參半；地方級官吏用益州大姓。〔註65〕就馬、王而言，今入他人地盤，欲於此建立政權，必須先融合勢力，而欲融合勢力，本身勢力夠強時可採壓制的做法，但本身勢力不夠時就當釋出資源，故馬、王在本身勢力不足以壓制南土勢力的情況下，〔註66〕必先釋出善意，尋求認同與支持；就南土士族而言，接受僑人政權，一則是爲保障身家性命，另外也應驗「吳當復」〔註67〕之童謠，故東晉在江東立國亦可視爲江東獨立政權的恢復。〔註68〕司馬睿做爲中原正統政權和北人南下之代表，必須要先處理南、北敵對的問題。總之，北方的外在威脅，迫使江東大族必須與即將建立的新政權合作，這是遠離戰火與確保南土榮景的明智選擇，故此時北方政情不但給予南方生存上之威脅並牽制南方局勢之發展，也強迫互見隔閡之南北士族在意向上由分轉合。司馬睿與顧榮既能在數語之間建立彼此默契與協定，與王家有某種默契與協定更屬可能，而這個默契與協定極有可能也僅僅是言語上的約定。反之，司馬睿既與王家有默契在先，援引是例，與南土代表建立默契，以化解在南士成立政權時可能產生的反彈亦是情理中事。王家是北方大族的代表，顧榮是南土大族的領袖，南、北大族表態支持，司馬睿建業之謀，始有成功之可能。

## 第二節　名位與實力的結合

　　王敦、王導以大陣仗的兵威，加上隨從的名士勝流，讓南土人士不敢輕忽司馬睿，但要扶植司馬睿穩定立足，王家與司馬睿還要面臨諸多問題。首先司馬睿的第一個問題是「名論猶輕」。歷來學者談及東晉政權建立之問題

---

〔註65〕請參閱毛漢光，〈三國政權的社會基礎〉，收錄於氏著《中國中古社會史論》，頁131。

〔註66〕江東大族的地方勢力極強，江東地區幾次大的動亂都是靠江東人士之力得以平亂，他們雄厚的實力，讓江東大族一直都有割據之念，只不過他們也要選擇合作的對象，陳敏的失敗，就是最好的例子。

〔註67〕《宋書》卷三十一〈五行志〉曰：「晉武帝太康後，江南童謠曰：『局縮肉，數橫目，中國當敗吳當復。』又曰：『宮門柱，且莫朽，吳當復，在三十年後。』」，頁914。

〔註68〕參閱唐長孺，《三至六世紀江南大土地所有制的發展》，頁56～57。

時，鮮有論及此者，偶有觸及，亦僅點出王導商請從兄王敦以其已振之威名，匡濟扶持司馬睿。然而就時代之特殊性而言，此問題實不容輕忽，〔註69〕蓋威名未著實難服眾，也因爲名論猶輕，司馬睿不得不仰賴聲名卓著的王家爲其延譽立威，尤其是「威風已振」的王敦更是關鍵人物，〔註70〕司馬睿在有求於王家之客觀形勢下，面對王家，特別是王敦與王導，當然必須知所進退，

〔註69〕東漢至南朝，「名」是一重要問題，但「名」指涉多重涵意，如名教、名士、名實……等，歷來學者論及漢晉之際「名」的問題，常從「名教」與「名士」問題發論。此固然緣於名教與名士此一時期常見之詞彙，名教與自然問題更是魏晉清談中主旨所在。（有關自然與名教乃清談主旨所在的問題，請參閱陳寅恪，〈陶淵明之思想與清談之關係〉，收錄於《陳寅恪集·金明館叢稿初編》，頁201～229。）從思想上言，亦是儒家與道家互相激盪的一段過程。（參見余英時，〈名教危機與魏晉士風的轉變〉，收錄於《中國知識階層史論（古代篇）》，臺北：聯經出版社，1984年2月，頁330。）然而何謂「名教」？學者每多從儒學之變談起（學者每多從「天」、「道」、「禮」……等觀念配合儒學演變，闡釋名教與自然間之關係，可參閱郭梨華，《王弼之自然與名教》，臺北：文津出版社，1995年12月，頁9～67。），於名教之定義，卻鮮有明確說明者。陳寅恪認爲「以名爲教，即以官長君臣之義爲教」（陳寅恪謂：「故名教者，依魏晉人解釋，以名爲教，即以官長君臣之義爲教，亦即入世求仕者所宜奉行者也。其主張與崇尚自然即避世不仕者適相違反，此兩者之不同，明白已甚。」見陳寅恪，〈陶淵明之思想與清談之關係〉，頁203～204。）余英時則以爲名教「乃泛指整個人倫秩序而言」（余英時，〈名教危機與魏晉士風的轉變〉，收錄於《中國知識階層史論（古代篇）》，頁332。）前者側重政治層面觀察，後者還擴及社會、思想層面。張蓓蓓則認爲魏晉「名教」應由道家「非名」的觀點來把握方可謂爲周遍。（張蓓蓓認爲「名教」一詞的原始意義，應泛指一切「有名之教」，凡名相、名號、名分、名譽、名數以及由此而生的一切規矩法度都應包括在內。嵇（康）、阮（籍）反對世俗既有的軌範與拘制，立意衝決網羅，因而造出此詞以與「自然」爲對文。「名教」的意義，應由道家「非名」的觀點來把握方可謂爲周延。有關名教的意義，詳見張蓓蓓，《中古學術論略》，臺北：大安出版社，1991年5月，頁1～48。）姑不論其定義爲何，名教與自然的問題對於清談之開展、玄風之流行以及魏晉南北朝風氣之形成確有關鍵性的影響。至於「名士」，李清筠謂先秦至兩漢的名士意涵大體而言差異不大，均強調學行成就。（參見李清筠，《魏晉名士人格研究》，臺北：文津出版社，2000年10月，頁6～14。）然而魏晉名士意涵則有顯著改變，此時名士以「風流」取勝，成爲名士間聯繫之內蘊，而形成一特殊的文化團體。（見李清筠，《魏晉名士人格研究》，頁14～15）然而魏晉名士風流只是外顯的一些現象，其間導致魏晉士風轉變之因實多，殊難盡述於此。但「名士」一詞，至少涵蓋「有名之士」的意義，此處僅就「高名」之立略加說明，亦可由此了解司馬睿「威名未著」確實爲一問題。

〔註70〕請參閱魏斌，〈王敦三考〉一、王敦「威風已振」考，頁36～38。

以王家之所欲與之交換，做出某種程度的政治妥協。漢末至南朝，聲名之建立至爲重要，雖然「名」之內涵與時轉變，但重名、求名的情況，卻日勝一日，何以致此，今略述梗概，以說明何以司馬睿聲名未著是一棘手問題。

## 一、東漢求名之風形成

東漢肇興，光武表彰氣節，使得東漢風俗之美，歷代無有過之者。〔註71〕龔勝、嚴光之行，成爲士節典範，獲得普世敬重。除通經致顯外，高尚不仕亦可獲致高名，此時聲名之建立，除了學術之外，德行更形重要，在野的名聲有時甚至凌駕官方的爵位之上，崇尚名節以致汲汲求名遂成爲東漢士風特色之一。〔註72〕兩漢鄉舉里選的察舉制度，鄉論和風評對於受推舉者有相當參考作用，更助長求名的風氣。和帝以後，外戚、宦官迭握朝政，面對政局日壞，擁有高名之士大夫起而放言針砭當朝人物，互相唱和，藉聲名凝聚社會實力，轉化其爲政治資本，以抗衡閹官、外戚。及至黨錮禍起，此風方有所轉變。然而他們所帶動之清議，已成爲一種全社會的輿論力量，除了評論時局，亦品議人物，這類品評人物之言論，對於個人名聲之建立有推波助瀾之功。葛洪《抱朴子》外篇卷四十六〈正郭〉中引諸葛元遜之言充分說明漢末士流求名之情況。

> （郭）林宗隱不修遁，出不益時，實欲揚名養譽而已。街談巷議以爲辯，訕上謗政以爲高，時俗貴之歙然，猶郭解、原陟見趨於曩時也。後進慕聲者，未能考之於聖王之典，論之於先賢之行，徒惑華名，咸競準的。學之者如不及，談之者則盈耳。〔註73〕

爾後士大夫求名，除學術、德行外，因特立獨行獲致聲名者亦所在多有。〔註74〕聲名背後的實質內涵開始轉變，名實不副之事益多。仲長統、〔註75〕范

〔註71〕參見顧炎武，《日知錄》，臺北：明倫出版社，1975年3月，頁377。

〔註72〕有關西漢到東漢士風轉變的問題，請參閱錢穆，〈中國智識分子〉，收錄於《國史新論》，臺北：東大圖書公司，1989年3月，頁128～131。

〔註73〕見楊明照撰，《抱朴子外篇校箋》，北京：中華書局，1997年10月，頁472。

〔註74〕余英時認爲求名之風有助於個體自覺之發展，而士之欲求名者，勢必爭奇鬥妍，各求以特立獨行超邁他人。范蔚宗作《後漢書》特立〈獨行傳〉，正是因爲「情跡殊雜，難爲條品；片辭特趣，不足區別，措之則事或有遺，載之則貫序無統。以其名體雖殊，而操行俱絕，故總爲獨行篇焉。」（參見《後漢書》，臺北：鼎文書局，民國76年元月，頁2665。）詳見余英時，〈漢晉之際士之新自覺與新思潮〉，收錄於《中國知識分子（古代篇）》，頁231。

〔註75〕《後漢書》卷四十九〈仲長統傳〉引《昌言》〈損益篇〉云：「彼君子居位爲

蔚宗、〔註76〕葛洪〔註77〕等人都曾對漢末名實不符之事提出評論。因爲名不準實之事日多，外在「名」之重要性往往超越內在之「實」，就功利觀點言，「名」之利遠大於「實」之利。內實外名既不合一，當然可捨實而取名，爲了求名，亦可不在意手段了。

　　另一方面，鄉舉里選與清議的結合，使人倫鑑識成爲專門之學，人物評論專家亦應運而生，〔註78〕此專門之學的發展從具體行爲之觀察慢慢演變爲由外在推內在，由具象推抽象，同時使得命相與鑑識人倫分途。〔註79〕許劭和許靖兄弟覈論鄉黨人物，號稱「月旦評」，此爲當時共相標榜的風氣，聲播所及，造就無數知名之士。《後漢書》卷六十七〈黨錮傳〉曰：

> 自是正直廢放，邪枉熾結，海內希風之流，遂共相標榜，指天下名士，爲之稱號。上曰「三君」，次曰「八俊」，次曰「八顧」，次曰「八及」，次曰「八廚」，猶古之「八元」、「八凱」也。〔註80〕

《世說新語》〈政事第三〉17「何驃騎作會稽」條劉孝標注引〈（郭）泰別傳〉曰：

士民之長，固宜重肉累帛，朱輪四馬；今反謂薄屋者爲高，藿食者爲清，既失天地之性，又開虛僞之名。」參見《後漢書》卷四十九〈仲長統傳〉，頁1655。

〔註76〕《後漢書》卷八十二〈方術傳上〉范蔚宗論曰：「漢世之所謂名士者，其風流可知！雖弛張趣舍，時有未純，於刻情修容，依倚道藝，以就其聲價，非所能通物，弛時務也，及徵樊英、楊厚、朝廷待若神明，至竟無它異。英名最高，毀最甚。李固、朱穆等以爲處士純盜虛名，無益於用，故其所以然也。然而後進希之以成，世主禮之以得眾，原其無用，亦所以爲用，則其有用或歸於無用！」語見《後漢書》卷八十二〈方術傳上〉，頁2724～2725。

〔註77〕《抱朴子》外篇卷十五〈審舉〉曰：「靈、獻之世，閹官用事，群姦秉權，危害忠良。臺閣失選用於上，州郡輕貢舉於下。夫選用失於上，則牧守非其人矣；貢舉輕於下，則秀、孝不得賢矣。故時人語曰：『舉秀才，不知書；察孝廉，父別居。寒素清白濁如泥，高第良將怯如雞。』又云：『古人欲達勤誦經，今世圖官免治生。』蓋疾之甚也。」同書卷二十〈名實〉曰：「門人問曰：『聞漢末之世，靈、獻之時，品藻乖濫，英逸窮滯，饕餮得志，名不準實，貫不本物，以其通者爲賢，塞者爲愚，其故何哉？……』」請參閱楊明照撰，《抱朴子外篇校箋》，頁393、486。

〔註78〕王充《論衡》就曾對察人之術提出一些看法，爾後，評論人物之標準有三：曰才、性與命也。及至劉劭《人物志》出，察人之術已確定成爲專門之學。而漢末許劭、郭林宗等人均爲人倫鑑識的專家。有關此問題可參見余英時，〈漢晉之際士之新自覺與新思潮〉，收錄於《中國知識階層史論（古代篇）》，頁236～244。

〔註79〕同上書，頁237～240。

〔註80〕《後漢書》卷六十七〈黨錮列傳〉，頁2187。

（郭）泰，字林宗，有人倫鑑識。題品海內之士，或在幼童，或在里肆，後皆成英彥六十餘人。〔註81〕

時人之名聲既多因鑑識而立，爲了要取得聲名，受人月旦品評勢所必然。鑑識人物的專家，因此特別受人禮敬，或成爲眾人往詣的對象，以取得品藻。《後漢書》卷八十下〈文苑傳〉云：

趙壹字元叔，漢陽西縣人也。體貌魁梧，身長九尺，美鬚豪眉，望之甚偉。而恃才倨傲，爲鄉黨所擯，乃作〈解擯〉。……既出，往造河南尹羊陟，不得見。壹以公卿中非陟無足以託名者，乃日往到門。陟自強許通，尚臥未起。壹逕入上堂，遂前臨之曰：「竊伏西州，承高風舊矣。乃今方遇而忽然，奈何命也！」因舉聲哭。門下驚，皆奔入滿側，陟知其非常人，乃起。延與語，大奇之，謂曰：「子出矣。」陟明旦大從車騎，奉謁造壹。時諸計吏多盛飾車馬帷幕，而壹獨柴車草屏，露宿其傍，延陟前坐於車下，左右莫不歎愕。陟遂與言談，至熏夕，極歡而去，執其手曰：「良璞不剖，必有泣血以相明者矣！」陟乃與袁逢共稱薦之，名動京師，士大夫想望其風采。〔註82〕

同書卷六十八〈許劭傳〉曰：

曹操微時，常卑辭厚禮，求爲己目。（許）劭鄙其人而不肯對，操乃伺隙脅劭，劭不得已，曰：「君清平之姦賊，亂世之英雄。」操大悅而去。〔註83〕

這種往詣某人以求評價的風氣，後漢已然，下逮魏晉更大行其道。只是求名的方式雖同，魏晉以後，「名」之內涵又產生變化。

黨錮禍起，如郭林宗者流，善於鑑人者，爲避禍遠嫌，雖有高名，但不再如過去般積極參與時政之針砭和人物之品鑑，反而「一變其指實之人物品題，而爲玄理之討論。」〔註84〕這對下開魏晉玄談之風自具深遠影響。

## 二、魏晉時期立名之重要

魏晉玄學之興，是藉談坐而大放異彩。談坐之風始於後漢，入魏以後，

---

〔註81〕余嘉錫，《世說新語箋疏》〈政事第三〉17條，頁180。
〔註82〕《後漢書》卷八十下〈文苑傳〉，頁2628～2632。
〔註83〕《後漢書》卷六十八〈許劭傳〉，頁2234。
〔註84〕見陳寅恪，〈陶淵明之思想與清談之關係〉，收錄於《陳明恪集·金明館叢稿初編》，頁230。

士大夫處理名教和自然間之問題，有其政治上的實際功用。〔註85〕表現方式往往不自覺地爭勝於談坐場上，但求建立聲名，相互標榜以爲高。《世說新語‧文學第四》6條云：

> 何晏爲吏部尚書，有位望，時談客盈坐，王弼未弱冠往見之。晏聞弼名，因條向者勝理語弼曰：「此理僕以爲極，可得復難不？」弼便作難，一坐人便以爲屈，於是弼自爲客主數番，皆一坐所不及。〔註86〕

同書〈文學〉12條云：

> 裴成公作崇有論，時人攻難之，莫能折。唯王夷甫來，如小屈。時人即以王理難裴，理還復申。〔註87〕

《晉書‧王承傳》曰：

> （王承）言理辨物，但明其指要而不飾文辭；有識者服其約而能通。
> 弱冠知名，太尉王衍雅貴異之，比南陽樂廣焉。〔註88〕

參與談坐之人，靠辯才析理破他立己，折服一坐之人。高明者如王弼，更能自設問答，往復之間，破者破之，立者立之。這無疑是建立聲名快速而有效的方式。晉司馬氏爲掌控政治，極力維護名教，嵇康因非薄湯武而見殺，東漢以來依名教月旦人物或評論時事之風，即隨之不變。〔註89〕士大夫的清談之風一轉而爲玄遠自然。何晏、王弼等人所引領出的談坐風潮，一直持續到八王之亂前。此時，談論技巧的發展已達最高峰，然而思想上卻極其貧乏；〔註90〕但騁言辯，信口雌黃，爲「談」而「談」。此時的談論，缺少一種內在的創發力量，純粹是一種技巧的炫耀而已。〔註91〕甚至純粹只爲爭勝而一逞口舌之利。在談風發展的過程中，清言、辯才都是被重視的，士大夫除了在談坐場上建立聲名，往詣某人以獲取聲名仍舊是常見之事。

---

〔註85〕陳寅恪，〈陶淵明之思想與清談之關係〉，收錄於《陳寅恪集‧金明館叢稿初編》，頁201～229。

〔註86〕參見余嘉錫，《世說新語箋疏》〈文學第四〉6條，頁196。

〔註87〕同上書，頁201～202。

〔註88〕《晉書》卷七十五〈王承傳〉，頁1960。

〔註89〕嵇康之流崇尚自然者，不在司馬氏掌控之列，故殺嵇康以警世。請參閱陳寅恪，〈陶淵明之思想與清談之關係〉，收錄於《陳寅恪‧金明館叢稿初編》，頁205～217。

〔註90〕他們同樣是求旨，求理，然而辭勝於理，成了一般的趨勢。雖說游辭被人鄙視，終不能挽救此種思想上的頹風，而清言也走上了衰微沒落之途。詳見何啓民，《魏晉思想與談風》，臺北：學生書局，民國79年6月，頁171。

〔註91〕見何啓民，《魏晉思想與談風》，頁197。

　　九品中正制之設，加速門第社會的成型，往詣某人固然是想藉此得到青睞而建立聲名，就中所隱含的門第高下之分，較諸東漢末季的「往詣」，無形中士庶更不相接，但以門第以爲高下。而社會與中正對人物的判準，往往以虛妄的聲名爲斷，〔註92〕致使士庶競相求名。換言之，要得到社會的敬重與認可，必須求名，要躋身上流社會，延譽、求名更是必要之事，〔註93〕是以兩晉以來，爲人延譽、爲己求名之事屢見不鮮。

《晉書》卷五十五〈張載傳〉：

　　（張）載又爲〈濛汜賦〉，司隸校尉傅玄見而嗟歎，以車迎之，言談盡日，爲之延譽，遂知名。〔註94〕

同書卷六十七〈溫嶠傳〉：

　　屬二都傾覆，社稷絕祀，元帝初鎮江左，（劉）琨誠繫王室，謂（溫）嶠曰：「昔班彪識劉氏之復興，馬援知漢光之可輔。今晉祚雖衰，天命未改，吾欲立功河朔，使卿延譽江南，子其行乎？」〔註95〕

同書卷六十八〈賀循傳附楊方〉：

　　（楊方）初爲郡鈴下威儀，公事之暇，輒讀五經，鄉邑未之知。內史諸葛恢見而奇之，待以門人之禮，由是始得周旋貴人間。時虞喜兄弟以儒學立名，雅愛方，爲之延譽。〔註96〕

綜上所述，漢末以來，從側重學術、樹立德行、特立獨行、氣韻天成、擅長玄談、辯才機鋒…等，儘管「名」之內涵不同，立名的管道與途徑亦不拘一格，但建立聲名至爲必要，聲名既代表著社會的認同價值，也附帶著諸多資源。此亦突顯出司馬睿在西晉末年「名論猶輕」所隱涵的政治危機。他的聲名既不足以服眾，又無充分的社會資源，及至離開自己的地盤，渡江至素來

---

〔註92〕劉毅談及九品中正缺失時言：「而中正知與不知，其當品狀，采譽於臺府，納毀於流言。……位以求成，不由行立，品不校功，黨譽虛妄。」見《晉書》卷四十五〈劉毅傳〉，頁1276。又參見《通典》卷十四，〈選舉二〉，頁332。

〔註93〕寒門之士或門望不高者須藉由求名、立名，才可能有較佳之發展，尤其兩晉門第社會逐漸成型以後，立名更是不可或缺的過程。例如陶侃與桓溫之父桓彝均以門第不顯，特意在「求名」方面下過極大功夫，有關陶侃求名的過程可參閱《晉書》卷六十六〈陶侃傳〉，頁1768～1770。桓彝求名之事可參閱田餘慶，《東晉門閥社會》，頁156～162。

〔註94〕《晉書》卷五十五〈張載傳〉，頁1518。

〔註95〕《晉書》卷六十七〈溫嶠傳〉，頁1785～1786

〔註96〕《晉書》卷六十八〈賀循傳附楊方〉頁，1831。

對中朝有敵對傾向的吳會地區，南土人士以其位望不顯，聲名未著，根本缺乏意願扶持，導致他南下數月，士庶不附，若非王家以家族實力在背後支撐，單依司馬睿之號召，很難收拾南土人心。故司馬睿與王導家族之結合，更有其必要，王家有名望與實力，司馬睿則據其位兼有皇家血統，二者之合作是名與位加上實力的結合。

## 第三節　司馬睿繼統之內、外條件

### 一、司馬睿登基前之外部形勢

司馬睿在建立大業的過程中，王家除了要解決他聲名未著的先天問題，還要處理諸多的反對勢力。這些反對勢力有來自中朝舊臣的不願擁護，也有南土人士的反彈，王家靠著王敦、王導，將這些困境逐一化解、改善。

永嘉五年（311 年）三月，司馬越薨於項。〔註97〕六月，懷帝蒙塵於平陽，百官士庶死者三萬餘人，宗室亦多折損。荀藩移檄州鎮，推司馬睿為盟主。豫章王司馬端奔苟晞，被立為皇太子。七月，大司馬王浚亦承制假立太子。《通鑑》胡三省注曰：「《晉書》初無其名，劉琨與丞相（王導）牋曰：『（王）浚設壇場，有所建立，稱皇太子。』不知為誰。」〔註98〕可見王導自有管道，充分掌握北方局勢的最新發展。此時海內大亂，中土士民渡江避難者眾，王導勸司馬睿收其賢俊，與之共事，設置「百六掾」，擴大建置規模以期匯集人才。刁協、王承、卞壺、諸葛恢、陳頵、庾亮……等一時俊傑都投入司馬睿麾下。

有關司馬端與王浚所立假太子之下場，史書沒有明確交代，或因血緣親疏不同故，或因缺乏號召力，永嘉六年（312 年）九月，武帝之孫秦王司馬鄴另被奉為皇太子。於血緣上，司馬鄴為武帝直系血親，儘管眾人各有盤算，但就親疏而言，司馬鄴的出線可杜悠悠之口。次年（建興元年，313 年）正月，懷帝遇害。四月，凶問至，秦王以皇太子即皇帝位，是為愍帝。從懷帝被虜至崩殂，時間長達一年半，在司馬鄴被立為皇太子之前的一年三個月中，北方先後至少立有二位皇太子，但均無號召力量。反觀南方的司馬睿政權，在

---

〔註97〕有關司馬越之死，與懷帝惡越專權，密詔苟晞討越有關，致使越憂憤成疾，尋薨。然《資治通鑑》胡三省注引〈懷帝本紀〉、〈苟晞傳〉與《晉春秋》，對照此事之年月事迹，相關記錄前後參差，詳見《資治通鑑》卷八十七〈晉紀九〉，頁 2759～2760。

〔註98〕見《資治通鑑》卷八十七〈晉紀九〉，頁 2766。

王導的主導下，收攬大批南渡士庶，不但如火如荼地準備稱帝，一切的建置與規模，都是在為另立正朔做準備。尤其在司馬睿被推為盟主之後，一切相關「大業」的工作，更見大動作地開展。《魏書·司馬叡傳》云：

> （建興元年）七月，叡以晉室將滅，潛有他志，乃自大赦，為大都督、都督中外諸軍事，又為丞相。〔註99〕

北魏雖為東晉敵對政權，但魏收言其「潛有他志」應非妄誣。然而就國家體制言，「盟主」畢竟為一時權宜之計，並無體制上之認可，故江州刺史華軼就不願受其號令。

《晉書》卷六十一〈華軼傳〉云：

> 時天子孤危，四方瓦解，軼有匡天下之志，每遣貢獻入洛，不失臣節。謂使者曰：「若洛都道斷，可輸之琅邪王，以明吾之為司馬氏也。」軼自以受洛京所遣，而為壽春所督，時洛京尚存，不能祗承元帝教命，郡縣多諫之，軼不納，曰：「吾欲見詔書耳。」〔註100〕

華軼在江州「甚有威惠，州之豪士接以友道，得江表之歡心，流亡之士赴之如歸。」〔註101〕又不失臣節，對司馬氏無二心，但以洛京尚存，不肯聽命司馬睿。於情於理，華軼都是站得住腳的。司馬睿遣揚烈將軍周訪屯彭澤防備華軼，彭澤乃江州西門，周訪言於著作郎干寶：「華彥夏有憂天下之誠，而不欲碌碌受人控御，頃來紛紜，粗有嫌隙。今又無故以兵守其門，將成其釁。」〔註102〕周訪之言，點出華軼忠於朝廷，但不願投效司馬睿，如挑釁相逼，於理有虧，因此周訪選擇屯軍尋陽故縣，既可達到監控江州之目的，又不致於挑釁華軼，兼可扞禦北方。至於司馬睿對華軼之態度，無非是為了立威，當然也呈現出在洛京傾覆之前，司馬睿與王氏家族即已積極擴充地盤，對於不從者，亟思剷除。及至洛都不守，司馬睿被推為盟主，乃承制改易長史，華軼又不從命，乃有左將軍王敦、都督甘卓、周訪、宋典、趙誘、周廣、衛辰等討伐華軼之舉，斬軼及其五子。華軼不可謂不忠，治民臨州亦無重大違失，卻落個如此下場。究其實，司馬睿和王家不過是以華軼祭旗，對反對者做出政治宣告：江東已由司馬睿當家做主，也為日後在南方的統治工作剷除一些

---

〔註99〕《魏書》，臺北：鼎文書局，民國76年5月，卷九十六〈僭晉司馬叡傳〉，頁2092。

〔註100〕《晉書》卷六十一〈華軼傳〉，頁1672。

〔註101〕同上，頁1671。

〔註102〕同上，頁1672。

絆腳石。此外，拒不從命者還有豫州刺史裴憲，在討伐聲中，裴憲奔赴幽州。另以甘卓爲湘州刺史，周訪爲尋陽太守，又以揚武將軍陶侃爲武昌太守。其中陶侃與華軼有舊，陶侃任揚武將軍就是華軼所表請，陶侃後與華軼絕交，與兒子陶臻投靠建康司馬睿政權有關，〔註103〕陶侃此舉係出於政治現實的考量，當然亦反映出司馬睿與王導南下經營五年之後，在王家的扶持與擘劃下，已儼然成爲南方最具政治實力者，並已開始產生磁吸效應。

　　如華軼者流在當時畢竟是少數，因爲南渡人士還需司馬睿政權的庇護，甚且從中汲取利益。儘管對司馬睿信心不足，但看到王家全力支撐政局，也寬心起來。與其說他們支持司馬睿政權，勿寧說他們是對王導的執政有信心。《晉書》卷六十五〈王導〉傳云：

> 桓彝初過江，見朝廷微弱，謂周顗曰：「我以中州多故，來此欲求全活，而寡弱如此，將以何濟！」憂懼不樂。往見導，極談世事，還，謂顗曰：「向見管夷吾，無復憂矣。」〔註104〕

此說與《世說新語》有關溫嶠之記事相若。〔註105〕劉孝標注引《語林》曰：

> 初溫（嶠）奉使勸進，晉王大集賓客見之。……王丞相深相付託，溫公既見丞相，便游樂不住，曰：『既見管仲，天下事無復憂。』〔註106〕

然桓彝渡江事在永嘉五年（311年），而溫嶠過江已是建興五年（317年）元帝稱帝前。前後時間差距六年，但這二段記載共同反映出他們對司馬睿的能力有所懷疑，這期間，群情的安定，實賴王導有以致之。〔註107〕而桓彝與溫嶠

---

〔註103〕陶臻爲華軼參軍。《晉書》〈陶侃傳〉：「（華）軼與元帝素不平，臻懼難作，託疾而歸，白侃曰：『華彥夏有憂天下之志，而才不足，且與琅邪不平，難將作矣。』侃怒，遣臻還軼。臻遂東歸於帝。帝見之，大悅，命臻爲參軍，加侃奮威將軍，假赤幢曲蓋軺車、鼓吹。侃乃與華軼告絕。見《晉書》卷六十六〈陶侃傳〉，頁1770。

〔註104〕《晉書》卷六十五〈王導傳〉，頁1747。

〔註105〕《世說新語》〈言語第二〉36條：「溫嶠初爲劉琨使來過江。于時江左營建始爾，綱紀未舉。溫新至，深有諸慮。既詣王丞相，陳主上幽越，社稷焚滅，山陵夷毀之酷，有黍離之痛。溫忠慨深烈，言與泗俱，丞相亦與之對泣。敘情既畢，便深自陳，丞相亦厚相酬。既出，懽然言曰：『江左自有管夷吾，此復何憂？』見余嘉錫，《世說新語箋疏》，頁97。

〔註106〕見余嘉錫，《世說新語箋疏》，頁97。

〔註107〕《晉書》卷六十五〈王導傳〉云：「俄而洛京傾覆，中州士女避亂江左者十六七，導勸帝收其賢人君子，與之圖事。時荊揚晏安，戶口殷實，導爲政務在清靜，每勸帝克己勵節，匡主寧邦。於是尤見委杖，情好日隆，朝野傾心，號爲『仲父』」，頁1746。

的看法恐怕是一種常情的紀實，換言之，南渡人士有此想法與憂慮者，恐不在少數。所以轉而具有信心，主要係來自於對王導和其家族的信賴。

南來之北人皆有同樣困境，即北方故土已非家園，而江東人士對他們又多有隔閡，除了支持司馬睿之外，已無其他選擇。司馬睿稱帝前真正面臨的大問題，實際上是來自南土人士。〔註108〕如何化解南土人士的反彈與他們對中朝的宿怨，一直是王導與司馬睿著力最深的工作。渡江之初，王導就建議司馬睿：

> 「古之王者，莫不賓禮故老，存問風俗，虛己傾心，以招俊义。況天下喪亂，九州分裂，大業草創，急於得人者乎！顧榮、賀循，此土之望，未若引之以結人心。二子既至，則無不來矣。」帝乃使導躬造循、榮，二人皆應命而至，由是吳會風靡，百姓歸心焉。自此之後，漸相崇奉，君臣之禮始定。〔註109〕

徵上所知，司馬睿與王導初至吳會，就已著手「草創大業」，一切作為均以「王者」自擬，王導又建議：「顧榮、賀循、紀瞻、周玘，皆南土之秀，願盡優禮，則天下安矣。」〔註110〕所謂「天下」自是指王家與司馬睿共成之天下，亦即江左之天下。蓋南土諸士並無法亦無意願規復北方之天下。以顧榮、紀瞻、陸玩為例，永嘉初，顧榮徵拜侍中、紀瞻召拜尚書郎，兩人同行至彭城，見禍亂已作，中原大亂，便以一日一夜行三百里，帶著陸玩輕舟奔還揚州。〔註111〕王與馬積極的舉措，的確收到預期效果。再次窺見王導的政治設計是讓司馬睿初渡江即著手準備稱帝。從拉攏顧榮、賀循、紀瞻等人，到廣納南土高門精英，〔註112〕表面上司馬睿一直是採低姿態以收攬南土人心，甚且某些舉措有違常情。建武元年（317年）七月，散騎侍郎朱嵩、尚書郎顧球卒，「帝痛之，將為舉哀。有司奏，舊尚書郎不在舉哀之例。帝曰：『衰亂之弊，特相痛悼。』於是遂舉哀，哭之甚慟。」〔註113〕此外，顧榮卒，司馬睿臨喪盡哀，原欲依齊王功臣格，表贈顧榮，但吳郡內史殷祐認為，以顧榮討平陳敏之功，

---

〔註108〕此處所謂「南土人士」，主要是指江東世家大族而言，他們的向背，具有決定性作用。

〔註109〕《晉書》卷六十五〈王導傳〉，頁1746。

〔註110〕同上

〔註111〕《晉書》卷六十八〈顧榮傳〉，頁1813；同卷〈紀瞻傳〉，頁1819～1820。

〔註112〕時南土之士未盡才用，顧榮上奏推薦陸士光、甘季思、殷慶元、顧公讓、會稽楊彥明、謝行言、賀生、陶恭兄弟等，皆獲納之。參閱《晉書》卷六十八〈顧榮傳〉，頁1814。

〔註113〕《晉書》卷六〈元帝本紀〉，頁148。

加上首建密謀（指司馬睿渡江）還不能進爵拓土，江表人士會因此失望。司馬睿因此提高規格，改贈顧榮侍中、驃騎將軍、開府儀同三司，諡曰元。後更追封爲公，開國，食邑。〔註114〕又親幸紀瞻宅，與之同乘而歸。〔註115〕這種種做法，在在顯示對南土人士的重視。司馬睿寄人國土，倘不安撫地方勢力，開放政權，這種移植政權勢難在此立足。〔註116〕儘管司馬睿稱帝前就積極籠絡南土人心，但南、北人之間始終都存在著一些不易化解的心結與隔閡。及至踐阼之後，元帝仍刻意地維持收攬南土人心之策，且多由王導執行，有關此問題，容後再述。但實際上，南人位居高位者並不多，即使位居高位，亦多爲清顯之官，鮮少掌實權、擁兵權。朝中眞正掌大權者仍爲北人，即使參與「三定江南」的周玘，亦不免因「中州人士佐佑王業，而玘自以爲不得調，內懷怨望，復爲刁協所輕，恥恚愈甚。」〔註117〕險些叛變，將卒，猶不忘謂子周勰曰：「殺我者諸傖子，能復之，乃吾子也。」〔註118〕而周家「一門五侯，並居列位，吳士貴盛，莫與爲比。」〔註119〕周家在南土高門中可以稱得上是最具有軍事實力者，這或與周玘極早就表態支持司馬睿有關，「三定江南」中的錢璯之亂是司馬睿渡江後發生的，周玘發吳興鄉里私兵方得以平亂。司馬睿一則需要這些地方勢力支撐，一方面又疑憚他們「奕世豪望，吳人所宗」的社會和政治實力。故如何處理南土人士的問題，不但是司馬睿與王家面臨的大問題，亦是東晉內政上重要課題。

除卻這些，地方叛亂頻仍也是問題，但除了杜弢之亂外，〔註120〕大致都

---

〔註114〕《晉書》卷六十八〈顧榮傳〉，頁1814～1815。

〔註115〕《晉書》卷六十八〈紀瞻傳〉，頁1820。

〔註116〕方北辰認爲江東世家大族有足以左右局勢的地方勢力，江東世家大族最關心者，是其家族世代相傳的基業。只要不觸及這一根本利益，他們可以與任何性質的政治力量聯合，反之，亦能與任何性質的力量相對抗，而司馬睿與王導能在江東建立政權，是因爲注意到了這兩點並且採取了適當的政策，致使江東世家大族決定與正統政治力量合作，東晉政局才得以在江東建立並存在下來。詳見方北辰，《魏晉南朝江東世家大族述論》，頁65～66。

〔註117〕《晉書》卷五十八〈周處傳〉，頁1573。

〔註118〕同上書，頁1574。

〔註119〕同上，頁1575。

〔註120〕杜弢乃蜀郡成都望族名士，因爲地方官吏對流民問題處理失當，晉懷帝永嘉五年（311年），流徙在湘中的巴蜀人推杜弢爲首領，在長沙起事，範圍擴及湖南、湖北、江西、廣西等地。杜弢戰鬥力極強，王澄、周顗、甘卓、陶侃等都受到他嚴重打擊。有關杜弢之出身可參閱龍顯昭，〈西晉流民起義中的杜弢〉，《中國史研究》，1982-3，頁90～95。

是較小區域的亂事，而諸多亂事的戡定，則由王敦總其事。從司馬睿與王導渡江，在王家全力支持下，逐漸化解司馬睿在政治、社會及軍事上之困境，經過五年，至愍帝登基，司馬睿在南方的主導地位已無法撼動。

愍帝即位，只是將司馬睿稱帝的時間表往後延遲，並不能改變司馬睿已成為最具政治實力者的事實。愍帝處於混亂的長安，還得形式上維持朝廷的建置。然而西都塗炭，民生凋弊，連起碼的形式都談不上，唯桑版署號而已。〔註121〕此外，這個皇帝對於南方的影響力也微乎其微。愍帝建興三年（315年），以侍中第五猗為安南將軍，〔註122〕監荊、梁、益、寧四州諸軍事、荊州刺史。第五猗乃自武關出，叛賊杜曾等迎之於襄陽，並與第五猗分據漢、沔。元帝太興二年（319年），梁州刺史周訪斬杜曾，並擒獲荊州刺史第五猗，將之送至武昌予王敦，周訪以第五猗乃中朝所署，具時望，勸王敦不宜殺，王敦不聽而殺之。第五猗南渡時愍帝尚居長安，然江東諸人無一視愍帝所遣之第五猗為安南將軍、荊州刺史，連形式上之尊重也不存，王敦更不畏人言，毫不遲疑地斬第五猗，心中已無愍帝的存在，如同司馬睿處置華軼的前例。〔註123〕建興元年（313年）五月，愍帝甫即位，以鎮東大將軍、琅邪王司馬睿為侍中、左丞相、大都督陝東諸軍事，大司馬、南陽王司馬保為右丞相、大都督陝西諸軍事。並下詔：

> ……令幽、并兩州勒卒三十萬，直造平陽。右丞相宜帥秦、涼、梁、
> 雍武旅三十萬，徑詣長安。左丞相所領精兵二十萬，徑造洛陽。分
> 遣前鋒，為幽并後駐。赴同大限，克成元勳。〔註124〕

從詔書內容觀之，其時晉軍至少還有五十萬的兵力，司馬睿則至少控有二十萬的軍力。然而這與實情有相當大的出入，司馬睿倘能控有二十萬的軍力，東晉臣強主弱的情形便無由發生，而秦州的司馬保當然更無三十萬軍力。愍帝即位時不過十三歲，此詔內容必由大臣代擬，誇張的官場文化也許不足為奇，但昧於現實的情況則一覽無疑。愍帝及其周邊大臣一廂情願的企盼，換來司馬睿與

---

〔註121〕「帝（愍帝）之繼皇統也，屬永嘉之亂，天下崩離，長安城中戶不盈百，牆宇頹毀，蒿棘成林。朝廷無車馬章服，唯桑版署號而已。眾唯一旅，公私有車四乘，器械多闕，運饋不繼。」參見《晉書》卷五〈孝愍帝本紀〉，頁132。
〔註122〕《晉書·周訪傳》云第五猗為征南大將軍，今從〈杜曾傳〉。
〔註123〕李慈銘認為：第五猗既愍帝所任，其據荊州蓋當與華軼、周馥同科。請參閱李慈銘，《越縵堂讀史札記全編》，北京：北京圖書館出版社，2003年9月，卷四〈晉書札記〉，頁669。
〔註124〕《晉書》卷五〈孝愍帝本紀〉，頁126。

司馬保的相應不理。八月，愍帝又遣殿中都尉劉蜀、蘇馬至建康宣詔：

>……間遣使適還，具知平陽定問，云幽并隆盛，餘胡衰破，然猶恃
>險，當須大舉。未知公今所到，是以息兵秣馬，未便進軍。……公
>茂德昵屬，宣隆東夏，恢融六合，非公而誰！但洛都陵廟，不可空
>曠，公宜鎮撫，以綏山東。右丞相當入輔弼，追蹤周、邵，以隆中
>興也。〔註125〕

面對愍帝殷切地期望，司馬睿豪不客氣地辭以「方平定江東，未暇北伐。」〔註126〕呂思勉認爲「帝（司馬睿）之本志僅在保全江表，而不問北方，即王導之志亦如此，故能志同道合。東晉之所以能立國江東者以此，其終不能恢復北方者亦以此。以建國之規模一定，後來者非有大才，往往不易更變也。」〔註127〕司馬睿與王導當初著眼於江東者，本就在徐圖大業，故自始便未嘗措意於興復中原，事實上，北方的混亂對於南方政局之開展是有利的，儘管愍帝再三宣詔，司馬睿始終不勤王，以避免艱辛建立起來的基業，在北伐過程中受到折損。這樣的心態，可以從華譚與司馬睿的對話中得到印證。

《資治通鑑》卷八十八〈晉紀十〉云：

>琅邪王睿以前廬江內史華譚爲軍諮祭酒。譚嘗在壽春依周馥。睿謂
>譚曰：「周祖宣何故反？」譚曰：「周馥雖死，天下尚有直言之士。
>馥見寇賊滋蔓，欲移都以紓國難，執政不悅，興兵討之，馥死未踰
>時而洛都淪沒。若謂之反，不亦誣乎！」睿曰：「馥位爲征鎮，握強
>兵，召之不入，危而不持，亦天下之罪人也。」譚曰：「然，危而不
>持，當與天下共受其責，非但馥也。」〔註128〕

華譚在回答司馬睿詢問周馥之事時，意有所指地提及朝廷阽危之際，手握強兵但不肯勤王者不止周馥一人，司馬睿何嘗不是危而不持呢？懷帝時如此，愍帝時更是如此，《晉書》言：「巨猾滔天，帝京危急，諸侯無釋位之志，征鎮闕勤王之舉，故君臣窘迫，以至殺辱云。」〔註129〕

及至長安失守，愍帝被俘，司馬睿方移檄四方，欲舉兵北征，此時距愍帝徵兵北伐已四年矣！司馬睿此舉，不過惺惺作態罷了。因爲此時，司馬睿

---

〔註125〕《晉書》卷五〈孝愍帝本紀〉，頁127。
〔註126〕《資治通鑑》卷八十八〈晉紀十〉，頁2800。
〔註127〕呂思勉，《兩晉南北朝史》，臺北：臺灣開明書店，民國72年10月，頁110。
〔註128〕《資治通鑑》卷八十八〈晉紀十〉，頁2796。
〔註129〕《晉書》卷五〈孝愍帝本紀〉，頁132。

正面臨王敦欲「更議所立」，對他而言，此乃不小的政治危機。就王家而言，愍帝被擄，以血緣親疏考量，後繼最適格者當屬司馬睿，但此時的司馬睿比起當年南渡時已不可同日而語。原本王家欲輔一庸主，未料司馬睿在王導之協贊下，於數年中籠絡南、北大族的工作頗收效果，若不在稱帝之前更議所立，日後控馭司馬睿將備見困難，但此議在王導的反對下作罷。王導反對的真正理由，史無明文，竊意王導反對之由恐與司馬睿既非庸主，又尚得人心，若無充分把握，隨意更立，勢必引起反彈與圍剿有關。

## 二、司馬睿具備之條件

建興四年（316 年）十一月，長安食盡，愍帝出降，劉聰送愍帝及公卿以下至平陽，西晉亡。建興五年（317 年）三月，琅邪王司馬睿稱晉王於建康，改元建武，史稱東晉。從愍帝蒙塵至遇弒，尚有一年時間。〔註130〕司馬睿從稱晉王至正式稱帝，亦剛好一年。〔註131〕這一年中，司馬睿早以皇帝自居，其間推謙、克讓的戲碼不斷上演，作態明顯，周嵩就因上疏司馬睿勸其勿急於稱帝，由是忤旨，被出為新安太守。〔註132〕司馬睿所待者不過是要一個法理上的「正名」。此時，秦州還有一個也自稱晉王的宗室司馬保，〔註133〕但最後晉祚在江東延續，司馬睿憑藉什麼有利條件稱帝？現試做一說明。

一、天命觀：中國自古敬天、畏天，政治權位之獲得往往被認為是「天命」之授與，且成敗皆與「天命」有關。〔註134〕此種不可違逆的神權觀，數千年來深植人心。〔註135〕晉氏不虞，五胡扛鼎，然時人深信「天命未改」，故元帝登基乃應天符，是天命所歸。咸康六年（340 年），孔坦與劉聰書曰：

---

〔註130〕愍帝於建興五年（317 年）十二月崩于平陽，時年十八。

〔註131〕司馬睿於建興五年（建武元年，317 年）三月稱晉王，翌年（太興元年，318年）三月稱帝。

〔註132〕《晉書》六十一〈周浚傳〉，頁 1659。

〔註133〕晉王司馬保於元帝太興三年（320 年）為屬下張春、楊次所殺。

〔註134〕中國對天命之概念並非一成不變，秦漢以後的天命觀歷代皆有所不同，有關此問題，請詳參唐君毅，〈秦漢以後天命思想之發展〉，收錄於《新亞學報》六卷二期。又天命為政權轉移之條件之一，有關政權轉移與天命觀之關係，請參閱孫廣德，〈我國古代政權轉移理論之研究〉，收錄於中華文化復興推委會編，《中國史學論文選集（第三輯）》，臺北：幼獅出版社，民國 72 年，頁118～125。

〔註135〕有關天命與創業的問題，請參閱王壽南，《中國歷代創業帝王》，臺北：嘉新水泥公司文化基金會，民國 53 年，〈第五章第一節成敗與天命〉，頁 187～191。

我德雖衰，天命未改。乾符啓再集之慶。中興應靈期之會，百六之
艱既過，惟新之美日隆。〔註136〕

劉琨、段匹磾、慕容廆等一百八十人上書勸進時日：

臣聞昏明迭用，否泰相濟，天命無改，曆數有歸。〔註137〕

《晉書·元帝本紀》云：

然晉室遘紛，皇輿播越，天命未改，人謀叶贊。〔註138〕

因爲天命未改，晉室能在江左續命是人心猶附使然，它是漢人唯一的合法政
權，值此胡漢相爭之際，漢人必須賴其續命，固亦當共同推舉之。又就天下
大勢言之，非司馬氏不足以安天下，〔註139〕且其時並無足以號召天下或擁強
兵之異姓諸侯，故天命仍歸於司馬氏。儘管南土人士並不盡然全心翼戴司馬
睿，但就漢民族政權的延續而言，司馬睿仍爲最佳人選，此種選擇不單著眼
於一家一姓政權之賡續，更是華夷之辨。

　　二、血胤：西晉迭經八王之亂、二帝蒙塵，北方宗室多遇害，幸免於難
者屈指可數，武帝血胤俱歿，南方渡江五馬中，〔註140〕司馬睿是宣皇直系血
胤，北方司馬保則爲宣皇旁系血親。故就血緣親疏言，由司馬睿近親繼承帝
位，此時已是不二人選。〔註141〕

〔註136〕《晉書》卷七十八〈孔愉傳〉，頁2057。
〔註137〕《晉書》卷六〈元帝本紀〉，頁146。
〔註138〕《晉書》卷六〈元帝本紀〉，頁157。
〔註139〕遼東處士高詡勸慕容廆曰：「霸王之資，非義不濟，今晉室雖微，人心猶附之，
宜遣使江東，示有所尊，然後仗大義以征諸部，不患無辭矣。」廆從之，遣
長史王濟浮海詣建康勸進。見《資治通鑑》卷九十〈晉紀十二〉，頁2845。
〔註140〕惠帝太安之際，童謠云：「五馬浮渡江，一馬化爲龍。」所謂五馬乃琅邪王、
西陽王、汝南王、南頓王、彭城王。
〔註141〕有關司馬睿之血統問題，當時流傳另一說法。曹魏明帝時河西柳谷出玄（一
作元）石圖，有「牛繼馬後」之象，司馬懿遂以毒酒鴆其將牛金。至其孫恭
王覲之妃夏侯氏竟通小吏牛氏而生元帝。此原係傳聞，魏收作《魏書》卷六
十九〈僭晉司馬叡傳〉遂以此傳聞爲本，謂元帝乃夏侯氏與小吏牛金私通所
生，頁2091。趙翼，《陔餘叢考》，臺北：新文豐出版公司，民國64年11月。
卷十九〈牛繼馬非晉元帝〉條曰：「（牛）金已爲（司馬）懿毒死，則夏氏所
通小吏別是一人也。而（魏）收云云可見皆傳聞謬悠之詞耳！」，頁12。另
王鳴盛，《十七史商榷》卷四十五〈牛繼馬〉條則認爲此乃敵國傳聞互異之故，
頁400。杭世駿，《諸史然疑》（收錄於《二十二史考論》，北京：北京圖書館
出版社，2005年3月）論及此事引《史通》云沈約《晉書》喜造奇說，頁22
～23。此說之流傳，對司馬睿繼位之血統合法性自有幾分殺傷力，但畢竟只
是傳聞，不宜據以爲事實。

三、宋哲之詔書：愍帝建興三年（315年）以侍中宋哲爲平東江軍，屯華陰。建興五年（元帝建武元年，317年）正月，愍帝在平陽，宋哲奔江左。二月，宋哲至建康，宣愍帝詔書使司馬睿攝萬機，修復陵廟，以雪大恥。宋哲的詔書無疑讓司馬睿除了血胤上的優勢之外，還多了王命，具備法統上之依據。三月，司馬睿稱晉王，改元，備百官，立宗廟社稷於建康。次年（318年）三月，愍帝凶問至，司馬睿正式即帝位。按愍帝遇弒於建興五年（317年）十二月，凶問至建武二年（318年）三月傳至江左，換言之，以當時的交通狀況，從平陽至江左大約需時三至四個月。宋哲於正月奔江左，二月便至建康，此必不由平陽南下，而是從華陰南下。又愍帝出降，事在建興四年（316年）十一月，隨即被劉聰送至平陽，其間不太可能派遣不在平陽的宋哲渡江宣詔。《資治通鑑》云：

> （建武元年，317年正月）黃門郎史淑、侍御史王沖自長安奔涼州，稱愍帝出降前一日，使淑等齎詔賜張寔，拜寔大都督，涼州牧、侍中、司空，承制行事；且曰：『朕已詔琅邪王時攝大位；君其協贊琅邪，共濟多難。』」〔註142〕

此事實啓人疑竇，若史淑等言屬實，愍帝給司馬睿之詔書必交由宋哲，而宋哲屯駐華陰如何得此詔書？又宋哲若於建興四年（316年）十一月銜命宣詔，何以待至次年正月漢兵自長安東略，方棄城奔江左。其間已兩月矣！竊以爲宋哲之詔書極有可能是僞詔。因爲投靠江左，必當報之以大禮，司馬睿衷心企盼者正是法統上之依據，宋哲的詔書自然是投其所好。甚至也不能排除，宋哲所持的詔書根本就是投奔江左後，由司馬睿交付宋哲者。雖然有了宋哲「帶來」的詔書，但礙於愍帝尚存，司馬睿雖實爲皇帝，還是虛尊愍帝，暫以晉王自居，待一年後，愍帝駕崩，始接受勸進。宋哲帶來「詔書」之事，雖極可疑，但無論如何，在當時確實爲司馬睿稱帝增加幾分合法、合理性。

四、四方勸進：建武元年（317年）二月宋哲渡江宣詔。三月爲愍帝蒙塵舉哀畢，西陽王司馬羕及群僚、參佐、州牧等上尊號，司馬睿推辭再三並作勢欲命駕返國，群臣乃請依魏晉故事爲晉王。六月，北方重要刺史、校尉、大都督等一百八十人再度上書勸進。太興元年（318年）三月，愍帝崩問至，第四天百僚上尊號，司馬睿隨即毫不客氣地即皇帝位，時年四十二，距司馬睿南下已十一年。魏晉以來凡禪代之際，欲稱帝者總惺惺作態，再三推辭，

---

〔註142〕見《資治通鑑》卷九十〈晉紀十二〉，頁2841。

並自此成為一種文化戲碼。司馬睿雖非禪代，但登基之際亦不例外，在四方勸進聲中，六讓不居。此前長安不守，由王導、紀瞻等南北代表勸進，司馬睿猶欲使殿中將軍韓績撤去御坐，紀瞻即叱績曰：「帝坐，上應星宿，敢有動者斬！」〔註143〕已為勸進表演帶出高潮。我們不得而知這些戲碼是否出於王導之設計，但至此，司馬睿是真正做上皇位了，他對王導之悅服及感激自不在話下，乃至有命王導升御床共坐之舉。王導無論如何是不敢當著眾人逾越如此的，經固辭再三，並提醒元帝：「若太陽下同萬物，蒼生何由仰照！」〔註144〕帝乃止。從王與馬的關係來看，此為王、馬關係表面上最緊密，情好款濃之際。往後，王、馬關係便急遽生變，該問題留待後述。在勸進過程中，除周嵩「不識時務」上書元帝勸其勿急於稱帝而遭到貶官外，凡勸進有功者，均得到拔擢或獎勵。王導進驃騎大將軍、開府儀同三司。紀瞻拜侍中，轉尚書。西陽王羕為太保、征南大將軍。王敦進位為大將軍，尋加江州牧。劉琨勸進代表溫嶠亦除散騎侍郎。此外，元帝更「欲賜諸吏投刺勸進者加位一等，百姓投刺者賜司徒吏，凡二十餘萬。」〔註145〕熊遠以為不宜鼓勵投刺，而宜賜天下爵，以塞巧偽之端，然而元帝不從。可見元帝順我者昌，逆我者罰之心態，並以爵位籠絡支持者，此時元帝已展現出藉威勢鞏固皇位的企圖。

五、擁有地盤：建武元年（317年）六月司空、并州刺史、廣武侯劉琨等一百八十人上書勸進時曰：「……陛下撫征江左，奄有舊吳，柔服以德，伐叛以刑，抗明威以攝不類，扶大順以號宇內。純化既敷，則率土宅心；義風既暢，則遐方企踵。百揆時敘於上，四門穆穆于下。」〔註146〕勸進文中清楚指陳司馬睿擁有孫吳故地的江左地區，藉資抗衡北方。於其時，除司馬睿外，無人能有如此廣大地盤，且司馬睿和王導南下經營十一年，各方面皆已粗具規模，此亦為司馬睿能在宗室及群臣間脫穎而出，受到眾人擁護的重要條件。

六、名德已立：前已述及，司馬睿初下江東時「名論猶輕」，王導、王敦為其延譽立威，使其得以立足江左。愍帝崩後，南陽王司馬保聞凶問，謀稱尊號。破羌都尉張詵言於張寔曰：

---

〔註143〕見《晉書》卷六十八〈紀瞻傳〉，頁1821。
〔註144〕《晉書》卷六十五〈王導傳〉，頁1745。
〔註145〕《晉書》卷七十一〈熊遠傳〉，頁1886。
〔註146〕《晉書》卷六〈元帝本紀〉，頁147。

> 『南陽王，國之疏屬，忘其大恥而亟欲自尊，必不能成功。晉王近
> 親，且有名德，當率天下以奉之。』寔從之，遣牙門蔡忠奉表詣建
> 康；比至，帝已即位。〔註147〕

可見歷十一載經營，司馬睿稱帝前夕，已不復是當年聲名未立的琅邪王，非
僅近親，且有名德。王導十一年來，為其立名之功效已現。

　　上述諸條件，固然是司馬睿能稱帝之利基，然若無王家十一年間之擘畫
與撐持，司馬睿無由得居大位。王家若無霸業之謀，不會有王導、司馬睿之
組合，不會有王與馬之政治默契，不會有王家的全力支撐，更不會有元帝之
得位。時人「王與馬，共天下」之說，正是反映王與馬共成天下、共治天下
的實情。過去論史者，多著眼於王與馬共治天下，實際上共治天下的條件在
於共成天下，王家若無共成天下之功，那得共治天下之權。換言之，王家之
所以能夠在東晉初期一家獨大，是經由司馬睿合法地掌握軍、政大權。而司
馬睿之所以將權力交由王氏，緣於馬王初始合作時，馬居弱勢，一切必得仰
賴王家，且當時雙方還有政治互信，故司馬睿也但憑王敦與王導分掌軍、政
大權。職是之故，後繼之君主，自始就無法真正擁有這些原本屬於君權支配
的權力，在主弱臣強的形勢下，僅在名義上擁有這些權力，現實上只能被迫
接受其他門閥掌控這些權力。然而不管主政的門閥是那個家族，都無法像東
晉初期的王家，能夠一家獨大，因為這些家族沒有與司馬氏共成天下之條件，
當然也無法享有皇權主動釋出共治天下之默契。故竊意「王與馬共天下」只
施用於琅邪王氏，往後掌權之門閥，其獲致權力的基礎不同，條件也不相同，
並不適用於「共天下」的模式，相關問題，留待後論。

　　在「王與馬共天下」一說中，姓氏次序乃「王」在「馬」前，這是另一
個值得一探之問題。此語雖為時人說法，但正可以從時人觀感中探尋一些蛛
絲馬跡。何法盛《中興書》卷七〈瑯琊王錄〉云：

> 中宗渡江，王導群從翼戴，時人語曰：「王與馬，共天下。」〔註148〕

「王與馬共天下」應在司馬睿渡江後即有此說。時人之語反映的不僅是王、
馬共治的政治現實，細微處可能還另有意義。蓋民間說法往往受社會風向與
思潮之影響。民間對皇權原敬畏有加，故時諺理應將皇家姓氏放在前頭，亦

---

〔註147〕《資治通鑑》卷九十〈晉紀十二〉，頁 2856～2857。
〔註148〕何法盛，《中興書》卷七〈瑯琊王錄〉，收錄於晉‧皇甫謐撰，《二十五別史》，
　　　　濟南：齊魯書社，2000 年，頁 423。

即「馬與王共天下」而非「王與馬共天下」。因此「王與馬共天下」之語的排序方式，以常情而論，並不尋常。

《世說新語・排調篇》云：

> 諸葛令（諸葛恢）、王丞相共爭姓族先後，王曰：「何不言葛、王，而云王、葛？」令曰：「譬言驢馬，不言馬驢，驢寧勝馬邪？」〔註149〕

余嘉錫認爲王葛之爭乃順乎聲音之自然，以平聲居前，仄聲居後。〔註150〕此說恐不盡然。《世說新語・識鑒》云：

> 諸葛道明（諸葛恢）初過江，自名道明，名亞王、庾之下。〔註151〕

按諸葛氏其先爲葛氏，本琅邪諸縣人，後徙琅邪陽都。陽都先有姓葛者，時人遂稱諸縣之葛爲諸葛，因以爲氏。〔註152〕三國時期，諸葛瑾在吳爲大將軍，弟諸葛亮任蜀丞相，族弟諸葛誕顯名於魏，一門三方爲冠蓋，天下榮之。〔註153〕諸葛恢之父諸葛靚，爲吳國大司馬；姑又爲琅邪王妃。論家世、地望、族姓決計不在王家之下，渡江之後卻名亞王、庾，此固爲政治變動與社會變動升降所致，然觀其言曰：「驢寧勝馬邪？」想必時人將王、葛排序如此，定有比較優勝之判，〔註154〕否則不會有爭族姓先後之舉。以上述王、葛之例對照「王與馬共天下」之說，時人之語所呈現出的王、馬排序有幾種可能，一爲順乎聲音之自然；一爲暗指東晉開國王家功勞較司馬氏爲大；一爲門閥社會下特重高門大族之故，另有一種可能是反映司馬睿與王家的政治默契：「祭則司馬，政由王氏」，實權掌握在王家手中。若果眞如此，更顯現「王與馬共天下」是司馬氏與王家間的政治默契，非其他家族可以替代。雖然從現有資料中無法判斷上述那一種可能爲是，但「王與馬共天下」排序上之不合常情常理，確實值得留意，故暫誌於此，聊備一說。「王與馬共天下」在元帝即位之後，便生變化，元帝似不欲

---

〔註149〕《世說新語》〈排調〉第二十五 12 條，見余嘉錫，《世說新語箋疏》，頁 791。

〔註150〕余嘉錫箋疏曰：「凡以二名同言者，如其字平仄不同，而非有一定之先後，如夏商、孔顏之類。則必以平聲居前，仄聲居後，此乃順乎聲音之自然，在未有四聲之前，固已如此。故言王、葛；驢、馬，不言葛、王；馬、驢，本不以先後爲勝負也。如公穀、蘇李、嵇阮、潘陸、邢魏、徐庾、燕許、王孟、韓柳、元白、溫李之屬皆然。」見余嘉錫，《世說新語箋疏》，頁 791～792。

〔註151〕見余嘉錫，《世說新語箋疏》，頁 395。

〔註152〕見《三國志・吳書》卷五十二〈諸葛瑾傳〉註一，頁 1232。

〔註153〕同上書，頁 1235 註一。

〔註154〕劉正浩等注釋，《新譯世說新語》，臺北：三民書局，2004 年 3 月，〈排調第二十五〉12 條，「析評」亦有此看法。見頁 718。

再與王家共天下了。

# 第四節　小　結

　　西晉末年，東海王司馬越結束八王之亂，以宗室身分主政，王衍則爲其最重要之謀臣，爲其延攬士人與執行政策。在司馬越與王衍主導下，司馬睿與王導南下經營，爲司馬越有效控制南方，解決糧食問題，同時避免腹背受敵。

　　王導家族在王衍之主導下，已有建霸業之思。南下之前，王家選定司馬睿爲合作人選，司馬睿亦有居大位之野心，但無政治資源與實力，王導爲其擘畫另一個偏安戰略，決定南北分治的藍圖，與王家達成「王與馬共天下」之默契自屬情理之中。擴而言之，此乃司馬越與王衍在北方合作主政，企圖取代懷帝而登皇位的模式，一轉而爲王導與司馬睿密切合作，由司馬睿以宗室身分，在南方另創一新天下的政治模式。

　　司馬睿在逐步排除或解決外部形勢上之阻礙與困難之後，憑藉天命、血胤、詔書、地盤、名德以及四方勸進等條件，正式繼統。

　　皇權的作用表現在二方面，皇權的強作用是國祚之維繫與皇朝之發展，當然也包括軍事力量的掌握；皇權的弱作用顯現在「天命未改」，至少在短期內可藉此達到政治妥協與穩定政局的目的，這也是維繫皇權的消極作用，東晉就是以此方式開國。晉元帝的皇權只能達到弱作用的功能，東晉能夠在江左建立基業的政治實況是「王與馬共天下」。

　　「王與馬共天下」實具雙重意涵：一爲王與馬共成天下；一爲王與馬共治天下。「共成天下」是由王家傾家族之力爲司馬睿別開局面，將其推上大位。「共治天下」則爲「祭由司馬，政由王氏」，一據其位，一擁其實。

　　「王與馬共天下」並非可以套用之政治模式，它只是東晉初期的一種政治形勢，繼王家掌權的權臣家族縱想仿傚此種模式，但他們均無王家當初之相同條件，亦即他們沒有對司馬氏「共成天下」之協贊，當然亦難取得「共治天下」之條件。故「王與馬共天下」僅施用於王家，這是東晉政治勢力推移第一階段，此時王家勢傾朝野，一家獨大，朝中無其他勢力能與之抗衡。此不僅爲東晉歷史上，亦爲中國歷史上絕無僅有之例。

# 第三章　王馬從合作到貌合神離

　　王、馬南下，因環境使然，不合作不足以成事。但情勢稍穩，司馬睿尚未稱帝之際，王與馬已出現裂痕。司馬睿欲爲有實權之君，本無可厚非，然王家大權在握，又豈甘就此拱手，衝突與鬥爭便勢所難免。東晉政權本賴包括王家在內的大族之支持方得以成立，故馬、王之鬥爭更摻雜大族利益，情勢更加複雜。馬、王之鬥爭大致可分爲元帝、明帝兩階段，第一階段元帝行申韓之術、分政分權，採主動出擊，最後王敦以兵變反制，居於上風。第二階段明帝以弱制強，扭轉劣勢，結束王與馬共天下的局面。本章欲將馬王從合作至貌合神離的鬥爭過程，做一清楚之呈現。

## 第一節　元帝儒、法兩手策略

### 一、從寬縱大族到藉法立威

　　太興元年（318 年）三月晉元帝即位，其時北方已非故土，元帝既無力經營北方，〔註1〕亦無北伐之意，全副心力均置於南方新局。東晉方肇建，元帝頗思有所作爲，然而已然成形的兩大問題卻直接威脅到皇權，元帝欲有效掌握君權，必先就這兩大問題做一解決或控制，否則勢不能成爲擁有實權之君。此兩大問題一爲大族利益已危及君權；二爲王家勢大難制，有侵君之實。此二問題彼此牽結，不易處置，元帝欲畢其功於一役，不料卻引發王敦之亂。

---

〔註1〕 裴嶷言於慕容廆曰：「晉室衰微，介居江表，威德不能及遠，……。」詳見《資治通鑑》卷九十〈晉紀十二〉，頁 2855。

　　司馬睿與王導於永嘉初年南下之後，爲在江東立足，一直採取拉攏南士、寬縱大族的政策。司馬睿與王導俱出身儒學大族，西晉之建國，亦仗此輩成事。西晉開國後，對大族維護優容，劉體仁《通鑑箚記》云司馬氏以寬得眾，又曰：

> 司馬氏自執魏政，務從寬大，以結天下之心，其謀雖險，而惠已周矣！宜其一天下，而傳祚且二百年也。〔註2〕

故寬縱大族的政策不僅是西晉國策的再延續，同時與王、馬之階級利益亦相符。而江左地區自孫吳建國以來，「其政治、社會之勢力全操於地方豪族之手，西晉滅吳以後，此種地方勢力並未因之消滅。」〔註3〕司馬睿與王家欲在此區建功立業，除不能損及文化士族與武力豪宗之既得利益外，還需開放政權，廣納南土人士參與政權並與之利害與共。

　　隨著北方政局之惡化，由北而南的移民潮一波接著一波，〔註4〕如何讓這批遠離故土的流民能夠安定，不造成南方社會之負擔，並能對新政權產生正面之效益，是王導與司馬睿的重要課題。在這方面，流離南下的世家大族，被照顧得無微不至。〔註5〕甚至引起南土人士的反彈與叛變。《晉書‧周處傳》云：

> 時中國亡官失守之士避亂來者，多居顯位，駕御吳人，吳人頗怨。（周）玘因之欲起兵，潛結吳興郡功曹徐馥。

陳寅恪認爲義興周氏特別怨恨北人，除因北人多居顯位，駕御吳人之外，可能與北人有直接的經濟利害衝突也是要因。〔註6〕蓋南來北人本爲支持東晉政權的核心勢力，司馬睿與王導妥善安置與照顧他們自是責無旁貸。

---

〔註2〕 清‧劉體仁，《通鑑箚記》，北京：北京圖書館出版社，2004年5月，卷五〈司馬氏以寬得眾〉條，頁245～246。

〔註3〕 參見陳寅恪，〈述東晉王導之功業〉，收錄於氏著《陳寅恪集‧金明館叢稿初編》，頁55～62。

〔註4〕 從西晉惠帝元康八年（298年）至劉宋孝武帝大明八年（464年）爲止，北方移民南寓，大約持續了一百六十年，在這段過程中，移民浪潮先後出現六次高峰，在東晉初年前後的分別是永嘉亂後與東晉成帝咸和（326～334年）初年有兩次大規模移民，請參閱童超，〈東晉南朝時期的移民浪潮與土地開發〉，《歷史研究》1987-4。

〔註5〕 請參閱王仲犖，《魏晉南北朝史》，上海：上海人民出版社，2003年3月，頁300。

〔註6〕 請參閱陳寅恪，〈述東晉王導之功業〉，收錄於氏著《陳寅恪集‧金明館叢稿初編》，頁63～65。

南渡之初，司馬睿對王導言聽計從，《藝文類聚》四十五錄孫綽所作之〈丞相王導碑〉云：

> 惠懷之際，運在大過，皇德不建，神轡再絕。獫狁孔熾，凶類森起。
> 公見機而作，超然玄悟，遂扶翼蕃王，室協東岳。弘大順以一群后
> 之望，仗王道以應天人之會。于時乾維肇振，創制理物，中宗拱己，
> 雅仗賢相，尚父之任，具瞻在公。〔註7〕

王導「見機而作」說明在王、馬關係中主導者爲王導，而司馬睿則是垂拱聽計，一切創制、擘畫，決定權均「雅仗賢相」，當然拉攏南士與安輯流亡之工作亦由王導負責執行。史書上諸多寬縱大族之做法，雖書元帝之處置，然從門閥的既得利益來看，甚者此與上引劉體仁《通鑑箚記》云「司馬氏自執魏政，務從寬大，以結天下之心，其謀雖險，而惠已周矣！」有同工之妙。是以元帝這些作爲，不若歸諸王導所行之綏撫政策。〔註8〕而王導對南北大族一貫採取綏靖與威網寬簡的做法。〈丞相王導碑〉稱述王導之功又云：

> 存烹鮮之義，殉易簡之政，大略宏規，卓然可述。〔註9〕

《晉書・庾亮傳》云：

> 初，（王）導輔政，每從寬惠。〔註10〕

《太平御覽》卷二四八府司馬條引何法盛晉《中興書》云：

> 中宗遷鎮建康，（王）導爲司馬，委以政事。於時朝野傾心，號曰「仲
> 父」，導忠于事上，達於從政，以百六之弊，寄寓江左，爲治之本，
> 務在清靜。〔註11〕

《世說新語》〈政事第三〉14條劉孝標注引《殷羨言行》曰：

> 王公薨後，庾冰代相，網密刑峻。（殷）羨時行，遇收捕者於途，慨
> 然歎曰：「丙吉問牛喘，似不爾！」嘗從容謂冰曰：「卿輩自是網目
> 不失，皆是小道小善耳。至如王公，故能行無理事。」謝安石每歎
> 詠此唱，庾赤玉曾問羨：「王公治何似？詎是所長？」羨曰：「其餘

〔註7〕 唐・歐陽詢撰、汪紹楹校，《藝文類聚》，上海：中華書局，1965年11月，卷四十五〈職官部一、丞相〉，頁813。

〔註8〕 參閱李則芬，《兩晉南北朝歷史論文集（中）》，臺北：臺灣商務書店，民國76年，頁285。

〔註9〕 《藝文類聚》卷四十五〈職官部一、丞相〉，頁813。

〔註10〕 《晉書》卷七十三〈庾亮傳〉，頁1928。

〔註11〕 《太平御覽》卷二四八〈職官部四六〉府司馬條，頁1173。

令績，不復稱論。然三捉三治，三休三敗。」〔註12〕

同書同類 15 條劉孝標注引徐廣《歷紀》曰：

（王）導阿衡三世，經綸夷險，政務寬恕，事從簡易，故垂遺愛之
譽也。〔註13〕

王導在協調南北經濟利益〔註14〕和綏撫南北士族方面，居功厥偉。殷羨、謝
安所謂「行無理事」，是「不存小察，弘以大綱」，目的是爲求得內部之和靖。
〔註15〕此原爲政權肇建之際無可厚非之做法，然而「舉賢不出世族，用法不
及權貴」，過度放任大族攘奪利益，不僅侵犯皇權，也相當程度激起民怨。

《太平御覽》卷八三四〈資產部十四〉云：

王朝之與庾安牋曰：「此間萬頃江湖，撓之不濁，澄之不清。而百
姓投一綸，下一筌者，皆奪其漁器，不輸十疋，則不得放。……」

〔註16〕

《晉書》卷七十三〈庾亮傳〉曰：

大較江東政，以偓佮豪強，以爲民蠹，時有行法，輒施之寒劣。如
往年偷石頭倉米一百萬斛，皆是豪將輩，而直打殺倉督監以塞責。

〔註17〕

同書卷八十八〈顏含傳〉云：

王導問含曰：「卿今蒞名郡，政將何先？」答曰：「王師歲，編戶虛
耗，南北權豪競招遊食，國弊家豐，執事之憂。且當徵之勢門，使
反田桑，數年之間，欲令戶給人足，如其禮樂，俟之明宰。」含所
歷，簡而有恩，明而能斷，然以威御下。導歎曰：「顏公在事，吳人
斂手矣。」未之官，復爲侍中。〔註18〕

東晉靠南北大族之支持得以立國，對王導而言，維護大族利益既是國策，也

---

〔註12〕見余嘉錫，《世說新語箋疏》〈政事第三〉14 條，頁 177。
〔註13〕見余嘉錫，《世說新語箋疏》〈政事第三〉14 條，頁 178。
〔註14〕有關調和南來北人和南人經濟利益衝突之問題，請參見陳寅恪，〈述東晉王導
之功業〉，收錄於氏著《金明館叢稿初編》，頁 65～77；唐長孺，《三至六世紀
江南大土地所有制的發展》，頁 57～58。
〔註15〕參見萬繩楠，《陳寅恪魏晉南北朝講演錄》，臺北：雲龍出版社，1996 年 9 月，
頁 178～179。
〔註16〕《太平御覽》卷八三四〈資產部十四〉，頁七，總頁 4222。
〔註17〕《晉書》卷七十三〈庾亮傳〉，頁 1932～1937。
〔註18〕《晉書》卷八十八〈孝友‧顏含傳〉，頁 2286。

是家策，其間並無衝突。然而對司馬睿而言，未即帝位前，此爲拉攏大族之利器，及登大位，寬縱大族卻於自己權益有損，乃圖別有作爲。他的初步做法，就是行申、韓之術。

《晉書‧阮籍附阮孚傳》云：

> （阮孚）避亂渡江，元帝以爲安東參軍。蓬髮飲酒，不以王務嬰心。
> 時帝既用申、韓以救世，而孚之徒未能棄也。〔註19〕

宋‧汪藻輯《世說新語考異》元帝始過江條引敬胤注曰：

> （元帝）以法御下，明于黜陟。宋典，上所親也，其人犯法，免官，典斬其司馬以徇；桂陽太守程甫，王敦所私，奢侈踰度，上遣御史戴弘檻車，斬之；永康令胡毋崇侵橫百姓，懼罪亡叛，既而歸首，於朱雀門頓鞭二百，除名爲民；徐州刺史蔡豹違律，斬而磔之。〔註20〕

司馬睿何以悖離司馬氏家傳儒業而行申、韓之術呢？從上引文中似乎司馬睿欲糾洛都任達放蕩之風，此說當然有可能，因爲西晉時期諸多惡習非但未因亡國而革除，並且傳至江左，積弊再現。爲此，陳頵與熊遠均曾就時弊向王導和元帝建言。《晉書‧陳頵傳》云：

> 中華所以傾弊，四海所以土崩者，正以取才失所，先白望而後實事，浮競驅馳，互相貢薦，言重者先顯，言輕者後敘，遂相波扇，乃至陵遲。加有莊老之俗傾惑朝廷，養望者爲弘雅，政事者爲俗人，王職不恤，法物墜喪。……諸僚屬乘昔西臺養望餘弊，小心恭肅，更以爲俗，偃蹇倨慢，以爲優雅。至今朝士縱誕，臨事遊行，漸弊不革，以至傾國。〔註21〕

《晉書‧熊遠傳》云：

> ……陛下憂勞於上，而群官未同戚容於下，每有會同，務在調戲酒食而已，此二失也。選官用人，不料實德，惟在白望，不求才幹，鄉舉道廢，請託交行。有德而無力者退，修望而有助者進；稱職以違俗見譏，虛資以從容見貴。……今當官者以理事爲俗吏，奉法爲苛刻，盡禮爲諂諛，從容爲高妙，放蕩爲達士，驕寒爲簡雅，此三

---

〔註19〕《晉書》卷四十九〈阮籍傳〉，頁1364。
〔註20〕轉引自唐長孺，〈王敦之亂與所謂刻碎之政〉，收錄於氏著《魏晉南北朝史論拾遺》，頁156。
〔註21〕《晉書》卷七十一〈陳頵傳〉，頁1893。

失也。〔註22〕

由此可知東晉弊病自政權伊始即已呈現，然而陳頵之言王導不能用，熊遠建言亦未見下文。究其實，此與大族勢力頗有關係。〔註23〕司馬睿欲振衰起蔽，便不能不整頓大族，然欲整頓大族，從申、韓之術著手收效最著，我們只消從司馬談〈論六家要旨〉對法家之看法，便可略窺端倪：

> 法家嚴而少恩；然其正君臣上下之分，不可改矣。……法家不別親
> 疏，不殊貴賤，一斷於法，則親親尊尊之恩絕矣。可以行一時之計，
> 而不可長用也，故曰「嚴而少恩」。若尊主卑臣，明分職不得相踰越，
> 雖百家弗能改也。〔註24〕

司馬睿行申、韓之術，其實是欲「尊主卑臣，明分職不得相踰越。」《魏書》云其「號令不行，政刑淫虐」。〔註25〕劉知幾指《魏書》視東晉「同建酈於蠻貊之邦」，「夫以敵國相仇」，書法多有曲筆，〔註26〕其於司馬睿之記載恐有誇大、醜化之嫌，未必可靠，但至少點出一個他的脆弱點：「號令不行」。而這也確實是司馬睿及東晉政權初創時期得面對的困境之一，是以司馬睿急欲以申、韓之術立威。他的對象既是大族，當然也包括王家在內，畢竟王敦欲有所更立，已侵犯、威脅到司馬睿，他當然無法坐視，故其推行申、韓之術，正是欲以法迫使大族收斂、王家安分。元帝雖欲藉法治建立威勢，但從其禮敬南北大族人士的做法上觀之，他其實行的是禮法並用的兩手策略，〔註27〕且深知江左基業是靠王家和南北大族支持，故打擊大族、推行申、韓之術的工作，遂委之於心腹。其中最倚重、親信者為劉隗、刁協。

劉隗，彭城人，楚元王劉交之後，避亂渡江，因「善求人主意」，司馬睿委以刑憲。劉隗諸多參奏，於理無違，糾憲執法，亦皆秉正，觀其所參奏者

---

〔註22〕《晉書》卷七十一〈熊遠傳〉，頁1887。

〔註23〕陳頵以孤寒，數有奏議，朝士多惡之。熊遠上書曾明白指出：「今朝廷法吏多出於寒賤，是以章書日奏而不足以懲物，官人選才而不足以濟事。」

〔註24〕《史記》，臺北：鼎文書局，民國76年11月，卷一百三十〈太史公自序〉，頁3289～3291。

〔註25〕《魏書》卷九十六〈僭晉司馬叡傳〉，頁2092。

〔註26〕劉知幾撰、浦起龍釋，《史通通釋》，臺北：藝文印書館，1978年4月，頁183。

〔註27〕萬繩楠認為自晉以後，儒家思想復成為支配思想，即便是魏晉玄學最發達的時期都是儒道二元思想，整個魏晉南北朝的思想主流都是儒家思想。請參閱萬繩楠，〈魏晉南北朝時代的思想主流是什麼〉，《史學月刊》1957-7。元帝雖行法治，其實是禮法並用。

包括戴若思、王籍之、顏含、梁龕、周顗、阮抗、王含、王導……等南北大族和權貴，顯見其不畏強禦。刁協，渤海饒安人，武帝時御史中丞刁攸之子，永嘉初，避難渡江，東晉草創，憲章未立，史稱刁協「前在中朝，諳練舊事，凡所制度，皆稟於協，深為當時所稱。」唯言其「性剛悍，與物多忤，每崇上抑下，故為王氏所疾。……然悉力盡心，志在匡救，帝甚信任之。」〔註28〕劉、刁兩人所以執法強悍，不與物協，蓋兩人皆善體君意，並傾力維護君主權益，這在當時是少見的。儘管二人得罪當道，但勢大如王家者一時之間亦不便立即出手，當然是因為王家看到有司馬睿在後頭撐持。但司馬睿畢竟不是一有大魄力之君主，雖然有劉、刁二人代為執行政策，但只要碰到大族，司馬睿即大費躊躇，更難謂敢於公然整肅，尤其不敢冒犯王家，致劉、刁提出諸多彈劾，皆以寬貸處置，同時種下大族同聲抵制劉、刁之因。〔註29〕《晉書‧劉隗傳》云：

> 南中郎將王含以族強顯貴，驕傲自恣，一請參佐及守長二十許人，多取非其才。（劉）隗劾奏文致甚苦，事雖被寢，王氏深疾之。〔註30〕

同書又云：

> 建興中，丞相府斬督運令史淳于伯而血逆流，隗又奏曰：「……謹按行督運令史淳于伯刑血著柱，遂逆上極柱末二丈三尺，旋復下流四尺五寸。百姓諠譁，士女縱觀，咸曰其冤。……受賕使役，罪不及死。軍是戍軍，非為征軍，以乏軍興論，於理為枉。……皆由（周）莚等不勝其任，請皆免官。」於是右將軍王導等上疏引咎，請解職。〔註31〕

王含被參，事寢不行；淳于伯案，〔註32〕事涉王導，司馬睿曰：「政刑失之，皆吾闇塞所由。」結果王導一無所問。〔註33〕司馬睿雖不敢大刀闊斧地整肅大族，但劉、刁兩人的作為，顯然讓司馬睿極為受用，因而對兩人的倚重與

---

〔註28〕《晉書》卷六十九〈刁協傳〉，頁1842。
〔註29〕《資治通鑑》卷八十九〈晉紀十一〉：「（劉）隗性剛訐，當時名士多被彈劾，（司馬）睿率皆容貸，由是眾怨皆歸之。」頁2840。
〔註30〕《晉書》卷六十九〈劉隗傳〉，頁1836。
〔註31〕同上，頁1836～1837。
〔註32〕《資治通鑑》卷八十九〈晉紀十一〉，愍帝建興四年（316年）十二月：司馬睿聞長安不守，出師露次，躬擐甲胄，移檄四方，刻日北征。以漕運稽期，斬督運令史淳于伯，頁2839。
〔註33〕《晉書》卷七十三〈劉隗傳〉，頁1837。

信任也日甚一日。

## 二、馬、王分道與重用劉、刁

　　司馬睿欲行申、韓之術，王導是明白的，而且相當程度上，王導也執行過司馬睿的政策，只是身爲大族的一分子，維護階級利益似乎更爲重要。而王導的覺悟，是經由顧榮族子顧和提醒。《世說新語・規箴》15 條：

> 王丞相爲揚州，遣八部從事之職。顧和時爲下傳還，同時俱見。諸
> 從事各奏二千石官長得失，至和獨無言。王問顧曰：「卿何所聞？」
> 答曰：「明公作輔，寧使網漏吞舟，何緣采聽風聞，以爲察察之政？」
> 丞相咨嗟稱佳，諸從事自視缺然也。〔註34〕

王導爲揚州刺史事在建武元年（317 年），其時司馬睿已稱晉王，尚未正式稱帝，王導一度欲以察察爲政，派遣從事官察察各郡二千石官長得失，經顧和提醒，此舉非但有違寬惠，且於世家大族權益有損，〔註35〕王導遂咨嗟稱善。顧和乃南土大族領袖顧榮族子，在維護大族利益這件事上，南北大族具有共同的階級性，並沒有地域上的差別與對立。在很多其他的問題上亦復如此，當階級利益超過地域對立時，南北大族總是先聯手維護階級利益。這對司馬睿欲藉法家建立威勢和尊主卑臣的企圖當然是個打擊，但數月之後，司馬睿即帝位，此時他與王家的關係表面上十分和諧，特別是與王導之間還維持相當禮敬與親密。值得注意的是，司馬睿還要皇太子讀韓非子。《晉書・庾亮傳》云：

> 時（元）帝方任刑法，以韓子賜皇太子，（庾）亮諫以申韓刻薄傷化，
> 不足留聖心，太子甚納焉。〔註36〕

庾亮奉勸太子勿走法家路線，以卜筮見重於權貴的郭璞，即以淳于伯案爲例，諫言元帝應棄法從道：

> ……往建興四年（316 年）十二月中，行丞相令史淳于伯刑於市，
> 而血逆流長摽。……陛下自即位以來，中興之化爲闡，…仗道之情
> 未著，而任刑之風先彰。…臣竊爲陛下惜之。〔註37〕

---

〔註34〕參見余嘉錫，《世說新語箋疏》〈規箴第十〉15 條，頁 566。
〔註35〕顧和所謂「寧使網漏吞舟」的寬政，隨之可見者：縱容官吏貪汙，豪強兼併。
　　　　寧使網漏吞舟的寬政正是王導之主張。請參閱唐長孺，〈王敦之亂與所謂刻碎
　　　　之政〉，頁 159～160。
〔註36〕《晉書》卷七十三〈庾亮傳〉，頁 1915。
〔註37〕《晉書》卷七十二〈郭璞傳〉，頁 1903。

司馬睿信任郭璞卜筮，但聽不進郭璞的勸說，並未打消藉法立威之心，甫稱帝，更積極設法整頓大族。太興元年（318年）六月，元帝即位才三個月，刁協便升任尚書令，元帝欲一展宏圖，希冀官清民安。七月，他大張旗鼓地頒下詔令，繼續過去的察察爲政。《晉書·元帝本紀》云：

> 二千石令長當祗奉舊憲，正身明法，抑齊豪強，存恤孤獨，隱實戶
> 口，勸課農桑。州牧刺史當互相檢察，不得顧私虧公。長吏有志在
> 奉公而不見進用者，有貪惏穢濁而以財勢自安者，若有不舉，當受
> 故縱蔽善之罪，有而不知，當受闇塞之責。各明愼奉行。〔註38〕

元帝在詔書中明白要求州牧、刺史要互相察察，並且指示地方長官重點工作應放在「抑齊豪強」、「隱實戶口」，表面上看似整頓吏治，實際上也是向大族開刀，顯然大族侵犯到朝廷的政治和經濟利益。〔註39〕此詔的執行成果如何？不得而知，但半年後即十一月，發生歸命侯孫皓之子孫璠的謀反事件。〔註40〕有關此謀反事件的詳細經過，史無明文，但南土人士的反抗，並未因元帝即位而稍歇。所以，元帝隨之於十二月下詔：「其吳之高德名賢或未旌錄者，具條列以聞。」〔註41〕此舉當然是對吳人示好。此時開國未久，氣象尚新，但江東原屬產糧地區，接二連三的鬧饑荒，〔註42〕加上北方諸州刺史紛紛降胡，甫登基的元帝眞可謂內外交迫，元帝必須想辦法安撫內部，尤其是南土人士。但另一方面，元帝亦急於抓回皇帝應有的威權，於太興二年（319年）五月再度頒詔：

> 「……昔吳起爲楚悼王明法審令，捐不急之官，除廢公族疏遠，以
> 附益將士，而國富兵強。況今日之弊，百姓凋困邪！且當去非急之
> 務，非軍士所須者皆省之。」〔註43〕

元帝此詔表面上是爲了解決百姓窮困、國用匱乏的窘境，但實際上還是欲從

---

〔註38〕《晉書》卷六〈元帝本紀〉，頁150。

〔註39〕有關東晉南朝豪門地主在經濟與人口方面與朝廷爭利的問題，可參閱唐長孺，《三至六世紀江南大土地所有制的發展》，頁55～95。

〔註40〕參見《晉書》卷六〈元帝本紀〉，頁151。又《資治通鑑》卷八十九〈晉紀十二〉，太興二年（319年）十一月，無孫璠謀反記載。

〔註41〕《晉書》卷六〈元帝本紀〉，頁151。

〔註42〕參見《晉書》卷六〈元帝本紀〉，頁151～153。太興元年（318年）十二月江東三郡饑荒，太興二年（319年）五月吳郡大饑，這一年中，三吳地區都鬧饑荒。

〔註43〕《晉書》卷六〈元帝本紀〉，頁152。

大族手中討回利益，元帝在詔書中特別以吳起爲例，強調吳起「明法審令」、「除廢公族疏遠」，實際上是要貫徹他的政策，一是走法家路線，一爲整頓大族。太興三年（320年）七月，元帝爲近千戶同時南來的琅邪人立懷德縣，統丹陽郡，以強化自己在建康左近的地方基礎。〔註44〕在此同時，兼任侍中的劉隗與尚書令刁協也逐步推行一連串排抑豪強的措施，包括免良人奴、發奴爲兵、禁諸將迎妻息、發投刺王官千人爲軍吏、免中州良人爲諸郡僮客者以備征役等，這些措施嚴重傷害大族的既得利益，〔註45〕被視爲刻碎之政。〔註46〕因爲劉隗、刁協爲元帝所昵，必須替元帝背負打擊大族的罪名，而諸刻碎之政又爲人情所惡，故二人遂成眾矢之的。

　　至於司馬睿與王家之鬥爭亦早於稱帝前便已開始。元帝既無從寄望王導行察察之政，轉而倚重劉隗、刁協；王敦的日益跋扈，更讓元帝亟思排抑王家，在此扞格不協的情形下，司馬睿與王家漸行漸遠。

## 第二節　第一階段的馬、王鬥爭

### 一、王敦忌憚之人物

　　前已述及南下之前王家極可能與司馬睿達成政治默契，及至渡江以後，司馬睿表現不惡，至其稱帝前，已頗具中興之主的氣象。而當時參與王家家族密商的王敦，眼見司馬睿羽翼漸豐，便憂心起來，並提出「更議所立」，以免司馬睿勢大難制，最後在王導的反對下作罷。然而王敦並未謹守朝臣分際，隨著其權勢日隆，動作也愈來愈跋扈。王敦深知軍權的重要，因此第一步就是牢牢掌控軍權，並搶奪用兵之地的荊州。〔註47〕

　　愍帝建興三年（315年），杜弢之亂平定後，司馬睿進王敦爲鎮東大將軍，

---

〔註44〕太興三年（320年）秋七月丁亥，元帝下詔：「……琅邪國人在此者近有千戶，今立爲懷德縣，統丹楊郡，昔漢高祖以沛爲湯沐邑，光武亦復南頓，優復之科一依漢氏故事。」詳見《晉書》卷六〈元帝本紀〉，頁153。

〔註45〕請參閱唐長孺，〈王敦之亂與所謂刻碎之政〉，收錄於氏著《魏晉南北朝史論拾遺》，頁155～171。

〔註46〕《晉書》卷六十九〈劉隗傳〉云：「太興初，長兼侍中，賜爵都鄉侯，尋代薛兼爲丹楊尹，與尚書令刁協並爲元帝所寵，欲排抑豪強。諸刻碎之政，皆云隗、協所建。」，頁1837。

〔註47〕有關荊州的重要性及其與當時政局的關係，請參閱傅樂成，〈荊州與六朝政局〉，頁93～115。

加都督江、揚、荊、湘、交、廣六州諸軍事、江州刺史。王敦更自行選置刺史以下官，浸益驕橫。其時朝中名將，如周訪、祖逖、陶侃諸人，均爲王敦所忌。

## （一）陶　侃

王敦藉其權勢，先以從弟王廙代陶侃爲荊州刺史，此舉有二目的，一是不讓陶侃坐鎮上游，二要翦除陶侃勢力。王敦將陶侃遷任廣州刺史，〔註48〕陶侃在諸多戰役中立功，是當時最重要的戰將之一，王敦設法將其外放至邊陲地帶，暫時解決了陶侃的潛在威脅。陶侃部下面對這樣的安排，極力抵拒，王敦本欲殺陶侃，因陶侃與周訪爲姻親，〔註49〕懼周訪發兵，方作罷。王廙在荊州，大誅陶侃舊將，致荊土大失所望，人情乖阻。王廙此舉當然是爲清除陶侃勢力，然其做法令人非議，司馬睿乃徵王廙爲輔國將軍加散騎常侍。王船山《讀通鑑論》謂：

> 元帝之得延祚於江東，王氏贊之也。而卒致王敦之禍，則使王敦督江、湘軍事，其禍源矣。……平陳敏，除杜弢，皆侃也，侃功甫奏，而急遣王敦奪其權而踞其上，左遷侃於廣州，以快敦之志，使侃欲效忠京邑，而敦已扼其吭而不得前，何其悖也！」〔註50〕

元帝此時已有心防堵王家繼續坐大，若非受制於形勢不如人以及當初與王家之默契「政由王氏」，則任由王敦外調陶侃〔註51〕而不知重用陶侃以制王敦，又何其不智也！

## （二）周　訪

杜曾作逆時，王敦曾允諾周訪：「擒（杜）曾，當相論爲荊州刺史。」〔註52〕及至王廙去職，司馬睿順水推舟詔以周訪爲荊州刺史，欲藉周訪制王敦，

---

〔註48〕《晉書》卷六十六〈陶侃傳〉云：「王敦深忌侃功。（陶侃）將還江陵，欲詣敦別，皇甫方回及朱伺等諫，以爲不可。侃不從。敦果留侃不遣，左轉廣州刺史、平越中郎將，以王廙爲荊州。侃之佐吏將士詣敦請留侃。敦怒，不許。」頁1772。

〔註49〕（王敦）諮議參軍梅陶、長史陳頒言於敦曰：「周訪與侃親姻，如左右手，安有斷人左手而右手不應者乎！」敦意遂解，於是設盛饌以餞之。參見《晉書》卷六十六〈陶侃傳〉，頁1772。

〔註50〕王夫之，《讀通鑑論》，臺北：河洛圖書出版社，民國65年3月，卷十二〈愍帝〉，頁390。

〔註51〕陶侃舊將詣王敦請留侃不成，鄭攀、蘇溫、馬儁等不欲南行至廣州，遂西迎杜曾以距王廙。見《晉書》卷六十六〈陶侃傳〉，頁1772。

〔註52〕《晉書》卷五十八〈周訪傳〉，頁1581。

且王敦對周訪有言在先，故有此任命。但「（王）敦以（周）訪名將，勳業隆重，有疑色。」〔註53〕王敦屬下郭舒又勸王敦：荊州乃用武之地，宜自領，以免尾大不掉。〔註54〕王敦遂從周訪手中硬生生搶下荊州，改周訪為梁州刺史。從徵王廙入朝至命周訪出鎮荊州，司馬睿已經在外鎮的人事問題上和王敦展開鬥爭，但於王敦硬搶荊州之舉，元帝亦只得退讓。由此可知元帝對於州鎮之任命，尚須徵得王敦首肯。周訪為此至襄陽後，務農訓兵，有缺輒補，不讓王敦參與，王敦以其勢強，患之而不能制。〔註55〕

## （三）祖 逖

祖逖於京師大亂後，率領親黨數百家避地淮泗，以其擁有流民和部曲之支持，屬於帶槍投靠型人物，元帝無法信任，並陰予防備。祖逖慨然有經略北方之志，而元帝卻無北伐之心，遂先用祖逖為徐州刺史，後因祖逖矢志北伐，元帝乃以其為奮威將軍、豫州刺史，並象徵性地給千人廩，布三千匹，不給鎧仗，但使其自行招募。史言祖逖放任手下搶剽南塘富室，〔註56〕渡江北進後則愛人下士，甚得民心，由是黃河以南盡為晉土。因為祖逖，石勒不敢南犯，祖逖更聽任互市，於是公私豐贍，士馬日滋。〔註57〕《晉書》言：「王敦久懷逆亂，畏逖不敢發。」〔註58〕元帝一心欲防範王敦，卻無心用祖逖來牽制王敦。元帝稱帝後，三次加王敦為州牧，〔註59〕王敦固辭不拜，除以退

---

〔註53〕《晉書》卷五十八〈周訪傳〉，頁1581。

〔註54〕（王敦）從事中郎郭舒說敦曰：「鄙州雖遇寇難荒弊，實為用武之國，若以假人，將有尾大之患，公宜自領，（周）訪為梁州足矣。」敦從之。訪大怒。敦手書譬釋，并遺玉環玉椀以申厚意。訪投椀于地曰：「吾豈賈豎，可以寶悅乎！」參見《晉書》卷五十八〈周訪傳〉，頁1581。

〔註55〕參閱《晉書》卷二十八〈周訪傳〉，頁1581。

〔註56〕（祖）逖以社稷傾覆，常懷振復之志。賓客義徒皆暴桀勇士，逖遇之如子弟。時揚土大饑，此輩多為盜竊，攻剽富室，逖撫慰問之曰：「比復南塘一出不？」或為吏所繩，逖輒擁護救解之。談者以此少逖，然自若也。參閱《晉書》卷六十二〈祖逖傳〉，頁1694。

〔註57〕〈祖逖傳〉云：「石勒不敢窺兵河南，使成皋縣修逖母墓，因與逖書，求通使交市。逖不報書，而聽互市，收利十倍，於是公私豐贍，士馬日滋。」參閱《晉書》卷六十二〈祖逖傳〉，頁1697。

〔註58〕同上書。

〔註59〕據《晉書》所載，王敦於元帝稱帝後，三次加州牧時間分別在太興元年（318年）四月加江州牧、太興元年（318年）十一月加荊州牧、王敦起兵入建康後，又加敦江州牧，王敦均固讓不拜，但據《敦煌本晉紀殘卷》所載第二次王敦表辭荊州牧，時間是在太興二年（319年）五月。詳見羅振玉，《羅振玉校刊

爲進，欲博朝野時望之外，亦是藉此抑制周訪、祖逖等人。〔註60〕王敦早欲
見逼元帝，亦是礙於祖逖，不得不暫時稍安。《世說新語》〈豪爽〉6條云：

> 王大將軍（王敦）始欲下都處分樹置（通鑑繫此事於太興二年，319
> 年），先遣參軍告朝廷，諷旨時賢。祖車騎（祖逖）尚未鎮壽春，瞋
> 目屬聲語使人曰：「卿語阿黑：何敢不遜！催攝面去，須臾不爾，我
> 將三千兵，槊腳令上！」王聞之而止。〔註61〕

即使如此，元帝對祖逖並不信任，面對祖逖已經收復河南地等戰功，元帝實
難安枕，更遣戴若思爲都督，欲接收成果，致祖逖怏怏，其後不久便病死。《通
鑑箚記》論及晉室忌人才時云：

> 東晉元帝之不任祖逖亦其家法耳！……逖大功之不成，固由於內
> 亂，實則元帝於才智之將皆加猜忌，戴淵之來，雖以備敦，亦以防
> 逖也。」〔註62〕

至是，王敦始得肆意而爲。

## （四）義興周氏

王敦另一在意的地方勢力是義興周氏，周勰一度欲以討王導、刁協爲名
興兵，周氏之所以聲討王導可能是因其爲執政，卻沒協調好南來北人，與周
氏的地方勢力錯開，〔註63〕而刁協等人察察爲政，亦侵犯到他們的利益。後
因其叔周札不肯，周勰不敢發兵。「元帝以周氏奕世豪望，吳人所宗，故不窮
治，撫之如舊。」〔註64〕按三國以來，凡大逆、謀反等罪皆以三族罪論處，
因此大逆、謀反之罪名，往往成爲窮除政敵的絕佳手段。〔註65〕晉懷帝永嘉
元年（307 年）正月，詔除三族罪。〔註66〕故在此事件發生後，東晉自難以三

---

群書敍錄》（原刻印書名爲《雪堂校刊群書敍錄》），揚州：江蘇廣陵古籍刻印
社，1998，頁 247，另見敦煌殘卷伯希和檔 2586 號。
〔註60〕請參閱魏斌，〈王敦三考〉，頁 38～40。
〔註61〕余嘉錫，《世說新語箋疏》〈豪爽第十三〉6 條，頁 599。
〔註62〕清·劉體仁，《通鑑箚記》卷五〈晉室忌人才〉條，頁 249～250。
〔註63〕陳寅恪認爲義興周氏特別憤恨北人，可能是其所居住之地域與南來北人接
觸，利害衝突所致。請參閱陳寅恪，〈述東晉王導之功業〉，頁 65。又周處冤
死於征討氐人齊萬年六陌之役也是原因之一，周處之死見《晉書》卷二十八
〈周處傳〉，頁 1570～1571。
〔註64〕《晉書》卷五十八〈周處傳〉，頁 1574。
〔註65〕請參閱拙著《魏晉南北朝的婦女緣坐》第三章〈官人謀反、大逆之婦女緣坐〉，
國立臺灣大學歷史學研究所碩士論文，頁 51～73。
〔註66〕《晉書》卷五〈孝懷帝本紀〉，頁 116。

族罪論處周覬。而周覬在此事件結束後，不但未有所處置，反而撫之如舊。一般皆謂周氏地方實力太大，元帝不敢追究，以免引起南土人士和周家反彈。此說固為事實，然此中還有另一可能之因，即元帝對周家撫之如舊，是欲藉周家之實力，牽制王家，因為周覬欲以討王導為名起兵，此與司馬睿欲打擊王家之念謀合，且王敦又十分忌憚周氏，故不窮治周家，既有寬縱之惠，又可留下一個可抗拒王家之勢力，尤其是對王敦，有實際的牽制作用。有關此點，只需看看王敦為亂後，首肯錢鳳的建議除去周氏諸人，便可明白王敦對周氏的忌憚。

## 二、王敦不臣與剗除異己

建武元年（317 年），司馬睿稱晉王，立世子司馬紹為太子，並將另一愛子司馬裒封為琅邪王，都督青、徐、兗三州諸軍事，亦即日後所謂之北府軍區，鎮廣陵，將晉陵、京口重鎮置於己子之手。京口重鎮形同揚州東北方門戶，此區流民聚集，戰鬥力極強，是尚武重點區域，〔註67〕司馬睿對此子寄望頗殷。又封西陽王羕為太保、譙剛王司馬遜之子司馬承為譙王。八王之亂、永嘉之亂，宗室凋零，東晉開國，必得以大臣為股肱。司馬睿或思扶植宗室，欲藉宗室之壯大，扭轉受人宰制之窘境，然而不及一年，司馬裒便辭世，司馬裒的早卒，〔註68〕讓司馬睿與王家的鬥爭又陷於無強宗夾輔的困境。

王敦面對尚不成氣候的宗室力量，並不急著除去他們，反倒是其他已經對其產生威脅或阻礙者，才是他急於剗除的對象。王敦剗除時望，誅殺異己，其中甚至包括王家自己人。凡與其不協或不為一心者，均不惜剗除。《晉書‧王戎附王澄傳》云：

> 時王敦為江州，鎮豫章，（王）澄過詣敦。澄夙有盛名，出於敦右，士庶莫不傾慕之。兼勇力絕人，素為敦所憚，澄猶以舊意侮敦。敦益忿怒，請澄入宿，陰欲殺之。而澄左右有二十人，持鐵馬鞭為衛，澄手嘗捉玉枕以自防，故敦未之得發。後敦賜澄左右酒，皆醉，借玉枕觀之。因下牀而謂澄曰：「何與杜弢通信？」澄曰：「事自可驗。」敦欲入內，澄手引敦衣，至于絕帶。乃登于梁，因罵敦曰：「行事如

---

〔註67〕有關此區在軍事上之重要性，請參閱吳慧蓮，《東晉劉宋時期之北府》。京口重鎮的形成雖是郗鑒經營京口以後的事，但京口、晉陵一帶此時已是南來流民聚居之區，相關問題請參見田餘慶，《東晉門閥政治》，頁74～104。

〔註68〕司馬裒死於建武元年（317 年）十月。

此，殃將及焉。」敦令力士路戎搤殺之，時年四十四。〔註69〕

《晉書‧王如傳》云：

> 初，（王）敦有不臣之迹，（王）棱每諫之，敦常怒其異己。及敦聞
> （王）如為棱所辱，密使人激怒之，勸令殺棱。如詣棱，因閒宴，
> 請劍舞為歡，棱從之。如於是舞刀為戲，漸漸來前。棱惡而呵之不
> 止，叱左右使牽去，如直前害棱。敦聞而陽驚，亦捕如誅之。〔註70〕

同書〈劉琨傳〉曰：

> 會王敦密使（段）匹磾殺（劉）琨，匹磾又懼眾反己，遂稱有詔收
> 琨。初，琨聞敦使至，謂其子曰：「處仲使來而不我告，是殺我也。
> 死生有命，但恨雛恥不雪，無以下見二親耳。」因歔欷不能自勝。
> 匹磾遂縊之，時年四十八。子姪四人俱被害。朝廷以匹磾尚強，當
> 為國討石勒，不舉琨哀。〔註71〕

王澄乃王衍之弟，因其聲名凌駕王敦，且對王敦有輕侮之色，雖為同族，王敦
除之。王棱為王敦從弟，因諫王敦勿為不臣之事而見殺，王敦除掉王棱的手法
是一石二鳥，既除王棱，又殺王如。〔註72〕劉琨在北方頗俱時望，王敦遂利用
段匹磾芟除劉琨，東晉朝廷想利用段匹磾攻打石勒，居然不為劉琨舉哀。據《敦
煌本晉紀殘卷》〔註73〕所載，劉琨死時同時受害者應為六人，包括劉琨父子四
人，兄子二人，而劉琨之事經盧諶、崔悅、溫嶠等先後上表，太興四年（321
年），方下詔弔祭，並贈侍中、太尉，謚曰愍，距劉琨被殺已三年矣！〔註74〕

---

〔註69〕《晉書》卷四十三〈王戎傳〉，頁1241。

〔註70〕《晉書》卷一百〈王如傳〉，頁2619。

〔註71〕《晉書》卷六十二〈劉琨傳〉，頁1687。

〔註72〕王棱死事，《資治通鑑》載於愍帝建興三年（315年），而《晉書‧王敦傳》則
載於王敦第一次起事後，時間上約相差六年以上，且未引確切史料，以《資
治通鑑》編年故，暫以《資治通鑑》之時間為準，又《晉書》書「王棱」，《資
治通鑑》則書「王稜」。今從《晉書》。

〔註73〕羅振玉謂《敦煌本晉紀殘卷》即鄧粲《晉紀》殘卷。見羅振玉，《羅振玉校刊
群書敘錄》，頁246～247。按此《敦煌寫卷》列伯希和目2586號，記晉代史
事，周一良認為應為孫盛《晉陽秋》殘本，請參閱周一良，〈乞活考〉，收錄
於氏著《周一良集（第壹卷）》，瀋陽，遼寧教育出版社，1998年8月，頁22
～23。饒宗頤亦持此看法。請參閱饒宗頤，〈敦煌與吐魯番寫本孫盛晉春秋及
其「傳之外國」考〉，收錄於《漢學研究》四卷二期，民國75年12月，頁1
～8。

〔註74〕請參閱羅振玉，《羅振玉校刊群書敘錄》，頁249～250。

　　王敦爲了蓄積對抗司馬氏的實力，遍辟南北大族子弟爲掾屬，藉此拉攏
大族，政敵之子亦多所網羅，以爲變相人質。〔註 75〕王敦的「老驥伏櫪」之
志，〔註 76〕將其不臣之心彰顯無疑，王敦的企圖，朝野皆知。今將《晉書》
中有關王敦不臣之心的記載擇要羅列於下：

《晉書・王敦傳》云：

> 杜弢將杜弘南走廣州，求討桂林賊自效，敦許之。陶侃距（杜）弘
> 不得進，（杜弘）乃詣零陵太守尹奉降，奉送弘與敦，敦以爲將，遂
> 見寵待。南康人何欽所居嶮固，聚黨數千人，敦就加四品將軍，於
> 是專擅之迹漸彰矣。〔註 77〕

同卷又云：

> 初，敦務自矯厲，雅尚清談，口不言財色。既素有重名，又立大功
> 於江左，專任閫外，手控強兵，羣從貴顯，威權莫貳，遂欲專制朝
> 廷，有問鼎之心，帝畏而惡之，遂引劉隗、刁協等以爲心膂。敦益
> 不能平，於是嫌隙始構矣。〔註 78〕

《晉書・阮籍附阮裕傳》曰：

> （阮）裕字思曠，宏達不及（阮）放，而以德業知名。弱冠辟太宰
> 掾。大將軍王敦命爲主簿，甚被知遇。裕以敦有不臣之心，乃終日
> 酣觴，以酒廢職。〔註 79〕

《晉書・謝鯤傳》云：

> （王）敦有不臣之迹，顯於朝野。鯤知不可以道匡弼，乃優游寄遇，
> 不屑政事，從容諷議，卒歲而已。每與畢卓、王尼、阮放、羊曼、
> 桓彝、阮孚等縱酒，敦以其名高，雅相賓禮。〔註 80〕

《晉書・羊曼傳》云：

> 王敦既與朝廷乖貳，羈錄朝士，曼爲右長史。曼知敦不臣，終日酣

---

〔註 75〕例如王敦欲殺陶侃不成，乃引其子陶瞻爲參軍，以爲變相人質。
〔註 76〕《世說新語・豪爽》4 條云：「王處仲每酒後輒詠『老驥伏櫪，志在千里。烈
　　　　士暮年，壯心不已』以如意打唾壺，壺口盡缺。」請參閱余嘉錫，《世說新語
　　　　箋疏》〈豪爽第十三〉4 條，頁 598。另參見《晉書》卷九十八〈王敦傳〉，頁
　　　　2557。
〔註 77〕《晉書》卷九十八〈王敦傳〉，頁 2555。
〔註 78〕同上，頁 2557。
〔註 79〕《晉書》卷四十九〈阮籍傳〉，頁 1367。
〔註 80〕《晉書》卷四十九〈謝鯤傳〉，頁 1377～1378。

醉，諷議而已。敦以其士望，厚加禮遇，不委以事，故得不涉其難。
〔註81〕

《晉書・周訪傳》云：

聞（王）敦有不臣之心，（周）訪恒切齒。敦雖懷逆謀，故終訪之世
未敢爲非。〔註82〕

《晉書・劉胤傳》曰：

王敦素與胤交，甚欽貴之，請爲右司馬。胤知敦有不臣心，枕疾不視
事，以是忤敦意，出爲豫章太守，辭以腳疾，詔就家授印綬。〔註83〕

觀上引史料，王敦極早就展現出不臣之心，若約略推估時間，杜弢之亂結束
於建興三年（315 年），其時王敦專擅之迹已彰，周訪言敦不臣事《資治通鑑》
亦繫於建興三年（315 年）。換言之，王敦公開其不臣之心最遲是在愍帝建興
三年（315 年），亦是王敦提出要「更議所立」的前後。其時，司馬睿尚未正
式稱帝，而王敦已毫不遮掩地展現他的野心，還開始有計畫地收編各種實力
團體與個人，以壯大自己聲勢，杜弘、何欽都是這樣收編的。王敦居心，朝
野共知，礙於其勢，其掾屬只能藉酗醉怠職來消極表達不認同，同僚則往往
去官以避禍。《晉書・庾亮傳》云：

王敦既有異志，內深忌亮，而外崇重之。亮憂懼，以疾去官。〔註84〕

《晉書・桓彝傳》云：

於時王敦擅權，嫌忌士望，彝以疾去職。〔註85〕

王敦之心既昭然若揭，司馬睿當然不會不知，爲求自固，司馬睿開始重用劉
隗、刁協，想培植一批心腹。司馬睿雖然在登基時還拉王導共登御床，但恐
怕是藉此試探王導意向，〔註86〕同時已決意疏遠王家。王敦外鎮，相隔遙遠，
朝廷之內，首當其衝的王家人當然就是王導。《宋書・五行志》云：

元帝中興之業，實王導之謀也。劉隗探會主意，以得親幸，導見疏
外。〔註87〕

---

〔註81〕《晉書》卷四十九〈羊曼傳〉，頁 1383。
〔註82〕《晉書》卷五十八〈周訪傳〉，頁 1581。
〔註83〕《晉書》卷八十一〈劉胤傳〉，頁 2114。
〔註84〕《晉書》卷七十三〈庾亮傳〉，頁 1917。
〔註85〕《晉書》卷七十四〈桓彝傳〉，頁 1939。
〔註86〕請參閱劉雪楓，〈吳姓士族與東晉早期政治〉，收錄於《遼寧大學學報》1990
　　　年六期，1990 年 11 月，頁 15。
〔註87〕《宋書》卷三十四〈五行志〉，頁 988。

《晉書・周浚傳》曰：

> 是時帝以王敦勢盛，漸疏忌王導等。〔註88〕

元帝登基，中興大業第一功臣自是王導，朝野咸知一切擘畫俱出王導之手，諸多行事又賴王家之撐持，是以不但妥協出「王與馬共天下」，更造就王敦的囂張跋扈，王家之於「中興大業」對元帝而言，直如芒刺在背。再者，劉隗之重用，關鍵在「探會主意」，換言之，王導主政，元帝並不能遂行己意，至少在打擊大族的政策上，王導與元帝的意思背道而馳，此時已穩坐皇位的元帝，便決心要走自己的路，與王家分道揚鑣。但是有王、馬默契在先的王家怎能就此罷手，且王家的實力實在太大，元帝只得在各方面與王家進行鬥爭。

## 三、王敦之變

王導見疏，立刻引起南北大族的不安，王導是他們階級利益的維護者，王導之重要性因為大族而更加突顯，他們當然不能坐視王導受到排擠和疏外，於是王敦、周嵩、孔愉皆上疏為王導抱不平。

《晉書・王敦傳》云：

> （王）導昔蒙殊寵，委以事機，虛己求賢，竭誠奉國，遂藉恩私，居輔政之重。……云導頃見疏外，所陳如昨，而其萌已著，其為咎責，豈惟導身而已。……昔臣親受嘉命，云：「吾與卿及茂弘當管鮑之交。」臣忝外任，漸冉十載，訓誘之誨，日有所忘；至於斯命，銘之於心，竊猶眷眷，謂前恩不得一朝而盡。……頃者令導內綜機密，出錄尚書，杖節京都，並統六軍，既為刺史，兼居重號，殊非人臣之體。流俗好評，必有譏謗，宜省錄尚書、杖節及都督。……且王佐之器，當得宏達遠識，高正明斷、道德優備者，以臣闇識，未見其才。然於見人，未踰于導；加輔翼積年，實盡心力。……天下荒弊，人心易動；物聽一移，將致疑惑。臣非敢苟私親親，惟欲忠於社稷。〔註89〕

《晉書・周浚附周嵩傳》曰：

> 今王導、王廙等，方之前賢，猶有所後。至於忠素竭誠，義以輔上，共隆洪基，翼成大業，亦昔之亮也。雖陛下乘奕世之德，有天人之會，割據江東，奄有南極，龍飛海崛，興復舊物，此亦群才之明，

---

〔註88〕《晉書》卷六十一〈周浚傳〉，頁1660。
〔註89〕《晉書》卷九十八〈王敦傳〉，頁2556。

豈獨陛下之力也。〔註90〕

《晉書、孔愉傳》曰：

> 于時刁協、劉隗用事，王導頗見疏遠，愉陳導忠賢，有佐命之勳，
>
> 謂事無大小皆宜諮訪。由是不合旨，出爲司徒左長史。〔註91〕

孔愉爲王導說話被黜，足見元帝是主動且刻意疏遠王家。而周嵩疏文中明白呈現元帝對王家之疑慮，〔註92〕但周嵩亦赤裸裸地提醒元帝：東晉非你一人之天下，而是群才之明有以致之，「群才」當然主要是指南北大族，其中王家尤其關鍵，並勸元帝勿「招當時之患，遠遺來世之笑」。〔註93〕《資治通鑑》胡三省注云：

> 向者親倚（王）導而今疏忌之，是虧既往之恩也；導或自疑，外而
>
> 與敦同，是招將來之患也。〔註94〕

劉、刁雖力勸元帝對王家下手，但元帝亦擔心迫使王導倒向王敦，故於做法上極力避免對付或過度壓迫王導，王導由是獲全。至於王敦的上疏，史載曾被王導退回，但王敦又再次上疏。他在文中提及昔日曾「親受嘉命」，司馬睿自云與他和王導是「管鮑之交」、布衣之好，顯示當年馬、王互信互賴。王敦又云：「至於斯命，銘之於心，竊猶睠睠，謂前恩不得一朝而盡。」王敦所指「前恩」是否暗指當年「王與馬共天下」之默契不得而知，但頗有今日之勢乃元帝自許而非王家跋扈之意味。此言對元帝既是提醒也是威脅。王家雖勢大，朝中大臣未必皆悅服，尤其在王敦不臣之心彰顯後，南北大族與朝臣不見得樂見王家作爲，疏文中亦可嗅出王家當時必招致時人議論與批評，即便王敦，亦承認王家權勢已踰人臣之體。元帝面對這一連串的上疏，自是備感壓力，不但疏遠王導，更準備進一步防範王敦。王敦爲求自固，將群從子弟遍佈州郡要職，單是王家在朝爲官者就多達二十餘人，親舊更可想見遠在此數之上，於是劉隗勸元帝出腹心以鎮方隅。

　　太興三年（320 年）梁州刺史周訪卒，湘州刺史甘卓遷梁州，王敦欲以沈充代甘卓爲湘州刺史。〔註95〕沈充爲王敦之腹心，元帝以湘州「南楚險固，

---

〔註90〕《晉書》卷六十一〈周浚附周嵩傳〉，頁 1661。

〔註91〕《晉書》卷七十八〈孔愉傳〉，頁 2052。

〔註92〕詳見《晉書》卷六十一〈周浚附周嵩傳〉，頁 1660～1661。

〔註93〕《晉書》卷六十一〈周浚附周嵩傳〉，頁 1661。

〔註94〕《資治通鑑》卷九十一〈晉紀〉十三，頁 2889。

〔註95〕《晉書》中有關此事有二種不同記錄，〈譙王承傳〉言王敦欲以沈充代甘卓，

在上流之要，控三州之會，是用武之國也。」〔註96〕不願湘州爲王敦羽翼，故以譙王承〔註97〕爲湘州刺史，欲扶持宗室壯大以防堵王敦。接著又用劉隗爲鎮北將軍、都督青、徐、幽、平四州諸軍事、青州刺史，鎮淮陰；戴若思爲征西將軍，都督司、兗、豫、并、冀、雍六州諸軍事、司州刺史，鎮合肥，二人並爲州牧。帶州牧號者，在兩晉都是主持方面大局，從官屬任用到軍隊指揮皆實權在握的地方政權，獨立性甚強，故非一般人臣所受之號。〔註98〕元帝此舉已將王、馬的鬥爭推向白熱化。王敦上書自陳古今忠臣見疑事，元帝俄加羽葆鼓吹、增從事中郎、掾屬、舍人各二人欲安其心。觀元帝解決諸多政治危機，往往採用以獎勵代替懲罰，這種以退爲進的處理方式，似乎成了元帝處理危機的政治模式，周玘之事如此、〔註99〕王敦之事如此、試探王導亦復如此。劉、戴等人緊接著以討胡爲名發揚州奴、客爲兵，實際卻是防禦王敦，〔註100〕使王、馬關係雪上加霜。此舉亦是元帝與大族爭奪人力資源，但一再與大族爭利的做法，讓南、北大族怨恨在心。王敦爲免譙王承對其構成威脅，詐稱北伐，召徵湘州境內船乘，譙王承不得已，分半與之。湘州荒殘，雖爲戰略要地，但公私困弊，司馬承被王敦以北伐之名行削弱之實後，已無力抵禦或牽制王敦。

永昌元年（322 年），元帝登基第六年年初，王敦以討劉隗之名舉兵於武昌，沈充應之，此時距離劉隗鎮淮陰不過半年。元帝先後遣王敦之兄王含、

而〈王敦傳〉則云欲以從事中郎陳頌代卓。

〔註96〕《晉書》卷三十七〈譙王剛遜傳〉，頁1104。

〔註97〕按《晉書》譙王司馬承，《世說新語》及劉孝標注引《晉陽秋》、《司馬氏譜》、余嘉錫《世說新語箋疏》引李慈銘批校，均以爲司馬丞，《通鑑》卷九十一爲司馬承。胡三省注指「承，音拯。前作『承』，誤也。」近人徐震諤注，《世說新語校箋》，北京：中華書局，2004年1月，以胡注爲是，當作司馬承。本文採胡及徐說。

〔註98〕參見魏斌，〈王敦三考〉，頁39。

〔註99〕《晉書》卷五十八〈周處傳〉云：「先是，流人帥夏鐵等寓于淮泗，（鎮東將軍祭酒東萊王）恢陰書與鐵，令起兵，己當與（周）玘以三吳應之。建興初，鐵已聚眾數百人，臨淮太守蔡豹斬鐵以聞。恢聞鐵死，懼罪，奔于玘，玘殺之，埋于豕牢。帝聞而秘之，召玘爲鎮東司馬，未到，復改授建武將軍、南郡太守。玘既南行，至蕪湖，又下令曰：「玘奕世忠烈，義誠顯著，孤所欽喜。今以爲軍諮祭酒，將軍如故，進爵爲公，祿秩僚屬一同開國之例。」玘忿於迴易，又知其謀泄，遂憂憤發背而卒，時年五十六。頁1573～1574。

〔註100〕有關奴與客之問題，請參見唐長孺，〈王敦之亂與所謂刻碎之政〉，頁162～164。

從兄弟王廙喻敦，但二人均投效王敦，受任助亂。起兵前，王敦遣使說譙王承與甘卓共同發兵，譙王承拒絕，王敦示意王廙害之。譙王承雖貴爲宗室，但礙於王家勢大，家屬只能隱忍以避禍。《世說新語、仇隙》云：

> 王大將軍（王敦）執司馬愍王（司馬承），夜遣世將（王廙）載王於車而殺之，當時不盡知也。雖愍王家，亦未之皆悉，而（司馬）無忌兄弟皆稗，王胡之（王廙子）與無忌，長甚相暱，胡之嘗共遊，無忌入告母，請爲饌。母流涕曰：「王敦昔肆酷汝父，假手世將。吾所以積年不告汝者，王氏門彊，汝兄弟尚幼，不欲使此聲著，蓋以避禍耳！」無忌驚號，抽刃而出，胡之去已遠。〔註101〕

同書又云：

> 應鎮南（應詹）作荊州，王脩載（王耆之）、譙王子無忌同至新亭與別，坐上賓甚多，不悟二人俱到。有一客道：「譙王承致禍，非大將軍（王敦）意，正是平南（王廙）所爲耳。」無忌因奪直兵參軍刀，便欲斫。脩載走投水，舸上人接取，得免。〔註102〕

王敦以討劉隗之名起兵，並上疏元帝數劉隗罪狀，〔註103〕疏言：

> （劉）隗首朝懸，諸軍夕退。昔太甲不能遵明湯典，顛覆厥度，幸納伊尹之勳，殷道復昌。……今日之事，有逾於此，願陛下深垂三思，諮詢善道，則四海乂安，社稷永固矣。……陛下昔鎮揚州，虛心下士，優賢任能，寬以得眾，故君子盡心，小人畢力。……自從信隗以來，刑罰不中，街談巷議，皆云如吳之將亡。〔註104〕

王敦提醒元帝當初能在江東立足是「寬以得眾」，現在以劉隗等人執行察察之政，是損害大族既得利益之做法。王敦深知大族利益所在，故將其與元帝之政治鬥爭與大族利益綁在一起，才會以討劉隗爲名起兵。事實證明，王敦起兵並未遭到大族的抵制與聲討，最主要原因就是元帝用劉隗、刁協行申韓之術，侵害到南北大族既得利益，所以王敦雖行不臣事，但能爲大族發聲，所以得到許多大族的默許。王敦又方元帝爲太甲，元帝認爲敦若成事必遭幽囚。〔註105〕元帝爲對抗王敦，緊急徵調劉隗與戴若思還衛京師，並以司空王導爲

---

〔註101〕余嘉錫，《世說新語箋疏》，〈仇隙第三十六〉3 條，頁 926～927。
〔註102〕同上書〈仇隙第三十六〉4 條，頁 927。
〔註103〕有關劉隗狀罪之分析請見唐長孺，〈王敦之亂與所謂刻碎之政〉，頁 161～167。
〔註104〕《晉書》卷九十八〈王敦傳〉，頁 2558～2559。
〔註105〕元帝詔曰：「王敦憑恃寵靈，敢肆狂逆，方朕太甲，欲見幽囚。是可忍也，孰

討王敦之前鋒大都督，這當然是逼王導表態，測試其忠誠度。此時的王導必然要通盤考量，權衡利弊得失，再做抉擇。元帝又以太子右衛率周筵行冠軍將軍，統兵三千討沈充，此舉是以南土大姓周、沈互鬥，〔註106〕一可觀其忠誠向背，再則讓南土兩大武力豪宗決一高下。另安排劉隗守金城、周札守石頭、陶侃領江州，心存觀望，猶疑不決的甘卓領荊州。此皆或與王敦不協、或非其陣營者，爲顯示討伐王敦之決心，元帝親披甲徇六師於郊外，頗思一舉解決此一心腹大患。總言之，元帝的態度積極，部署亦算穩當，他希望整頓大族，集權中央，成敗在此一舉，故此不單是王與馬之鬥爭，亦是朝廷與大族之鬥爭，更是皇權能否抬頭之爭，這是元帝的第一道防線。但這些最後均不敵周札開石頭城以迎王敦，周札畢竟出身南土武力豪宗，開石頭城門還是站在維護大族利益上考量。元帝得知石頭城開，脫戎衣，著朝服，顧而言曰：「欲得我處，但當早道，我自還琅邪，何至困百姓如此！」〔註107〕言下之意，王敦既有意居大位，當初何必扶持他坐此座？

　　王敦入石頭，多害忠良、寵樹親戚，雖除異己，卻大失人心。而刁協被殺、戴若思、周顗被害，劉隗率親信二百餘人北奔石勒，元帝至此，徹底潰敗。乃遣使謂王敦曰：「公若不忘本朝，于此息兵，則天下尚可共安也。如其不然，朕當歸於琅邪，以避賢路。」〔註108〕「尚可共安」看似充滿妥協意味，究其實無異城下之盟。而「共安」之說，當然是指共治天下，這也是元帝的第二道防線，但求保持帝位，回復「王與馬共天下」的局面；如若不然，天下讓予王家，或由王家另擇宗室「更議所立」。而「王與馬共天下」本就可能是當初元帝與王家之默契，元帝不得已才又退回到這條線上。換言之，在這場王與馬的鬥爭中，王家與元帝都想超越「王與馬共天下」而向前更進一步，元帝想建立威權，王敦則有問鼎之心，但形勢並非只是單純的馬、王互鬥，其間還摻雜複雜的大族利益在其內。馬、王從當初的合作無間，利益共享到後來貌合神離，時間上已無法還原出到底是司馬睿想要推翻「默契」，此即「王

不可忍也！今親率六軍，以誅大逆，有殺敦者，封五千户侯。」見《晉書》卷九十八〈王敦傳〉，頁2559。
〔註106〕周氏、沈氏均爲吳興郡的武力豪宗，相關問題，請參閱大川富士夫，〈六朝前期の吳興郡の豪族——とくに武康の沈氏をめぐって——〉，收錄於立正大學史學會編，《宗教社會史研究》，昭和五十二年10月，頁528～535。
〔註107〕《晉書》卷九十八〈王敦傳〉，頁2559～2560。
〔註108〕《晉書》卷六〈元帝本紀〉，頁155～156。

與馬共天下」成議在先，還是王敦展現不臣之心在先，很可能是兩者互相激化，最後導致政治互信盡失，引爆出第一次王敦之變。只不過雙方的鬥爭，最後一切又似乎回到了交惡之前的原點，仍舊維持「王與馬共天下」的局面。表面上是王敦佔了上風，但大族支持王敦討劉隗，〔註109〕未必支持王敦居大位，王敦想必明瞭當時情勢。換言之，王家已是一門獨大，成就元帝弱勢的皇帝自要較王家出一個強勢的皇帝，政治成本更低，更有利於大族利益。就結果而言，王與馬誰都沒佔到上風，倒是其他大族在這場鬥爭中成了最大贏家。中央與大族的鬥爭，大族獲得全面勝利，這是南北大族第一次聯手搶奪階級利益，以後他們就愈來愈嫻熟於此道了。

　　東晉一朝自始至終無法自受大族箝制的局面中翻轉過來，其關鍵就在此一決戰，馬敗王勝固然影響歷史，然眞正要緊者，此一交鋒竟決定東晉百年的政治格局，皇權一路爲大族勢力壓迫，終究翻不過身來。而元帝最後欲拱手讓出天下，一則顯示其個性軟弱，遇挫則退。再者，元帝或可能料想王敦尚不孚天下眾望，不敢放恣自取帝位，二者或居其一？然可確定者，元帝即位以來積極整頓大族之心從此完全潰散。

　　王敦起事，雖以討劉隗爲名，但劉隗、刁協所行皆元帝旨意，除了打擊大族外，於天下百姓未必有損，譙王司馬承遣主簿鄧騫說甘卓討王敦時，對劉隗的評語頗爲中肯：

　　　　劉大連雖乘權寵，非有害於天下也。大將軍以其私憾稱兵象魏，雖
　　　　託討亂之名，實失天下之望，此忠臣義士匡救之時也。〔註110〕

王師敗績後，劉隗、刁協俱入侍，元帝流涕嗚咽，執二人之手勸令避禍，後刁協爲人所殺，元帝使人密捕送殺刁協者而誅之，足見元帝對劉、刁護衛之心。王敦之亂平定後，明帝於周顗、戴若思皆有顯贈，但刁協受命出奔，不在贈列。成帝咸康中，其子刁彝上疏訟之，丹楊尹殷融、左光祿大夫蔡謨俱上書勸贈。殷融曰：

　　　　……當（王）敦專逼之時，慶賞威刑專自己出，是以元帝慮深崇本，

〔註109〕士族豪門多數反對劉、刁奉行的「崇上抑下」政策即所謂「刻碎之政」，其中一部分對於王敦舉兵認爲是他們的希望，有的是持默許的態度，在輿論上王敦不可能獲得絕對的優勢，但他獲得必要的支持，特別是在太興四年（321年）發奴、發客之後。詳見唐長孺，〈王敦之亂與所謂刻碎之政〉，頁 166～171。
〔註110〕《晉書》卷七十〈甘卓傳〉，頁 1863。

以（刁）協爲比，事由國計，蓋不爲私。……且中興四佐，位爲朝首，
于時事窮計屈，奉命違寇，非爲逃刑。謂宜顯贈，以明忠義。〔註111〕

當時庾冰輔政，猶疑不決。蔡謨再上書言：

……刁令中興上佐，有死難之名，天下不聞其罪，而見其貶，致令
刁氏稱冤，此乃爲王敦復讎也。……故堯抑元凱而舜舉之，堯不爲
失，舜不爲非，何必前世所廢便不宜改乎？……又聞談者亦多謂宜
贈。凡事不允當，而得眾助者，若以善柔得眾，而刁令粗剛多怨：
若以貴也，刁氏今賤；若以富也，刁氏今貧。人士何故反助寒門而
此言之？足下宜察此意。〔註112〕

於是追贈本官，祭以太牢。前後不過十餘年，刁協一變而爲忠義之臣，朝臣
對於劉、刁看法完全改觀，蔡謨巧妙地以堯、舜之例爲王導和庾冰都找到下
台階，倘若劉、刁眞有大惡，焉能在晉世平反？只是當日南北大族爲己身利
益多袖手觀望，甚至暗助王敦。階級、家族利益於他們而言，遠比皇權及相
關的社會價值更重要。甘卓於此事件中，本居關鍵地位，但其挾兩端，考量
重點全在自己利益，這或許亦反映一部分政治現實。及至甘卓率軍討王敦，
軍次豬口，王敦派甘卓兄子甘印求和，謝卓曰：「君此自是臣節，不相責也。
吾家計急，不得不爾。」〔註113〕一句「吾家計急」，不知所指爲王敦個人抑或
琅邪王氏，但當日王衍以外建「霸業」囑二弟，王敦之思，不知與此有關否？
溫嶠嘗就王敦起事問周顗：「大將軍此舉似有所在，當無濫邪？」〔註114〕周顗
則指出元帝雖然有過失，但討劉隗之事就是爲亂：

人主自非堯舜，何能無失，人臣豈可得舉兵以脅主！共相推戴，未
能數年，一旦如此，豈云非亂乎！處仲剛愎強忍，狼抗無上，其意
寧有限邪！〔註115〕

周顗雖未指王敦預謀篡位，但王敦不臣之心早已彰顯，此爲朝臣俱知的事實。
王家、周家本爲姻親，〔註116〕應對王敦知之甚詳，不過王敦畢竟出身大家族，
行事作風自還帶著幾分優雅，而非一般單純的武夫所堪比擬，他亦深知時人

---

〔註111〕《晉書》卷六十九〈刁協傳〉，頁1843～1845。
〔註112〕《晉書》卷六十九〈刁協傳〉，頁1843～1845。
〔註113〕《晉書》卷七十〈甘卓傳〉，頁1865。
〔註114〕《晉書》卷六十九〈周顗傳〉，頁1852。
〔註115〕同上
〔註116〕周顗弟周嵩，爲王應嫂父也。王應乃王敦之兄王含之子，後過繼給王敦。

觀感，故而感歎：「余不得復爲盛德之事矣。」〔註117〕此亦可說明其矛盾之心理。

王敦入石頭後，自爲丞相、都督中外諸軍事、錄尙書事，內政、軍事大權完全控於己手。刁協徒黨在刁協死後受到清除，〔註118〕所謂劉、刁黨羽可能都是忠於元帝者，其實也是對元帝勢力做了一次大整肅，藉此除去元帝心腹。王敦又大會百官，欲誣太子不孝而廢之，幸賴溫嶠盛讚太子之孝，此事遂寢。〔註119〕後王敦懼後方有事，還屯武昌。未久，元帝崩。有關元帝死因，或謂元帝因王敦之亂，憂憤而卒。〔註120〕《晉書》云：「（永昌元年，322 年）閏月己丑，帝崩于內殿，時年四十七，葬建平陵，廟號中宗。」從記載中看不出死因，死前亦未有任何身體不適之相關記載，有關帝王駕崩，這樣的記錄方式，未免似嫌簡略，著實啓人疑竇，是否另有隱情，礙於史料不足，姑聊記於此以備考。不過，元帝廟號之決定，確有王敦干涉之實。《晉書》卷七十五〈荀崧傳〉云：

> 及帝崩，群臣議廟號，王敦遣使謂曰：「豺狼當路，梓宮未反，祖宗之號，宜別思詳。」（荀）崧議以爲「禮，祖有功，宗有德。」元皇帝天縱聖哲，光啓中興，德澤侔於太戊，功惠邁於漢宣，臣敢依前典，上號曰中宗。」既而與敦書曰：「承以長蛇未翦，別詳祖宗。先帝應天受命，以隆中興；中興之主，寧可隨世數而遷毀！敢率丹直，詢之朝野，上號中宗。卜日有期，不及重請，專輒之愆，所不敢辭。」
> 初，敦待崧甚厚，欲以爲司空，於此銜之而止。〔註121〕

王敦欲貶抑元帝，荀崧卻以中興之主目之，自是令王敦憤恨，後荀崧卒，著作郎虞預與丞相王導書，以荀崧守節，宜加旌表，王導不從，〔註122〕極可能

〔註117〕請參閱余嘉錫，《世說新語箋疏》〈規箴〉12 條，頁 561。

〔註118〕《晉書》卷三十九〈荀勖傳〉云：「尋而王敦討協，協黨與並及於難。」，頁 1158。

〔註119〕（王）敦素以（明）帝神武明略，朝野之所欽信，欲誣以不孝而廢焉。大會百官而問溫嶠曰：「皇太子以何德稱？」聲色俱厲，必欲使有言。嶠對曰：「鈞深致遠，蓋非淺局所量。以禮觀之，可稱爲孝矣。」眾皆以爲信然，敦謀遂止。詳見《晉書》卷六〈明帝紀〉，頁 159。另見《世說新語·方正》32 條。

〔註120〕《資治通鑑》即云元帝憂憤成疾。《魏書》則云元帝迫於王敦，居常憂戚，發病而卒。

〔註121〕《晉書》卷七十五〈荀崧傳〉，頁 1978～1979。

〔註122〕《晉書》卷七十五〈荀崧傳〉，頁 1979～1980。

就是因爲荀崧不附王家之故。王敦本欲一舉達到貶帝、廢太子之目的，然皆
無法如願，自此亦知，當時大族與朝士，雖贊同王敦維護大族階級利益，卻
不願王家一門獨大，故在態度上他們對於王敦討劉隗，多抱觀望或樂觀其成
的態度，但對於王敦的問鼎之心，則持反對的態度，之所以如此，還是與他
們的家族利益、階級利益有關。

## 第三節　第二階段的馬王鬥爭

### 一、明帝概括承受王馬共天下

　　元帝崩後，太子司馬紹即位，是爲明帝。明帝有文才，亦頗習武事，善
於撫眾、延攬人心，自太子時便遠近屬心。初即位，並不能扭轉王與馬之間
的劣勢，但明帝卻暗中部署，繼續與王敦展開鬥爭。

　　王敦有異志，諷明帝徵己，明帝乃手詔請王敦入輔朝政：

> 孤子紹頓首。天下事大，紹以眇身，弗克負荷，哀憂孔疚，如臨于
> 谷，實賴冢宰，以濟艱難。公邁德樹勳，退遁歸懷，任社稷之託，
> 居總己之統，然道里長遠，江川阻深，動有介石之機，而回旋之間，
> 固以有所喪矣。謂公宜入輔朝政，得旦夕誨諮，朝士亦僉以爲然。
> 以公高亮忠肅，至心憂國，苟其宜然，便當以至公處之，期於靜國
> 寧民，要之括囊無咎。伏想闇同此志，願便速剋近期，以副翹企之
> 懷。〔註123〕

明帝卑辭若此，非其無能，實緣於主弱臣強，故委屈以待時機除王敦也。王
夫之認爲倘使明帝疑畏憂戚不欲徵王敦，而待王敦之黨相迫，則王敦之橫逞
矣！卻不意明帝坦然手詔徵之，若人主徵大臣之故事，無所疑畏，則王敦反
而心折而不敢入也。〔註124〕王敦既得志，驕橫益甚，不但四方貢獻多入大將
軍府，將相嶽牧亦悉出其門，財政、人事俱入其手。爲監控朝廷，每月中外
兵數皆得報之於敦，又使明帝宿衛之兵三番休二，此於人主安全，三分去其
二，亦可謂難堪矣。明帝甫即位，面對既成之「王與馬共天下」的形勢，只
得概括承受，甚者，王敦還對明帝及朝廷施行全面監控。又因王敦之變後，
王敦總攬軍、政大權，明帝即位之初的政治局勢，實較元帝在位時險峻得多。

---

〔註123〕《魏書》卷九十六〈僭晉司馬叡傳〉，頁2095。
〔註124〕請參閱王夫之，《讀通鑑論》卷十三〈明帝〉，頁401。

此外，王敦更以王家子弟出鎮要州，其兄王含爲征東將軍、都督揚州江西諸軍事，從弟王舒爲荊州刺史、王彬爲江州刺史、王邃爲徐州刺史。沿江上、中、下游重要州郡皆由王家掌控，不但中央朝權控於己手，地方權力亦緊緊在握。史載王敦又以錢鳳、沈充爲謀主，放任屬下殺戮異己、侵人田宅，致士庶解體。

後王敦病甚，圖謀益急，更矯詔以養子王應爲武衛將軍，王含爲驃騎將軍，欲有所安排，錢鳳問其身後處置，王敦曰：

> 非常之事，豈常人所能！且（王）應年少，安可當大事。我死之後，莫若解眾放兵，歸身朝廷，保全門戶，此計之上也。退還武昌，收兵自守，貢獻不廢，亦中計也。及吾尚存，悉眾而下，萬一僥倖，計之下也。〔註125〕

王敦此言，實有深意，保全門戶終究是上策，時人重視家族，凡事以保家爲念，於此可見一斑；退還武昌，畫地自守，實同割據，雖可以和朝廷分庭抗禮，畢竟無法領有南方全域，故爲中策；悉眾而下，兵戎相見，勝負難卜，若贏，則王家開國移鼎，若敗，則家毀人亡，代價太大，實乃下策。且若欲行下策，前提是要王敦尚存，換言之，王敦對於其他家族成員的能力或向背是有所遲疑的，但錢鳳卻以下計爲上策，與沈充定謀作難。

而錢鳳乃更進一步設辭說服王敦翦除障礙，：

> 夫有國者患於強逼，自古釁難恒必由之。今江東之豪莫強周、沈，公萬世之後，二族必不靜。周強而多俊才，宜先爲之所，後嗣可安，國家可保耳。〔註126〕

王敦忌憚周家是事實，但促使王敦殺周氏的關鍵在於「後嗣可安，國家可保。」其實，錢氏亦是江東武力豪宗，「滅周」除了個人私怨，〔註127〕也想重整江東武大姓之序位，拉沈滅周。王敦以其私心，遂滅周氏，〔註128〕又殺明帝親信常從督公乘雄、冉曾，欲孤立明帝。

雖然形勢不利，明帝爲掌握王敦虛實，明帝還曾親探姑孰敦營。〔註129〕

---

〔註125〕《晉書》卷九十八〈王敦傳〉，頁 2560～2561。
〔註126〕《晉書》卷五十八〈周處傳〉，頁 1575。
〔註127〕錢鳳以周札發私兵平錢璯之亂，與周札結怨。
〔註128〕周家被殺者包括周莚、周脫、周弘、周札，及周札兄弟子等。
〔註129〕明帝乘巴滇駿馬微行，至于湖，陰察敦營壘而出。有軍士疑帝非常人。又敦正晝寢，夢日環其城，驚起曰：「此必黃鬚鮮卑奴來也。」帝母荀氏，燕代人，

這顯示明帝雄武、膽識過人，再者明帝親信已爲王敦所除，此事攸關江山，寧可親身涉險，一則以免托付非人；一則以常情推之，當時宮中必充斥王敦密探，此舉至少可免消息走漏。及至知敦病篤，明帝乃主動出擊，先是訛言王敦已死，王導亦配合率子弟發哀，〔註130〕眾人謂王敦已死，咸有奮志。明帝又下詔數敦罪狀，爲安撫大族，詔書中對王敦第一次發兵還持肯定的態度，〔註131〕並懸賞殺送錢鳳首級者，同時釋出寬惠，赦宥王敦黨羽，以免彼等繼續爲王敦所用：

> 冠軍將軍鄧嶽志氣平厚，識經邪正；前將軍周撫質性詳簡，義誠素著；功臣之胄，情義兼常，往年從敦，情節不展，畏逼首領，不得相違，論其乃心，無貳王室，朕嘉其誠，方任之以事。其餘文武，諸爲敦所授用者，一無所問，刺史二千石不得輒離所職。書至奉承，自求多福，無或猜嫌，以取誅滅。敦之將士，從敦彌年，怨曠日久，或父母隕，或妻子喪亡，不得奔赴，銜哀從役，朕甚愍之，希不悽愴。其單丁在軍無有兼重者，皆遣歸家，終身不調，其餘皆與假三年，休訖還臺，當與宿衛同例三番。明承詔書，朕不負信。〔註132〕

明帝的詔書讓王敦授用，卻有意脫離之人無後顧之憂，並對王敦軍士喊話，或者終身不調，或者予假三年，利誘常年戍鎮之軍士。又暗遣沈充鄉人沈禎諭充，許諾以沈充爲司空，以誘其棄敦，沈充不納。明帝先在可能的範圍內瓦解王敦勢力，使諸人不爲王敦所用，接著便宣布軍事部署。

## 二、明帝翻轉劣勢

明帝首先加王導爲大都督、假節，領揚州刺史。王導雖與王敦爲從兄弟，但在南北大族中的影響力舉足輕重，寧可委以重任優崇之，不應逼其轉助王

---

帝狀類外氏，鬚黃，敦故謂帝云。於是使五騎物色追帝。帝亦馳去，馬有遺糞，輒以水灌之。見逆旅賣食嫗，以七寶鞭與之，曰：「後有騎來，可以此示也。」俄而追者至，問嫗。嫗曰：「去已遠矣。」因以鞭示之。五騎傳玩，稽留遂久。又見馬糞冷，以爲信遠而止不追。帝僅而獲免。見《晉書》卷六〈明帝本紀〉，頁161；另見《世說新語、假譎第二十七》6條，頁853～854。

〔註130〕王敦第二次起兵後王導還與王含有書信往來，對於王敦生死必然知悉，故此舉應是配合明帝，以示與朝廷站在一邊。

〔註131〕明帝詔曰：「……刁協、劉隗立廟不允，（王）敦抗義致討，情希嚮奉，兵雖犯順，猶嘉乃誠，禮秩優崇，人臣無貳。……」見《晉書》卷九十八〈王敦傳〉，頁2561。

〔註132〕《晉書》卷九十八〈王敦傳〉，頁2562～2563。

敦，此亦再一次逼王導表態。其他被徵調部署者包括溫嶠、卞敦、應詹、郗
鑒、庾亮、卞壼、王邃、祖約、劉遐、蘇峻、陶瞻等，又遷鄧攸為會稽太守。
此時王敦病篤，已無力御軍，乃使錢鳳、鄧嶽、周撫等率眾三萬向京師，以
誅溫嶠姦臣為名發兵。王敦之兄王含謂敦曰：「此家事，吾便當行。」〔註133〕
一句「家事」道盡兄弟二人有志一同，遂以王含為元帥。錢鳳又問王敦：「事
克之日，天子云何？」王敦曰：「尚未南郊，何得稱天子！便盡卿兵勢，保護
東海王及裴妃而已。」〔註134〕王敦雖病篤，但他明白，即便此役得勝，未必
就能居大位，換言之，王家要走的路線終究是禪代而非打天下，換掉一個明
帝，必得還有一過渡之司馬氏的皇帝，王敦心中，或許認為東海王司馬沖是
絕佳人選，〔註135〕只是隨著王含軍敗，一切的盤算都被打亂，王敦聞軍敗，
怒曰：「我兄老婢耳，門戶衰矣！兄弟才兼文武者，世將、處季皆早死，今世
事去矣。」〔註136〕王敦此時嘆的並非君位，亦非族支，而是整個王家門戶。
足見其一心遂行者是攸關家族的大事業，圖謀不成，影響鉅大者，則是門戶
凋落。錢鳳等至京師亦屢遭敗績，王敦自知不久人世，便謂羊鑒及王應曰：「我
死後，（王）應便即位，先立朝廷百官，然後乃營葬事。」〔註137〕事已至此，
王敦已無法按原計畫禪代司馬家天下，只好硬搶，以王應即帝位，立百官，
形成兩個權力和政治中心，或可藉勢一博。但這一切都不及實現，在錢鳳、
沈充相繼被殺後，王含、王應父子只得匆忙出奔，結果為王舒沈於江中。《世
說新語、識鑒》云：

> 王大將軍既亡，王應欲投世儒，世儒為江州。王含欲投王舒，舒為
> 荊州。含語應曰：「大將軍平素與江州云何？而汝欲歸之。」應曰：
> 「此迺所以宜往也。江州當人彊盛時，能抗同異，此非常人所行。
> 及觀衰危，必興愍惻。荊州守文，豈能作意表行事？」含不從，遂
> 共投舒。舒果沈含父子於江。（王）彬聞應當來，密具船以待之，竟
> 不得來，深以為恨。〔註138〕

---

〔註133〕《晉書》卷九十八〈王敦傳〉，頁 2563。
〔註134〕同上。
〔註135〕司馬沖與明帝司馬紹是兄弟，田餘慶認為將明帝換成司馬沖，是轉移政權至
　　　　己手的一種手段。請參閱田餘慶，《東晉門閥政治》，頁 21～22。
〔註136〕《晉書》卷九十八〈王敦傳〉，頁 2565。
〔註137〕《晉書》卷九十八〈王敦傳〉，頁 2565。。
〔註138〕余嘉錫，《世說新語箋疏》〈識鑒〉第七 15 條，頁 398。

劉孝標注曰:「含之投舒,舒遣軍逆之,含父子赴水死。昔酈寄賣友見譏,況販兄弟以求安,舒非人矣!」〔註139〕王舒做法既違人性,又逆人倫,但對王家而言,卻不失爲一斷尾求生之法,王導發喪又何嘗不然,都是要與王敦一支劃清界線,以免受其牽累,只不過,王舒更爲徹底,爲求保家,不惜沈殺從兄、從姪以自全,時人保家之念竟至弒兄滅姪,絕情至此!

王敦死後,明帝大赦,惟王敦黨羽不在赦列。又封司徒王導爲始興郡公,邑三千戶,賜絹九千匹。王導以討王敦功受封賞,情實難堪。明帝封賞王導,若言出於互信恐怕有待商榷,宣傳與安撫的可能性較大。其他如溫嶠、卞壼、庾亮、劉遐、蘇峻、郗鑒、應詹、趙胤、卞敦及一干有功者封賞各有差。明帝爲安定內政,尋又詔王敦群從一無所問,蓋王敦之亂,牽連甚廣,南北大族子弟爲敦掾屬者甚眾,爲免動搖國本,不得不加以原宥。觀元帝及明帝於兩次王敦亂後,礙於政情及內部安定,對於王敦黨羽均採寬縱或赦宥的做法,較諸歷史上其他朝代屬於特例,這當然是受到外部環境和政情的影響所致,但如此的寬惠對有心造亂者不具警惕作用,反有變相鼓勵之嫌,這或許與東晉日後屢有亂事有些關聯。

王敦歷官中朝,威風夙著,光佐中興,功實隆重。王、馬既有「王與馬共天下」之默契,王家又盡力扶持,何以在元帝尚未稱帝之前,王敦便顯彰其不臣之心呢?《晉書‧忠義傳》記載樂道融勸甘卓討王敦的一段話或可略窺端倪:

> (樂)道融雖爲(王)敦佐,忿其逆節,因說(甘)卓曰:「主上躬統萬機,非專任劉隗。今慮七國之禍,故割湘州以削諸侯,而王氏擅權日久,卒見分政,便謂被奪耳。」〔註140〕

王、馬之默契本爲「祭則司馬,政由王氏」,及至司馬睿基礎稍爲穩固後,欲收回政權,遂與王家展開爭權,王家與元帝爭權分成內、外兩部分,一爲外鎮,元帝將湘州給譙王承,分王敦之軍權;二爲內政,以劉隗、刁協等分王導之權,「王氏擅權日久」絕非單指王敦,王導當然也在其內,故王敦之變真正的原因是「分政」,前已述及,元帝開始有反制王家動作之時,也是王敦提出「更議所立」之時,王、馬之鬥爭早在元帝正式稱帝前即已展開,一旦司馬睿想要強化王權,王敦當然也就不必再客氣了。只是,王家之經營究竟還

〔註139〕同上。
〔註140〕《晉書》卷八十九〈樂道融傳〉,頁2315。

無法全面收攬人心，王敦第一次舉事時打著維護大族利益的口號，並未遭到阻力，但王敦入石頭城後之作為，大失人心，又重用錢鳳、沈充等南人，難以服眾。王敦參軍熊甫就曾勸敦：「開國承家，小人勿用，佞倖在位，鮮不敗業。」〔註141〕熊甫所謂的小人即指錢鳳，魏斌即認為王敦的第二次叛變是三吳武力豪宗對司馬氏政權的反抗之繼續。〔註142〕王敦第二次舉事，因無舉兵之口實，遠不如前次舉兵，內外形勢全然在握，況敦以病危而舉事，死則崩盤亦意料中事。

綜觀王與馬第一階段之鬥爭，王敦因將家族利益與大族利益綁在一起，起兵結果是略居上風，但第二階段與明帝之鬥爭，起兵缺乏正當性，最後以身死懸首收場。這兩次王敦之變直接衝擊「王與馬共天下」之默契，王馬尖銳化的鬥爭，在王敦之變結束後，暫告一段落，除了王敦這一支脈，王家算是全身而退。王敦之死，使得王、馬鬥爭中司馬氏扭轉劣勢而居於上風；但東晉皇權與門閥間的權爭問題並未因王敦之死而稍歇，相反地，王敦之死，讓原本王、馬鬥爭的局面一變而為新型態的權力鬥爭，明帝又要再起迎戰，東晉第一階段的政治推移結束，開始進入第二階段更複雜的政治互動與互鬥。

# 第四節　小　結

「王與馬共天下」這種政治模式，自始即隱藏著皇權與權臣家族不可避免之政治鬥爭。馬、王初至江南，因環境使然，非合作不足以成事。司馬睿初始自信不足，仗王家得以成事，但王氏功高震主，司馬睿不免猜忌防範，其採行申、韓之術，重用腹心，以打擊大族與王家，在在均企圖搶回政治主導權。這種積極圖謀的轉變，給「王與馬共天下」帶來變數。王敦察覺司馬睿之意向，一則主張「更議所立」，一面漸生不臣之心。馬王彼此的猜忌，更加激化對立。

元帝登基後，為掙脫王家掌控和打擊大族，除用人、行政與王家立異，在軍事上亦另有部署以為防禦，以致與王家之鬥爭進入白熱化。王敦遂以討劉隗、刁協為名，稱兵犯闕，周札開石頭城門迎敵，朝廷軍敗。此役不僅是元帝與王家鬥爭之失利，亦決定東晉政局無法自受大族箝制之局面中扭轉過

---

〔註141〕《晉書》卷九十八〈王敦傳〉，頁 2567。
〔註142〕參閱魏斌，〈王敦三考〉，頁 41～42。

來，造就東晉一朝的門閥政治。

　　元帝駕崩後，明帝即位，繼續與王家展開第二階段之鬥爭。明帝放低身段，曲意迎合王敦，暗中則積極部署。王敦第二次發兵，因無口實，又失人心，導致兵敗。王敦兩次造亂，性質上並不一致，第一次王敦之亂因將王家利益與大族利益綁在一起，得到南北大族之默許或支持，故得以成事。第二次則缺乏正當理由，因而得不到廣泛支持，終致失敗。

　　「王與馬共天下」突顯出大族與皇帝共治天下，權力從何而出以及共治的限度問題。東晉開國，外患來自北方，敵我之勢是南、北對峙；而王敦兩次犯闕，則呈現出東晉內部軍權分立，以及東、西對峙的隱憂。

　　馬、王從合作無間至貌合神離，在王敦之變後「共天下」的局面形同瓦解，但司馬氏受制於門閥政治，無力也無意徹底剪除王家勢力。馬、王之互動模式，非僅牽動日後的政治生態與勢力整合而已。

# 第四章　王與馬共天下瓦解

　　「王與馬共天下」的現實狀況中，王家的代表人物除了王敦，尚有王導，其中王導對於東晉政權的建立更具關鍵性影響。王導在兩次王敦之變中並未與王敦合流，反而選擇站在朝廷的一方，因此不論元帝或明帝在處理與王家之關係時，必須將王敦與王導分割處理。而王導處在皇帝、家族與朝廷之間，處境格外微妙，一言一行均攸關王、馬鬥爭成敗，實有仔細剖析之必要。明帝即位之初，無力扭轉「王與馬共天下」之局面，但在敉平王敦二次之亂後，從明帝對王家的處置，可以看出他對王導雖然依舊禮敬，但「王與馬共天下」的默契則已徹底瓦解。本章就是將王導在兩次王敦之變中的角色和明帝對王與馬共天下的態度做一呈現。

## 第一節　王導在王敦之變中的角色

### 一、王導施政以利益為導向

　　陳寅恪在〈述東晉王導之功業〉文末，為王導之功做下結論：「王導之籠絡江東士族，統一內部，結合南人北人兩種實力，以抵抗外侮，民族因得以獨立，文化因得以續延。」〔註1〕陳寅恪精闢論證，充分呈現受制於地方勢力的偏安政權開展之不易，唯未討論「王與馬共天下」之於東晉一朝的影響。王導深刻認識時勢，憑藉其高超之領導統御技巧、柔軟之身段，確能凝聚眾人對新朝之向心力，當亦有助於「王與馬共天下」的默契。《世說新語・政事》

---

〔註1〕陳寅恪，〈述東晉王導之功業〉，收錄於《陳寅恪集・金明館叢稿初編》，頁77。

有一則記事，正可以看出王導之政治與辭令長才。

> 王丞相拜揚州，賓客數百人並加霑接，人人有説色。唯有臨海一客
> 姓任及數胡人爲未洽，公因便還到過任邊云：「君出，臨海便無復人。」
> 任大喜説。因過胡人前彈指云：「蘭闍，蘭闍。」群胡同笑，四坐並
> 懽。〔註2〕

《朱子語類》曰：「王導爲相，只周旋人過一生。」〔註3〕若無王導賣力的周
旋，晉初情勢實難開展。面對素有心結之南土大族，王導亦不以威權壓制江
東大族，而代之以維護權益、請婚、〔註4〕學吳語〔註5〕等，又盡力安輯北方
流亡，平復心情，促進南北之融合，避免因內鬥產生過多之內耗，以開展南
方政權之新局。王導被人稱爲「江左夷吾」並非浪得虛名，但在這些功業背
後，卻有一些脈絡顯示仍有諸多問題有待釐清與探討。

司馬睿和王導南下之初，司馬睿倚仗王家，對王導言聽計從，王導深諳
孫吳政權特性和西晉建國歷程，故其主政，寬縱大族，威網鬆簡，拉攏南士，
籠絡人心，這些政策，皆由王導負責執行，不但爲司馬睿成功地打下政權基
礎，也爲王家蓄積豐沛的政治資本，更型塑東晉的政治模式。東晉政權的開
展，內政上最大的隱憂就是南人、北人對立問題，王導雖無法將此問題徹底
解決，但他將個人利益和家族利益與政治利益結合，利用主政的優勢，巧妙
地將地域對立的主軸轉化爲以大族階級利益爲主軸的施政考量。換言之，王
導的寬縱大族政策，將原本最突顯的南北對立問題，轉化成次要問題，爲維
護大族利益，南、北大族常聯手出擊，當損及他們利益之時，爲維護共同之
階級利益，他們會合力防堵其他階級瓜分或侵犯其階級利益。王導因爲出身
與彼輩相同，所以與他們休戚與共，他既是中央政策之主導者，亦爲大族利
益之維護者與代表人，故南、北大族對其皆表支持，而王導亦悉心維護他們
的利益。司馬睿稱帝前如此，司馬睿稱帝後仍是如此。

---

〔註2〕 余嘉錫，《世說新語箋疏》，頁175～176。

〔註3〕 宋·黎靖德編，《朱子語類》，臺北：文津出版社，民國75年12月，卷一百
三十六〈歷代三〉，頁3241。

〔註4〕 《世說新語·方正》24條：「王丞相初在江左，欲結援吳人，請婚陸太尉。對
曰：「培塿無松柏，薰蕕不同器。玩雖不才，義不爲亂之始。」請參閱余嘉錫，
《世說新語校箋》，頁305～306。

〔註5〕 《世說新語·方正》13條：「劉眞長始見王丞相，時盛暑之月，丞相以腹熨彈
棊局，曰：「何乃淘？」劉既出，人問：「見王公云何？」劉曰：「未見他異，
唯聞作吳語耳！」見余嘉錫，《世說新語箋疏》，頁792。

前已述及王導雖曾短暫地執行過司馬睿期望的察察之政，但一經顧和提醒，很快地又走回老路子上，直至成帝時，王導仍不改寬縱本色。《世說新語・政事》云：

> 丞相末年，略不復省事，正封籙諾之。自歎曰：「人言我憒憒，後人當思此憒憒。」〔註6〕

王導所謂「憒憒」，指的就是寬縱，這是時人對他的批評，他也以此自解。王導除在政策上寬縱大族，在用人方面也多以門地為考量。《晉書・王湛附王述傳》云：

> （王）述字懷祖。少孤，事母以孝聞。安貧守約，不求聞達。性沈靜，每坐客馳辨，異端競起，而述處之恬如也。少襲父爵。年三十，尚未知名，人或謂之癡。司徒王導以門地辟為中兵屬。既見，無他言，惟問以江東米價。述但張目不答。導曰：「王掾不癡，人何言癡也？」嘗見導每發言，一坐莫不贊美，述正色曰：「人非堯舜，何得每事盡善！」導改容謝之。〔註7〕

《世說新語・棲逸》4條曰：

> 李廞是茂曾第五子，清貞有遠操，而少羸病，不肯婚宦。居在臨海，住兄侍中墓下。既有高名，王丞相欲招禮之，故辟為府掾。廞得牋命，笑曰：「茂弘乃復以一爵假人！」〔註8〕

劉孝標注引《文字志》曰：

> （李）廞好學，善草隸，與兄式齊名。躄疾不能行坐，常仰臥，彈琴、讀誦不輟。河間王辟太尉掾，以疾不赴。後避難，隨兄南渡，司徒王導辟之。廞曰：『茂弘乃復以一爵加人！』〔註9〕

王導協贊中興，徵辟掾屬，不以才幹，但以門第為慮，一則是因門閥社會已然成型，此固客觀環境使然，另方面也是藉主從隸屬關係鞏固自身與世家大族的關係，廣闊人脈，累積王家政治資本，所以常在關鍵位置上強力推薦自己人，掌控重要職位。

元帝太興二年（319 年），泰山太守徐龕反叛，歸降石勒，王導因羊鑒為

---

〔註6〕余嘉錫，《世說新語箋疏》〈政事第三〉15 條，頁 178。
〔註7〕《晉書》卷七十五〈王湛附王述傳〉，頁 1961。
〔註8〕余嘉錫，《世說新語箋疏》〈棲逸第十八〉4 條，頁 653。
〔註9〕同上。

徐龕州里冠族，遂薦羊鑒爲征討都督。羊鑒自謂才非將帥，郗鑒亦上表言羊鑒非才，王導卻執意舉薦，後羊鑒果敗，有司奏請處死，因是太妃外屬，特免死。王導之所以強力推薦羊鑒爲征討都督，實因羊鑒爲王敦之舅，與王家素相親黨，王家欲使親黨遍居要職，尤其是武職與外鎮，以爲奧援。不惟王導，王敦也是相同做法。王家挾其政治資源與司馬睿的特殊關係，南渡之後成爲獨領風騷的政治家族，其他家族縱有心於此亦難望王家項背。王家的聲勢主要操控在王敦和王導的手上，王敦於外總征討；王導居內專機政。權傾內外的王家，給予司馬睿太大的威脅感，魏書曰：「王敦宗族擅勢，權重於叡，迭爲上下，了無君臣之分。」〔註10〕此固爲敵國書法，某種程度上還是可做爲參考。宗族擅勢當然不止王敦一人，王導權重，實逾於司馬睿。王導與王敦一內一外，司馬睿雖爲皇帝實同傀儡，若欲有所作爲，或收權於己，必須起而反制王家並與之鬥爭。司馬睿所以重用劉隗、刁協等人，就是要劉、刁等人爲其打擊王家與門閥。此舉引起王敦之反感，認爲司馬睿破壞「王與馬共天下」之默契，遂有不臣之心，最後卻以敗亡收場。而在馬、王鬥爭的過程中，與王敦關係密切，當初也參與家族南下密謀的核心分子王導，他的意向與所扮演的角色實有再探察之必要。

元帝建武元年（317年），司馬睿稱晉王，有司請立太子，司馬睿愛次子宣城公司馬裒，欲立之，王導諫當立長，司馬紹之太子地位乃定。有關此事，《世說新語‧方正》有一段不同之記載：

> 元皇帝既登阼，以鄭后之寵，欲舍明帝而立簡文。時議者咸謂：「舍長立少，既於理非倫，且明帝以聰亮英斷，益宜爲儲副。」周、王諸公，並苦爭懇切。唯刁玄亮獨欲奉少主，以阿帝旨。元帝便欲施行，慮諸公不奉詔。於是先喚周侯、丞相入，然後欲出詔付刁。周、王既入，始至階頭，帝逆遣傳，過使就東廂。周侯未悟，即卻略下階。丞相披撥傳詔，逕至御牀前曰：「不審陛下，何以見臣。」帝默然無言，乃探懷中黃紙詔裂擲之。由此皇儲始定。周侯方慨然愧歎曰：「我常自言勝茂弘，今始知不如也！」〔註11〕

按劉孝標所引《中興書》之記載同於《晉書》：元帝欲於司馬紹與司馬裒中擇一爲太子。故余嘉錫箋疏引李慈銘語云：

---

〔註10〕《魏書》卷九十六〈僭晉司馬叡傳〉，頁2093。
〔註11〕余嘉錫，《世說新語校箋》〈方正第五〉23條，頁304～305。

案簡文崩時年五十三。當元帝之崩，未三歲耳。是年三月（周）顗
即被害。果有此言，又當在前。兒甫墮地，便欲廢立，揆之理勢，
斷爲虛誣。〔註12〕

然劉義慶爲南朝宋人，距東晉未遠，所記當有所本，《世說》所載顯得特別耐人
尋味，這其中有兩種可能，一爲劉義慶記錄錯謬，誤將敬后和司馬裒植爲鄭后
和簡文帝；另一可能則爲元帝欲易太子之事不止一次，前有司馬裒，後有簡文
帝。若爲後者，今日所見其他相關資料中均不見此記載，若爲前者，則《世說》
所呈現的實非一單純立太子之事。劉義慶雖誤植太子與其母，但不可能連內容
都全爲虛妄，相反地，他所記錄的內容必然反映相當程度的實情。就《世說》
內容觀之，元帝欲改立太子，僅有刁協支持，而與周顗、王導等人的意見相左，
這顯然是一場大臣或者大族與皇帝間的政治角力，元帝在意諸公或不奉詔，還
使些手段，但最後在王導強行入見後，元帝默然，並裂擲懷中黃紙詔，司馬紹
的太子地位乃定。王導的理直氣壯與元帝的失望以及周顗對王導的讚譽，讀來
令人充滿疑惑，劉孝標云《中興書》與《世說》互異：「然法盛采摭典故，以何
爲實？且從容調諫，理或可安。豈有登階一言，曾無奇說，便爲之改計乎？」
〔註13〕正因爲如此，其中似乎隱約可見政治鬥爭的痕跡，至少王導有左右太子
人選之力。從選擇皇位繼承人去影響、控制權力中心是比廢黜和更換皇帝風險
來得小的做法，過往權臣常採此法。〔註14〕此時元帝尚未正式即帝位，但在王
家一連串欲「更議所立」、「立太子以長」的事件後，司馬睿爲緩和與王家間之
摩擦，除仍以王敦爲征南大將軍，開府如故外，又進一步拜其爲侍中、大將軍、
江州牧。王導則拜右將軍、揚州刺史、監江南諸軍事，遷驃騎將軍，加散騎常
侍、都督中外諸軍事、領中書監、錄尚書事、假節、刺史如故。其中茲可注意
者爲「都督中外諸軍事」與「錄尚書事」二職。

　　都督中外諸軍事一職創於曹魏，曹丕篡漢後爲能有效掌控軍、政大權，
廢除丞相，以尚書、中書兩省長官爲其助手，以便親理軍政要務。若遇有
戰事，則臨時以親信或宗室重臣加大將軍或都督中外諸軍事負責指揮調
度，〔註15〕其中都督中外諸軍事可總統內外諸軍，爲國家實際最高軍事統

〔註12〕余嘉錫，《世說新語校箋》〈方正第五〉23條，頁304～305。
〔註13〕同上書，頁305。
〔註14〕參見陳長琦，《兩晉南朝政治史稿》，頁130～133。
〔註15〕魏文帝黃初三年（222年），首次命大將軍曹眞都督中外諸軍事，見《晉書》
　　　　卷二十四〈職官志〉，頁729。

帥。中軍是駐於京師的軍隊，負有宿衛、征戰等職責，而外軍駐於京師以外，由都督領兵，〔註16〕是鎮戍地方之中央軍，負有保安、受調出征等責任。都督中外諸軍事因為權重，故均任命位高且值得信賴者居之，且非常置。此都督中外諸軍事一職亦為兩晉南北朝所因襲，因為可直接節制全國軍隊，操控軍權，若非必要，實無將重權集於個人之理，又所用非人，則無異引狼入室，所以除審慎擇人外，並不常置此職。《晉書》曰：「江左以來，都督中外尤重，唯王導等權重者乃居之。」〔註17〕顯示司馬睿欲尊崇王導，故畀以此一重職，而王導亦為西晉以來宗室以外擔任此職的第一人。

而「錄尚書事」一職，始於後漢章帝時，《晉書・職官志》云：

> 後漢章帝以太傅趙憙、太尉牟融並錄尚書事。尚書有錄名，蓋自憙、融始，亦西京領尚書之任，猶唐虞大麓之職也。和帝時，太尉鄧彪為太傅，錄尚書事，位上公，在三公上，漢制遂以為常，每少帝立則置太傅錄尚書事，猶古冢宰總己之義，薨輒罷之。自魏晉以後，亦公卿權重者為之。〔註18〕

東晉尚書事多設分錄，以分事權，王導則居總錄。《宋書・百官志》云：

> 錄尚書職無不總，王肅注《尚書》「納于大麓」曰：『堯納舜於尊顯之官，使大錄萬機之政也。』凡重號將軍刺史，皆得命曹授用，唯不得施除及加節。」宋世祖孝建中，不欲威權外假，省錄。」〔註19〕

錄尚書事之設本易造成威權外假，觀王導之職，包括參謀、顧問系統和施政系統的首長，亦即包攬決策權和施政權。〔註20〕又身兼內政、軍事最重要職務，尊榮與實權集於一身。王導為免樹大招風，固辭中外都督，卻以王敦統江、揚、荊、湘、交、廣六州諸軍事，變相地將自己的軍事大權交至王敦手中。王夫之謂王敦之禍的禍源乃使王敦督江、湘軍事，其責正在王導。王夫之曰：

---

〔註16〕 魏、晉、南朝的地方行政，州郡縣之上還有都督區，而州刺史的地方官化與都督制度的形成都是此時代之特點，東晉以下，刺史位任頗輕，加都督，乃為重任。請參閱嚴耕望，《中國地方行政制度史（卷中魏晉南北朝地方行政制度）》，臺北：中央研究院歷史語言研究所專刊之四十五B，1990年，頁1～2。

〔註17〕 《晉書》卷二十四〈職官志〉，頁729～730。

〔註18〕 《晉書》卷二十四〈職官志〉，頁729～730。

〔註19〕 《宋書》卷三十九〈百官志〉，頁1234～1235。

〔註20〕 有關參謀、顧問系統和施政系統的問題，請參閱陳長崎，《兩晉南朝政治史稿》，頁99～107。

> 當其時，紀瞻、卞壼、陶侃、郗鑒之儔，林立於江左，而以上流兵
> 柄授之於王敦，導豈有不逞之謀哉？恤其宗族，而不欲抑之焉耳。
> 〔註21〕

王夫之認爲王導因與王敦爲宗親，不忍壓抑他，方授以兵柄，不過王夫之還
是下了一句疑似之辭，「導豈有不逞之謀哉？」王導以自己都督中外諸軍事換
王敦督六州軍事，看似以大換小，實際卻是以虛換實，加諸在王導身上的都
督中外諸軍事只是一尊崇之虛銜，因爲王導向以內政爲主，於軍事之掌握有
限，而王敦則不然，以王敦督六州軍事，實際上是讓軍事大權也成王家囊中
物，雖然並不能因此認定王導有異心，但對於維護家族、掌握朝中大權，王
導和王敦確是有志一同的。王導讓王敦統六州諸軍事，他二人一主內政，一
控軍事，既是分進亦爲合擊，是主控政權也是分擔風險之做法。元帝即位前，
已重用劉隗、刁協等人，展開與王家之鬥爭，但卻在登基時拉王導升御床，
這個舉動，一則是對王家翼戴與扶持之功表示感謝，另一方面，也是藉此測
試王導的忠誠度。元帝即位後，專委劉、刁執行政策，因而元帝與王家之鬥
爭，表面上一轉而爲劉、刁與王家之鬥爭，劉、刁遂深爲王家所忌疾。此時
王導雖仍位高權重，但已距權力核心有段距離，王敦乃爲王導抱不平，上疏
元帝：陳導善於斟酌，尤能忍事，是治國良佐。王導、王敦實際上是互相拉
抬，彼此扶持。王導見疏也是門閥見疏於皇帝，難免會引起其他大族的不安，
紛紛上疏爲導陳述，元帝礙於形勢，雖仍尊崇王導，實際則深忌憚之。

## 二、王導幾個可議之處

### （一）未勸誡王敦

　　劉隗則以王敦威勢太大，勸元帝出腹心鎮方隅，以備王敦。元帝乃以譙
王承爲湘州、用劉隗、戴若思爲都督，無異發出不惜與王敦決裂的訊息，元
帝與王家之關係陷入空前緊張狀態。太興四年（321 年）九月，祖逖卒，朝
廷頓失牽制王敦最有力之支柱，三個月後（永昌元年正月，322 年），王敦
遂以討劉隗爲名，稱兵內向，劉隗建議盡除王家諸人，事爲王導所悉，王導
深知此舉極可能使王氏滅族，遂採與王敦脫鈎，以保家族之做法。此策進可
攻，退可守，倘使王敦失利，可劃清界線，不致受累；若王敦得勢，亦不會
因保家之做法責其無情，必可雨露均霑，共榮家族。王導遂每旦率群從昆弟

---

〔註21〕王夫之，《讀通鑑論》卷十三〈東晉元帝〉，頁 400。

子姪二十餘人詣臺待罪,並謂:「逆臣賊子,何世無之,豈意今者近出臣族!」〔註22〕元帝未審此為無情之政治鬥爭,無法對王家下重手,反而重申託「百里之命」於王導,更下詔:「(王)導以大義滅親,可以吾為安東時節假之。」〔註23〕元帝或許對王導無法全心信賴,遂以自己當年鎮揚州領安東將軍時節給王導,頗有重申舊好之意,是安撫王導亦為安定人心之做法。王敦對劉隗盡除王家之議,曾責怪王導「不從吾言,幾致覆族」,意謂當初王導反對王敦「更議所立」,以致今日。從今日所見諸史料中,屢見王敦家族成員因不支持他進行大業,動輒見殺或受脅,唯不見王敦責讓王導於稱兵之際與其相左,此事頗值深思,蓋王導乃王家最重要之家族領袖人物之一,其動向與做法不僅家族成員唯其馬首是瞻,在朝中亦動見觀瞻,而王導每與王敦站在對立面,於王敦言行自屬強而有力的牽制,王敦何以不以家族成員之身分,要求王導支持,亦從未表示王導的選擇有何不妥,再者王敦展露異志至其第一次稱兵,至少超過五年,王敦之志,路人皆知,卻不聞王導曾以一言相勸,足見王導亦頗有私心。從王導極力為王敦第一次稱兵辯誣,將之塑造成忠臣為國,其行有不得不然者,便可窺見端倪。

## (二)縱容王敦殺大臣

永昌元年(322年),王敦稱兵犯闕。二月,元帝命劉隗、戴淵入衛建康。三月,元帝命王導為討王敦之前鋒大都督,此舉一為試探,一是打著王家旗號反制王家,企圖以此瓦解王敦攻勢,而王氏諸人有助王敦者,亦有追隨王導者。先是王敦之兄王含投奔王敦,後元帝遣王廙往諭王敦,未料王廙亦留助王敦。王敦率軍進攻石頭城,守將周札開城門相應,徹底潰散元帝抗敦意志。王夫之認為:

> 元帝之立也,王氏逼王室而與亢尊,非但王敦之凶悍也,王導之志亦僭矣。帝乃樹刁協、劉隗於左右,以分其權而自固。然而卒以取禍者,非帝之不宜樹人以自輔,隗、協之不宜離黨以翼主也;其所尊主而抑強宗者,非其道也。〔註24〕

換言之,元帝之敗,真正原因在「抑強宗」,亦即「得罪巨室」。王敦入城,擁兵不朝,放任士卒劫掠,元帝不得已乃遣使謂王敦可「共安天下」,又勸劉

---

〔註22〕《晉書》卷六十五〈王導傳〉,頁1749。
〔註23〕《晉書》卷六十五〈王導傳〉,頁1749。。
〔註24〕王夫之,《讀通鑑論》卷十三〈東晉元帝〉,頁395。

隗、刁協避禍。辛未，元帝大赦，以王敦爲丞相、都督中外諸軍事、錄尙書事、江州牧，封武昌郡公，這一連串的官爵，其實無異宣告朝廷由王敦當家做主，但太子英武，即使架空元帝，皇位繼承第一順位仍是太子，故王敦對上述官爵並讓不受，而欲以不孝罪名誣廢太子，幸賴溫嶠仗義執言，太子地位乃保。王敦謀廢太子不成，乃轉而剷除大臣，首當其衝者便是素爲王敦忌憚之周顗與戴若思。王敦殺周顗、戴若思曾經三問王導：

> 王大將軍（王敦）起事，丞相（王導）兄弟詣闕謝。周侯（顗）深憂諸王，始入，甚有憂。丞相呼周侯曰：「百口委卿！」周直過不應。既入，若相存救。既釋，周大說，飲酒。及出，諸王故在門。周曰：「今年殺諸賊奴，當取金印大如斗大繫肘後。」大將軍至石頭，問丞相曰：「周侯可爲三公不？」丞相不答。又問：「可爲尚書令不？」又不應。因云：「如此，唯當殺之耳！」復默然。逮周侯被害，丞相後知周侯救己，歎曰：「我不殺周侯，周侯由我而死。幽冥中負此人！」〔註25〕

王導三問不答，以致王敦誅殺周顗、戴若思。王敦與周家爲姻親，王導與周顗則私交甚篤。《世說新語・排調》云：

> 王丞相枕周伯仁膝，指其腹曰：「卿此中何所有？」答曰：「此中空洞無物，然容卿輩數百人。」〔註29〕

同書〈言語〉類又云：

> 周僕射（周顗）雍容好儀形，詣王公，初下車，隱數人，王公含笑看之。既坐，傲然嘯詠，王公曰：「卿欲希嵇、阮邪？」顗曰：「何敢近捨明公，遠希嵇、阮。」〔註27〕

周顗對王導心嚮往之，王導亦素惜周顗。王敦起兵後，溫嶠曾以此事問周顗，周顗認爲王敦有虧臣節，是爲亂。余嘉錫箋疏引施德操《北窗炙輠錄》云周顗救導卻不告知，是欲此恩盡出元帝，而不出於己，以全君臣之義。〔註28〕

〔註25〕　余嘉錫，《世說新語箋疏》，〈尤悔第三十三〉6條，頁899～900。

〔註29〕　同上書，《排調第二十五》18條，頁797～798。

〔註27〕　余嘉錫，《世說新語箋疏》，〈言語第二〉40條，頁101。

〔註28〕　宋・施德操《北窗炙輠錄》卷上云：「禹錫問余曰：『周伯仁救王導，逮事已解，固嘗同車入見，雖告之以相救之，庸何傷？辛不告，後竟遇害。伯仁亦□□。』余曰：『不然，此所以見古人用心處也。』元帝與王導，豈他君臣比？同甘共苦，相與奮起於艱難顛沛之中。今以王敦，遂相猜疑如此，此君子所以深惜也。故伯仁之救導，欲其盡出於元帝，不出於己，所以全君臣終始之義。伯仁之賢，正在於此。』轉引自余嘉錫，《世說新語箋疏》，〈尤悔第三十

施德操是宋人，君臣觀念本不同於魏晉時人，此說姑爲參考，無妨於呈現周顗性情，周顗先面見皇帝爲王家開脫，又上表明導，款至情切，足見周顗係重情義之人。周顗與王家關係匪淺，又爲王導至交，倘若王導純係受王敦牽連，以周顗重情若此，除盡力搭救外，斷不會擺出「直過不應」的倨傲態度，既出之後又故意說些風涼話。周顗面對王導之央求，既高傲又不屑，周顗何致如此，莫非他認爲王導與王敦有謀？王導後料檢中書故事，見周顗救己之表，方告諸子曰：「吾雖不殺伯仁，伯仁由我而死。」〔註29〕王導雖有此說，或僅止於個人情感上之愧憾，因爲王敦死後，朝廷詔贈戴淵、譙王承等，惟不及周顗。周顗弟周謨以周顗、周嵩二兄皆死於王敦之手，上疏請贈周顗，但疏奏，不報。周謨復表，乃追贈顗官。這當然是緣於周顗不黨於王氏之故，〔註30〕足見王導在處理個人情感與家族利益時之取向。至於戴若思，雖無明文可徵其與王導有隙，但元帝用之排抑豪強，不惟王敦惡之，即導亦惡之。〔註31〕王導對戴若思之觀感不佳，嘗言：「刁玄亮之察察，戴若思之巖巖，卞望之之峰距。」〔註32〕刁協、戴淵、卞壼在王導眼中均被視爲皇帝的人馬，當然不會爲其開脫。趙翼曰：「是導之與敦，情好甚密，既不阻其稱兵，反欲借敦以誅除異己。」〔註33〕王導坐視王敦惡行，不加勸戒之事，另有一例：

> 從兄（王）敦舉兵入石頭，帝使（王）彬勞之。會周顗遇害，彬素與顗善，先往哭顗，甚慟。既而見敦，……因勃然數敦曰：「兄抗旌犯順，殺戮忠良，謀圖不軌，禍及門戶。」〔註34〕音辭慷慨，聲淚俱下。敦大怒，屬聲曰：「爾狂悖乃可至此，爲吾不能殺汝邪！」時導在坐，爲之懼，勸彬起謝。彬曰：「有腳疾已來，見天子尚欲不拜，何跪之有！此復何所謝！」敦曰：「腳痛孰若頸痛？」彬意氣自若，殊無懼容。〔註35〕

三〉，頁 900。

〔註29〕 《晉書》卷六十九〈周顗傳〉，頁 1853。

〔註30〕 請參閱王炎平，〈關於王導與東晉政治的幾個問題〉，收錄於中國魏晉南北朝史學會編，《魏晉南北朝史研究》，成都：四川省社會科學院出版社，1986 年3 月，頁 254。

〔註31〕 參見趙翼，《廿二史劄記校證》卷七〈王導陶侃二傳褒貶失當〉條，頁 154。

〔註32〕 余嘉錫，《世說新語箋疏》，〈賞譽第八〉54 條，頁 453。

〔註33〕 趙翼，《廿二史劄記校證》卷七〈王導陶侃二傳褒貶失當〉條，頁 154。

〔註34〕 《晉書》卷七十六〈王廙傳〉，頁 2005。

〔註35〕 《晉書》卷七十六〈王廙傳〉，頁 2005～2006。

王導於王彬責備王敦之時，非但不聲援，反勸王彬謝罪。而王彬最在意者亦
爲禍及門戶，王家人看重家族門戶，可見一斑。

### （三）放縱王敦壓迫明帝

　　王敦入城後自爲丞相、武昌郡公，邑萬戶，朝事大小皆諮詢之，並改易
百官及諸征鎮，儼然爲執政做準備，王導諸人則受其官職。謝鯤勸王敦入朝
天子，並明白告知「人心未達」，於此形勢，王導在朝，深知王敦尙不孚人
望。其後王敦還鎮武昌，以錢鳳、沈充爲謀主，所言必用，所譖必死，益失
人心。

　　永昌元年（322 年）十一月，元帝崩，司空王導受遺詔輔政，明帝即位。
王導於明帝有擁立爲太子之功，王敦諷朝廷徵己，明帝手詔徵之，又使兼太
常應詹拜王敦爲丞相、武昌郡公，授加黃鉞，班劍武賁二十人，奏事不名，
入朝不趨，劍履上殿。魏晉以來，這些殊榮，多加於權臣，往往爲篡位之前
奏曲。換言之，明帝徵王敦入朝，恭謹以對，凡所要求，無不應允，並主動
推敦居於人臣極致，侔於人主，讓王敦頓失稱兵之口實。王敦遂移鎮姑孰，
屯于湖，節控朝政，暴慢滋甚，又轉王導爲司徒，自領揚州牧，明帝亦聽之。
王船山云：

> 　　（王）導本可爲司徒，無所疑也；抑以此獎導爲君子，使浣濯其同
> 逆之恥以乃心王室，而解散群臣阿比王氏之戾氣。於是導之志移，
> 　　（王）敦之黨孤，奄奄且死而以篡爲下計；區區爲難者，錢鳳藥亡
> 賴之徒而已，殄滅之如摧枯矣。〔註36〕

明帝雖居弱勢，但其步步爲營，不但暫阻王敦立即篡位之可能，爭取到時間
計議對策。同時以恩賞加於導身，亦阻絕其倒向王敦之可能，更以正、逆分
割王導與王敦，使朝臣不附於敦，明帝看似卑屈，實則高明。而王氏諸人中，
王彬因苦諫王敦，王敦欲使左右收之，王彬正色曰：「君昔歲害兄，今又殺弟
邪？」〔註37〕王敦乃止。觀王家人中，王稜因不黨敦異志，爲王敦使計殺害，
王彬爲人樸素方正，亦屢有諫敦之舉，此外，未聞王家人對王敦提出勸諫。

### （四）見風轉舵，保家爲先

　　明帝頗思反制王敦，王導因與王敦之特殊關係，顯然已被排除參與密謀。

---

〔註36〕王夫之，《讀通鑑論》，卷十三〈明帝〉，頁 401。
〔註37〕《晉書》卷七十六〈王廙傳〉，頁 2006。

王導在朝，或有風聞，至少對於朝中大臣人心向背有所掌握。王敦之舉已違人心，王家勢必要因應對策，有所選擇。太寧元年（323 年）底，王舒與王導啓帝：王敦與錢鳳密謀，請明帝陰爲之備。王導與王舒有如此之舉，緣於王舒子王允之醉臥王敦處，聞其與錢鳳謀，後歸省其父，悉以白舒。〔註 38〕此事雖確鑿，但該說僅爲一托詞，王敦之謀，人盡皆知，明帝早已展開部署與謀畫，豈需王導與王舒提醒明帝防備？然而王導與王舒此舉，實有宣示作用，一爲藉此舉以明志，一則正式與王敦劃清界線。王敦有異謀，但躁進與所用非人，已讓王家陷入毀家之危機，王導與王舒必定經過研商，決定在此事件中以保家爲重，表態便成當務之急，故王導與王舒密告王敦之謀，只不過是往後一連串保家之舉的序幕。

太寧二年（324 年）正月，王敦因忌南土大族周氏強盛，誣周莚與道士李脫不軌，殺周札、周莚與其諸兄子，滅周氏。明帝聞王敦病，屢遣大臣訊問起居，又微服察其營壘，陰爲之備。王敦與錢鳳議上、中、下三策，仍以保家爲上策。六月，王敦欲以溫嶠覘伺朝廷，乃表溫嶠爲丹楊尹，溫嶠至朝廷，與帝定策討敦。郗鑒亦建議徵召兗州刺史劉遐、臨淮太守蘇峻，避免重蹈周札、戴若思石頭之事。司徒王導聞帝部署，知敦疾篤，乃率子弟爲敦發哀，眾人以爲敦死，咸有奮志。揆諸常理，王導之舉，絕情至極，觀王導之前行，從未對王敦提出一字之諫，而今王敦未死，竟爲之發喪，未免予人過猶不及之感，今所以如此，實著眼於保家之念。

### （五）心思外濟

明帝決定主動出擊，採「以王制王」策略，下詔假王導節，都督諸軍討敦，又領揚州刺史，並公開軍事部署，以期瓦解王敦軍心。王導爲表態不與敦謀，只得膺任討敦督軍之責。王敦與王導書曰：「太眞（溫嶠）別來幾日，作如此事！」又表誅姦臣，以溫嶠爲首，卻未聞責導，顯見即至此時，王導與王敦仍有管道互通聲息，且有內外相維之勢。七月，王含以「此乃家事」之由，請纓領軍，以水陸五萬大軍奄至江寧南岸。王導遺書與王含，該信至爲重要，內中透露出諸多訊息，今將要點擇錄於下：

> 近承大將軍困篤綿綿，或云已有不諱，悲怛之情，不能自勝。尋知
> 錢鳳大嚴，欲肆姦逆，朝士忿憤，莫不扼腕。去月二十三日，得征

---

〔註 38〕參見《晉書》卷七十六〈王舒傳〉，頁 2001～2002。

北（王邃）告，劉遐、陶瞻、蘇峻等深懷憂慮，不謀同辭。……近
有嘉詔，崇兄八命，望兄獎群賢忠義之心，抑姦細不逞之計，當還
武昌，盡力藩任。……兄立身率素，見信明於門宗，年踰耳順，位
極人臣，仲玉、安期亦不足作佳少年，本來門戶，良可惜也！

兄之此舉，謂可得如大將軍昔年之事乎？昔年佞臣亂朝，人懷不寧，
如導之徒，心思外濟，今則不然。大將軍來屯于湖，漸失人心，君
子危怖，百姓勞弊。將終之日，委重安期，安期斷乳未幾日，又乏
時望，便可襲宰相之迹邪？自開闢以來，頗有宰相孺子者不？諸有
耳者皆是將禪代意，非人臣之事也。……此直錢鳳不良之心聞於遠
近，自知無地，遂唱姦逆。至如鄧伯山、周道和恒有好情，往來人
士咸皆明之，方欲委任，與共戮力，非徒無慮而已也。

導門戶小大受國厚恩，兄弟顯寵，可謂隆矣。導雖不武，情在寧國。
今日之事，明目張膽爲六軍之首，寧忠臣而死，不無賴而生矣。但
恨大將軍桓文之勳不遂，……願速建大計，惟取錢鳳一人，使天下
獲安，家國有福，故是竹素之事，非惟免禍而已。……事猶可追，
兄早思之。大兵一奮，導以爲灼炟也。〔註39〕

王導首言王敦病篤，恐大勢已去。明帝部署，不同於元帝時僅以臺城宿衛之
兵拒敦，此番已由郗鑒建議徵召強力外援，這些流民帥，戰鬥力強，王敦無
法親自督戰，勝算至微。信中王導建議王含莫如退保武昌，採王敦中策，若
執意出兵，王氏諸人必得有所選擇，將除此門宗。王導又爲王含分析大勢，
王敦當年以討劉隗、刁協爲名發兵，因劉、刁損及大族利益，故人情附之，
王導亦可順勢維護幫忙，〔註40〕然而王敦所用非人，剷除異己及諸多作爲，
已失人心，此次雖仍以清君側，除溫嶠爲名，但無共同利益做基礎，未獲支
持，且王敦養子王應缺乏時望，無法號召成事，眾人聽聞所及皆謂王敦欲行
禪代事，如何自圓其說？鄧嶽、周撫等人可事王敦，安能事錢鳳？王敦病逝
之後，敦軍內部必定不靖，舉兵之事乃錢鳳奸謀，應利用此點脫身爲佳。王
導最後再陳王家門戶顯榮，凡事當三思後行，否則將損及門戶。今日之事，

---

〔註39〕《晉書》卷九十八〈王敦傳〉，頁2563～2564。
〔註40〕王敦起兵誅劉、刁，王導是贊成的。王導與王含書中說：「昔年佞臣亂朝，人
　　　懷不寧，如導之徒，心思外濟。」即可知道王導對於王敦的起兵是順勢維護
　　　的。另可參見王炎平，〈關於王導與東晉政治的幾個問題〉，頁250～251。

寧採保家之舉而不徒然涉險。王敦舉兵，已無法在歷史上留下齊桓、晉文的美名，王含聲名又不佳，無法服眾，未若改行免禍之計，即以錢鳳頂罪，不失爲保家保己之退路，事尚可行，應速決斷！

　　觀信之內容，王導爲王含剖析第二次起兵不能成事之因，明告家族將以門戶爲重，但基於同宗之義，最後還是建議一免禍之策。王導用不同的形式「心思外濟」，然而王含未作答覆。待王含兵敗於越城，王敦聞訊，最後一博的期待頓成泡影，心中掛念者仍爲「門戶衰矣！」未幾，王敦卒，沈充、王含先後軍敗，錢鳳亦無法收攬眾心。早在王敦委任錢鳳之初，熊甫即諫敦：「開國承家，小人勿用，佞倖在位，鮮不敗業。」〔註41〕熊甫並不反對王敦開國承家，但反對用錢鳳。至是，周撫之弟周光亦責其兄曰：「王公已死，兄何爲與錢鳳作賊！」〔註42〕可見王敦之死，其黨頓失凝聚中心，情離眾沮，旋即潰敗。錢鳳、沈充分別爲周光、吳儒所斬，王含與王應倉促間奔赴荊州投奔王舒，王舒使人沈之于江，王敦亂平。王舒之做法，殘酷無情，卻是其家族在第二次王敦之亂中做出的對策，此策早自王導和王舒密告王敦之謀時已經確定，其後王導爲王敦發喪至王舒沈王含父子於江，均爲此策之執行，而致王含的信中，王導亦明白告知王家的決策，只不過，在此之前早已開始實行，其目的無非以保家爲重。

## （六）王導為己辯誣

　　明帝太寧三年（325 年）二月，朝廷以諸人死於王敦之難，贈謚王永、甘卓、戴淵、周顗、虞望、郭璞、王澄等官。周札、周莚故吏詣闕訟周氏之冤，事下八座，卞壺謂周懋、周莚宜復本位，周札開門延寇不宜贈。司徒王導議：

> 札在石頭，忠存社稷，義在亡身。至於往年之事，自臣等有識以上，
> 與札情豈有異！此言實貫於聖鑒。論者見姦逆既彰，便欲徵往年已
> 有不臣之漸。即復使爾，要當時眾所未悟。既悟其姦萌，札與臣等
> 便以身許國，死而後已，札亦尋取梟夷。朝廷檄命既下，大事既定，
> 便正以爲逆黨。邪正失所，進退無據，誠國體所宜深惜。臣謂宜與
> 周顗、戴若思同例。〔註43〕

王導議周札以動機論處理，所謂「忠存社稷」，只究其動機是否忠於「社稷」，

〔註41〕《晉書》卷九十八〈王敦傳〉，頁 2567。
〔註42〕《晉書》卷五十八〈周訪傳〉，頁 1585。
〔註43〕《晉書》卷五十八〈周處傳〉，頁 1576。

而不問其他，自是於理有虧，更不足以服人。王導畏人言，不欲聞「有不臣之
漸」，欲將王敦第一次舉兵定位在「義除奸臣、忠存社稷」的歷史定位上，故將
周札之舉與自己和朝中大臣，特別是大族綁在一起，惟予周札之贈，才能說明
眾人與王導並無異心，也杜絕眾人往後再以當年事翻案。王導此議，名為諡札，
實為自己開脫。故王船山云：「（王）導若曰（周）札可盡人臣之節，則吾之節
亦未失也。假札以文己之過，而導乃終絕於君子之塗矣。」〔註44〕而大族為撇
清當年之私，亦不得不支持王導之議。尚書令郗鑒則認為事異賞均，意所疑惑。
並引「宋文失禮，華樂荷不臣之罰，齊靈嬖孽，高厚有重昏之戮」〔註45〕為例，
以古況今，直指周札宜貶責。王導重議曰：

> ……今札開門，直出風言，竟實事邪？便以風言定褒貶，意莫若原
> 情考徵也。論者謂札知（劉）隗、（刁）協亂政，信（王）敦匡救，
> 苟匡救信，姦佞除，即所謂流四凶族以隆人主巍巍之功耳。如此，
> 札所以忠於社稷也。後敦悖謬出所不圖，札亦闔門不同，以此滅族，
> 是其死於為義也。夫信敦當時之匡救，不圖將來之大逆，惡隗、協
> 之亂政，不失為臣之貞節者，于時朝士豈惟周札邪！若盡謂不忠，
> 懼有誣乎譙王、周、戴。各以死衛國，斯亦人臣之節也。即如令君
> 議，宋華、齊高其在隗、協矣。……且札闔棺定諡，違逆黨順，受
> 戮凶邪，不負忠義明矣。〔註46〕

李慈銘於此有一評論：

> 郗鑒議之引宋文、齊靈蓋欲以激明帝之怒，著王導之罪，故微引其
> 瑞（端？）而不正言，乃導即以宋華、齊高其在隗、協。實之不知
> 何以為元帝地？此其無君之心，尤當顯誅，而明帝甘受父惡，曲從
> 其議。王氏虛名，震脅朝廷，至於如此，深可歎也。〔註47〕

雖然郗鑒又駁不同，但最後朝廷竟從王導之議，田餘慶認為郗鑒與王導之辯
論，說明其時二人關係並不和諧，〔註48〕其實這顯示此時政治生態已悄悄轉
變，王導被迫參與辯論，既為周札，更為己身過往的出處進退辯白。只是在
王導強辯之下，周札竟獲追諡，但見助逆者非但不受其罰，尚且搖身一變而

---

〔註44〕王夫之，《讀通鑑論》卷十三〈明帝〉，頁402。
〔註45〕《晉書》卷五十八〈周處傳〉，頁1576。
〔註46〕《晉書》卷五十八〈周處傳〉，頁1576～1577。
〔註47〕李慈銘，《越縵堂讀史札記全編》卷四〈晉書札記〉，頁668。
〔註48〕田餘慶，《東晉門閥政治》，頁58。

爲忠臣。此例一開，此下東晉一朝肆無忌憚地叛變者如此眾多，實不足爲奇！而朝廷最後依從王導之意，明帝恐怕還是考慮到大族勢力，蓋大亂之後，安寧和靖最爲重要，朝廷不欲人情不安，動搖國本，故追贈周札衛尉。王導雖在贈周札諡事上遂己之願，然後世論者亦多以爲王導不得爲晉純臣。〔註49〕

## 第二節　明帝瓦解「王與馬共天下」

　　王導於東晉政權之建立是最重要的推手與執行者，在明帝繼位過程中又扮演關鍵性的角色，其優崇之地位本無人可出其右，因勢利導，「王與馬共天下」的默契亦可延續下去，當初王衍「外建霸業」之謀亦非絕無可能。但因王敦之躁進與妄動，迫使王導不得不爲保家而「大義滅親」，然而王導在第二次王敦之變中的保家做法是否眞的有用？太寧二年（323年）十月，王導因平王敦之亂有功，進封始興郡公，邑三千戶，賜絹九千匹，進位太保，司徒如故，劍履上殿，入朝不趨，讚拜不名。王導因討王敦之亂，加此殊榮，深不自安，固讓。有司奏：「王彬等敦之親族，皆當除名。」明帝詔曰：「司徒（王）導以大義滅親，其後昆雖或有違，猶將百世宥之，況彬等皆公之近親！」〔註50〕結果悉無所問。明帝不問王家諸人是因其爲王導近親，倘無王導以保家爲重，兩度絕情「大義滅親」，王家能否免禍，殊難定論。

　　明帝話雖說得漂亮，但對王家防範之心未嘗稍歇，王敦生前部署的王氏外鎮人馬包括沿江重鎮，於王敦死後不是遭解職，即見調職。原江州刺史王彬徵拜光祿勳，後轉度支尚書；原荊州刺史王舒遷爲安南將軍、廣州刺史，朝議以其有功，不應遠出，改徙湘州刺史；原徐州刺史王邃易以劉遐。而居於宰輔之尊的王導，表面上雖受到優禮尊崇，但繼之而來的則爲實權的剝奪，王導於王敦當政時身兼數個重要職務，至是一一解除，中書監由庾亮代替，尚書令由郗鑒擔任，錄尚書事亦增設陸曄、荀崧二人，〔註51〕王導的總錄地位已被架空。

　　「王與馬共天下」原係元帝與王家之默契，王敦爲確保家族之政治利益，

〔註49〕王夫之與趙翼皆持此看法，請參閱王夫之，《讀通鑑論》卷十三〈元帝〉，頁399。及趙翼，《廿二史箚記校證》卷七〈王導陶侃二傳襃貶失當〉條，頁155。
〔註50〕《晉書》卷七十六〈王廙〉傳，頁2006。
〔註51〕有關錄尚書事總錄、分錄到底錄幾條的問題，請參閱陳長崎，《兩晉南朝政治史稿》，頁123。

甘冒天下之大不韙，不惜稱兵犯順。元帝不得已，透過各種形式重申願遷就王與馬共天下之默契，然而此時的王敦已不再滿足於「共天下」，欲進一步專天下。元帝突然駕崩，將此難題留給繼任的明帝。

　　甫即位的明帝，毫無選擇之餘地，必須概括承受「王與馬共天下」之事實，然而任何一位有作為之皇帝皆無法亦不願受制於權臣，何況是共天下。明帝小心翼翼地布局，終於平定王敦第二次兵變。藉敉平王敦之變，讓明帝恢復了司馬氏皇權，這是其父元帝致力而未能達成之目標。明帝將王家主導大政之權搶回，興復皇權的明帝首要處理的問題便是如何收拾殘局，善後「王與馬共天下」。觀明帝在王敦死後處理王家的立場，已明白顯示明帝欲打破「王與馬共天下」，此默契僅限於元帝，及身而止。換言之，「王與馬共天下」已永久性地瓦解，司馬家的皇權在主觀意願上絕不再與外人分享。

　　王家之大業，雖因王敦之死暫挫，「王與馬共天下」之默契也不再對明帝有牽制力，但王家諸人卻未必肯就此罷手。雖然日後無法再以「共天下」之默契壓迫皇權，但維護權勢仍是王家奮進的目標。

　　王敦之死，已使王家喪失一家獨大之局，政治勢力重新洗牌，時局亦已產生新的變化。王敦既除，明帝本可安枕，然而明帝認為王家勢力仍然可觀，對王導還存有戒心。事實上，明帝非但不可能信任王導，相當程度上還刻意防範、疏遠。《太平御覽》卷五九三引《語林》曰：

　　明帝函封詔與庾公，信誤致與王公，王公開詔末云：「勿使冶城公知。」
　　導既視，表荅曰：「伏讀明詔，似不在臣，臣開臣閉，無有見者。」
　　明帝甚愧，數月不能見王公。〔註52〕

按《世說新語・輕詆》4條注引王隱《晉書》言及王導移徙冶城，是聽了戴洋對王導病情的分析，故時人亦以「冶城公」稱呼王導。然該注與《晉書》卷九十五〈戴洋傳〉記載此事均未繫年月，不過就王導、明帝、庾亮關係觀察，《世說新語・輕詆》4條所見之庾亮，其時已權傾王導，推斷此事應在王敦二次兵變後。由此可見，明帝與王家之鬥爭仍未歇竟。明帝函封，既為密詔，錯送機率極小，王導為此特表明帝，可能是刻意讓明帝知道，王家勢力雖今非昔比，然朝中心腹、眼線仍多。至於明帝數月愧見王導，一則是人情之常，避免尷尬；再則顯示明帝自忖王家勢力仍然可觀，必要小心應付。當然也有可能是明帝有意誤致，故意將信之內容透露給王導，讓其警惕，果真如此，

---

〔註52〕《太平御覽》卷五九三〈文部九〉，頁 2671。

則更可見明帝與王家之鬥爭仍舊未歇。

　　王敦既除，王導隨之成爲支撐家族大旗的掌舵人，爲維繫王家，保持家族實力於不墜，王導竟不惜重用小人，以爲奧援，相關問題，留待第六章探討。王夫之評王導「惜其閥閱之素盛，念其辛苦之共嘗，以人（指司馬氏）之天下而慰己之情，未有不陷於惡者。」〔註53〕王導對明帝之態度以及司馬氏家族得天下之評價，或可從下引文中略見端倪。《世說新語・尤悔》云：

　　王導、溫嶠俱見明帝，帝問溫前世所以得天下之由，溫未答。頃，
　　王曰：「溫嶠年少未諳，臣爲陛下陳之。」導乃具敘宣王創業之始，
　　誅夷名族，寵樹同己。及文王之末，高貴鄉公事。明帝聞之，覆面
　　著牀曰：「若如公言，祚安得長！」。〔註54〕

溫嶠未答明帝之問，絕非如王導所言是因爲「年少未諳」，恐怕是顧及君臣分際，故而不答。王導爲明帝講前世得天下之由，於其先祖遷魏鼎之過程毫不避諱，《晉書・宣帝本紀》言及司馬懿誅曹爽「支黨皆夷及三族，男女無少長，姑姊妹女子之適人者皆殺之。」〔註55〕司馬懿之兇殘與非人臣之行，王導以實情相告，終不符人臣之情，雖然王導對於東晉創業立有大功，且明帝太子地位出於王導力保，但對於司馬氏先祖豪奪政權，王導選擇以直相告，還是頗耐人尋味。

　　王導雖未直接參與王敦叛變，然時人對王導，或不免仍有幾分疑慮，觀蔡謨調侃王導之語即可知之：

　　初，曹氏性妒，（王）導甚憚之，乃密營別館，以處眾妾。曹氏知，
　　將往焉。導恐妾被辱，遽令命駕，猶恐遲之，以所執塵尾柄驅牛而
　　進。司徒蔡謨聞之，戲導曰：「朝廷欲加公九錫」導弗之覺，但謙退
　　而已。謨曰：「不聞餘物，惟有短轅犢車，長柄塵尾。」導大怒，謂
　　人曰：「吾往與群賢共游洛中，何曾聞有蔡克兒也。」〔註56〕

又《世說新語》劉孝標引《妒記》曰：

　　丞相曹夫人性甚忌，禁制丞相，不得有侍御，乃至左右小人，亦被
　　檢簡，時有妍妙，皆加誚責。王公不能久堪，乃密營別館，眾妾羅

〔註53〕王夫之，《讀通鑑論》卷十三〈元帝〉，頁400。
〔註54〕余嘉錫，《世說新語箋疏》〈尤悔第三十三〉7條，頁900。
〔註55〕《晉書》卷一〈宣帝本紀〉，頁20。
〔註56〕《晉書》卷六十五〈王導傳〉，頁1752～1753。

列，兒女成行。後元會日，夫人於青疎臺中，望見兩三兒騎羊，皆
端正可念。夫人遙見，甚憐愛之。語婢：「汝出問，是誰家兒？」給
使不達旨，乃答云：「是第四王（五）等諸郎。」曹氏聞，驚愕大志。
命車駕，將黃門及婢二十人，人持食刀，自出尋討。王公亦遽命駕，
飛轡出門，猶患牛遲。乃以左手攀車蘭（攔），右手捉麈尾，以柄助
御者打牛，狼狽奔馳，劣得先至。蔡司徒聞而笑之，乃故詣王公，
謂曰：「朝廷欲加公九錫，公知不？」王謂信然，自敘謙志。蔡曰：
　　「不聞餘物，唯聞有短轅犢車，長柄麈尾。」王大愧。〔註57〕
較諸《世說》，《妒記》將王導飛奔救妾之窘態描繪得漓淋盡致，王導懼內本
無傷大雅，蔡謨見狀卻調侃：「朝廷欲加公九錫。」按「每朝禪代之前，必先
有九錫文，總敘其人之功績，進爵封國，賜以殊禮，亦自曹操始，其後晉、
宋、齊、梁、北齊、陳、隋皆用之。」〔註58〕易言之，曹魏以來，九錫之加
即篡國之前奏曲，一如劍履上殿，入朝不趨，讚拜不名皆人臣之極致殊禮，
絕非一般朝臣所能加，《晉書》蔡謨本傳謂其「博學，於禮儀宗廟制度多所議
定。文筆論議，有集行於世。總應劭以來注班固漢書者，為之集解。」〔註59〕
據此可以推想蔡謨思想觀念，家承儒學者多，受玄風影響者少。蔡謨諷王導
語，雖為玩笑，但其家學淵源，絕不致不知輕重，再者，用「加九錫」調侃
王導並不尋常，正如前言九錫之加即為篡位前奏，且王導地位舉足輕重，王
敦死後，朝廷更恩賜王導「劍履上殿，入朝不趨，讚拜不名」，可謂位極人臣。
蔡謨官品、名輩較諸王導均有所不及，豈膽敢調侃王導若爾！史載王導初時
不察，還謙退一番，待回過神來，不免惱羞成怒。蔡謨之語，看似詼諧，竊
意或意有所指。《晉書》為唐人所修，王導本傳中敘其事功，言簡意賅，篇幅
亦省，較諸《世說新語》中諸多有關王導性情之記錄，均省錄之，何以卻述
此一段懼婦之文？礙於史料限制，未便推論；唯「加九錫」或許亦為一線索，
暫誌此處。
　　太寧三年（325年）閏七月，明帝駕崩，臨終前召太宰、西陽王羕、司徒
王導、尚書令卞壼、車騎將軍郗鑒、護軍將軍庾亮、領軍將軍陸曄、丹楊尹

〔註57〕余嘉錫，《世說新語箋疏》〈輕詆第二十六〉6條，頁829。
〔註58〕趙翼，《廿二史箚記校證》卷七〈九錫文〉條，頁148。案王莽篡位前已受九
　　　　錫。
〔註59〕《晉書》卷七十七〈蔡謨傳〉，頁2041。

溫嶠並受遺詔，輔太子。東晉初年王氏獨大，以馬、王鬥爭爲主軸的政局告一段落，政治勢力的推移亦隨之進入下一嶄新階段。

# 第三節 小 結

　　王導在王敦兩次稱兵的過程中，均選擇站在朝廷一方，但王敦首次發兵時王導「心思外濟」，王敦入石頭城後殺周顗、戴若思前又曾三問王導，而王導不語，無異默許。第二次王敦之亂，王導權衡情勢，以保家爲重，但仍「心思外濟」，以書信透露朝廷部署。王敦亂後，王導一度擱置周顗死後之贈，並於周札贈諡問題上，爲其個人出處進退狡辯開脫，其不得稱晉之純臣益且明矣！

　　明帝甫即位，必需概括承受「王與馬共天下」之事實，王敦二次兵變後，皇權興復，但明帝還來不及有所作爲，便英年崩殂。不過就其在王敦死後對王家人的處置觀之，「王與馬共天下」之默契至明帝時已完全瓦解，王家日後無法再以此要脅或壓迫皇權，明帝雖然表面上仍禮遇王導，唯疑慮轉深，故王家諸人均受到調動職務或解職的命運，並逐步解除王導實權。

　　「王與馬共天下」開創出新的政局，漢人政權、晉朝國祚因得以延續，文化因得以保存。但此模式也註定司馬氏與王家間不可迴避之政治鬥爭，東晉第一階段之政治勢力推移就在馬王互鬥中落幕，隨之開啓另一政治勢力構架之形成。

# 第五章　明帝的新政治規畫

　　明帝即位，面對王敦之壓迫，必須與王家進行政治鬥爭。王敦對明帝進行全面之監控，明帝應如何反制王敦？明帝在歷史上之評價不惡，但除了救平王敦之變外，明帝三年之中，是否還有其他功績？本章將先就明帝如何於艱險的環境中籌組自己班底對付王敦做一說明，再就明帝三年中之重要功績做一陳述，其中影響東晉政治最深遠之政治架構，尤其為本章關注之重點。

## 第一節　明帝組新班底謀滅王敦

　　東晉明帝是國史上極特殊的一位皇帝。《通鑑考異》於〈晉紀〉卷十四肅宗明皇帝上註曰：「諡法：思慮果遠曰明。」〔註1〕明帝在位不過三年，王船山曰：

　　　　明帝不夭，中原其復矣乎！……帝以幼沖當多難，舉動偉然，出人
　　　　意表，可不謂神武哉？〔註2〕

明帝主政日短，歷史評價卻頗高，到底有何功績當得「思慮果遠」之評價？過去治晉史者，鮮少論及此者，主因明帝在位時日太短，除卻平定王敦之亂外，過去史家似乎多以為乏善可陳；然而，一一檢視明帝主政三年之中的作為，益發顯其思慮果遠，同時影響東晉政治甚鉅，東晉此下尚能延續九十年國祚，明帝功不可沒。

　　明帝在險峻局勢下襲位，首先面對無法實質掌控朝政之困境，王敦又以威勢壓迫，諷朝廷徵己，明帝若處理不當，政權極有可能易代。前文已就明帝之表現與對策加以說明，今不贅述。然尚有值得留意者：王敦手握大軍，

---

〔註1〕《資治通鑑》卷九十二〈晉紀〉十四，頁2910。
〔註2〕王夫之，《讀通鑑論》卷十三〈明帝〉，頁401。

朝廷軍力相對不足，明帝到底該憑藉什麼力量平亂？又朝中盡是王氏親族子姪，誰可與之共商國是？有第一次王敦之變的前車之鑑，明帝深知皇權與大族互爲較勁的鬥爭形勢依然如前，再就社會階級而言，大族與王敦的利益有一致性，皇權無從依傍，而與王家屬性相同的北方大族尤其不能信任；惟皇室本身亦來自北方，且北方大族原爲司馬氏政權所仰賴之基本勢力，儘管皇室對大族動向多有遲疑，卻無可奈何。另一方面，歷史經驗讓皇室與南土大族間長期存有芥蒂，亦無從以南土精英取代北方大族；況北方的胡人勢力，正方興未艾，東晉欲求生存，必得仰仗南北人士通力合作，故明帝既不能大刀闊斧地改弦更張，又要面對他父親無法解決之政治難題。而元帝倚重之劉隗、刁協，其政治勢力已徹底爲王敦剷除，明帝亦不可能與王導推心置腹，更遑論聯手打擊王敦。是以明帝要扭轉劣勢，首要工作要能先組織一批核心成員，以之作爲執行或貫徹其政策的班底，也作爲對付王敦的主要成員。

　　明帝新班底成員即參與討敦密謀者，至少包括溫嶠、庾亮、郗鑒、應詹、桓彝諸人，外圍還有紀瞻。

## （一）庾　亮

　　庾亮，穎川鄢陵人，出身北方高門，[註3] 據《晉書》本傳言：

> 　（庾）亮美姿容，善談論，性好老莊，風格峻整，動由禮節，閨門之
> 內不肅而成，時人或以夏侯太初、陳長文之倫也。……元帝爲鎮東時，
> 聞其名，辟西曹掾。及引見，風情都雅，過於所望，甚器重之。由是
> 聘亮妹爲皇太子妃，亮固讓，不許。……中興初，拜中書郎，領著作，
> 侍講東宮。其所論釋，多見稱述。與溫嶠俱爲布衣之好。[註4]

庾亮早在明帝司馬紹爲太子時就與太子熟稔，當時東宮人才濟濟，遠近屬心，自王導、庾亮、溫嶠、桓彝、阮放等，咸見親待。[註5] 而這批人大部分亦爲日後明帝班底的重要成員。庾亮又爲庾妃之兄，與明帝關係非同小可。太寧元年（324 年）六月，明帝立庾氏爲后，並以庾亮爲中書監。《通典・職官》曰：

> 魏武帝爲魏王，置秘書令，典尚書奏事，又其任也。文帝黃初初，
> 改爲中書令，又置監，以秘書左丞劉放爲中書監，右丞孫資爲中書
> 令，並掌機密。中書監、令，始於此也。及（魏）明帝時，中書監、

---

〔註 3〕庾氏嚴格說來是屬於魏晉新出門户，請參見田餘慶，《東晉門閥政治》，頁 272。
〔註 4〕《晉書》卷七十三〈庾亮傳〉，頁 1915。
〔註 5〕請參見《晉書》卷六〈明帝紀〉，頁 159。

令，號爲專任，其權重矣。……魏晉以來，中書監、令掌贊詔命，記會時事，典作文書。以其地在樞近，多承寵任，是以人固其位，謂之「鳳凰池」焉。〔註6〕

中書省原係繼承東漢宦官職事演變而產生之機構，與門下省同屬「內樞」機關，其職權一爲典尙書事，一爲草擬詔書，與尙書省「外樞」之地位內外相對。魏晉以來由於軍情緊急，事須機密，君主常逕以中書密詔下州郡邊將，後來君臣之間，惟力是競，朝廷遂多不經尙書而以私詔下之，使中書便宜行事，中書遂有侵奪尙書職事之實。然其弊端爲「政出多門」，甚且姦人矯詐改易詔命。東晉元帝建業江左，王導有襄贊大功，集內外權柄於一身，同時身兼尙書、中書，此項互兼遂爲常制，變成晉世相權之一種新型態。此制之優點爲事權統一，行事便宜，缺點則爲相權過重，有專擅之嫌。這種互兼對三省制度有直接破壞之作用，首受影響者爲中書省，故渡江以後中書之職即告破壞，蓋中書之職原在牽制尙書省，今反爲行政官所兼領，牽制作用遂消失於無形。〔註7〕

　　中書監、令皆是中書省長官，明帝以妻舅任中書監，是欲將元帝以來由王導出任錄尙書事兼領中書之情況扭轉過來，擬回復中書省原有牽制尙書省之權責。這是分相權之具體做法，同時可藉此讓中書省發揮「內樞」之功能，從而建構自己心膂，但礙於王家勢大，庾亮以外戚之親貴亦不敢貿然出任該職，乃上書辭讓：

陛下踐阼，聖政惟新，宰輔賢明，庶僚咸允，康哉之歌實存于至公。而國恩不已，復以臣領中書。臣領中書，則示天下以私矣。何者？臣於陛下，后之兄也。姻婭之嫌，與骨肉中表不同。……是以前後二漢，咸以抑后黨安，進婚族危。向使西京七族、東京六姓皆非姻族，各以平進，縱不悉全，決不盡敗，今之盡敗，更由姻昵。

臣歷觀庶姓在世，無黨於朝，無援於時，植根之本輕也薄也。苟無大瑕，猶或見容。至於外戚，憑託天地，連勢四時，根援扶疏，重矣大矣。而或居權寵，四海側目，事有不允，罪不容誅。……今以臣之才，兼如此之嫌，而使內處心膂，外總兵權，以此求治，未之

〔註6〕杜佑，《通典》，北京：中華書局，1988年12月，卷二十一〈職官三〉，頁560～561。

〔註7〕詳見陳啓雲，〈兩晉三省制度之淵源、特色及其演變〉，《新亞學報》三卷二期，1958年8月，頁99～229。

聞也，以此招禍，可立待也。〔註8〕

西晉八王皆司馬氏骨肉，東晉王家與元帝則爲中表親，都有血緣上之關係。庾亮雖貴爲外戚，但靠婚姻連接的臍帶，貴則貴矣，但畢竟無血緣關係，一旦有事，亦是招禍之由。庾亮深懼家敗而不得全，名爲不願以婚族關係而害公，實欲避王家之鋒，因爲當時朝中大政掌控在王敦手中，王敦嚴密監控明帝，連成衛都要削減，怎能坐視明帝在重要職位上安置自己人馬？故庾亮不出任中書監，或許是出於保己、保家之念。而明帝雖欲用外戚，退王家，但衡諸情勢，亦不得不納庾亮之言。庾亮不肯出任中書監，並未讓王敦釋懷，庾亮懼王敦猜忌，以疾去官。但不久，又代王導爲中書監，疑其前拒而後出任中書監，與王敦的表薦有關。據《太平御覽》載王敦上表薦庾亮爲中書監文：

> 中書令領軍庾亮，清雅履正，可中書監，領軍如故。〔註9〕

該表上書時間不明，據《晉書・庾亮傳》載第一次王敦之變，元帝遣庾亮至蕪湖詣王敦籌事，王敦認爲庾亮賢於裴頠，因而表其爲中領軍。〔註10〕然而其時庾亮並非中書令，又若此時王敦已表其爲中書監，則明帝即位，欲以庾亮爲中書監時，庾亮應不致爲避禍而辭讓。推想王敦表庾亮爲中書監應當在庾亮拒任中書監至王敦第二次稱兵之間，《資治通鑑》繫明帝以庾亮爲中書監於太寧元年（323 年）六月事，而王敦第二次稱兵時間爲太寧二年（324 年）七月，換言之，該表應在這一年中上書，但庾亮到底何時任中書令，則史文闕如。〔註11〕不過王敦當時政由己出，上至皇帝下至群臣皆不敢忤逆敦意。庾亮雖貴爲外戚，前

---

〔註8〕《晉書》卷七十三〈庾亮傳〉，頁 1916～1917。
〔註9〕請參閱《太平御覽》卷二二○〈職官令十八〉中書監條，頁 1047。按此條資料輯自《陶氏職官要錄》，文中顯示庾亮任中書監前爲中書令、領軍，據萬斯同，《東晉將相大臣年表》（收錄於《二十五史補編》，北京：中華書局，1998年。）永昌元年（322 年），庾亮出任中領軍，當時中書監爲王導，中書令原爲諸葛恢，後恢遷丹楊尹，但未見任命庾亮爲中書令。太寧元年（323 年）中書監王導解職，六月，明帝命庾亮出任中書監，又以溫嶠爲中書令，據該表庾亮遷中書監前僅擔任中領軍，不見出任中書令，故《陶氏職官要錄》載此資料時，可能誤植庾亮爲中書令。另有一可能，即庾亮於諸葛恢出任丹楊尹後，代恢爲中書令，但史文不載，致今日無法確知庾亮是否在出任中書監前曾任中書令。嚴可均輯，《全上古三代秦漢三國六朝文》，北京：中華書局，1987 年 3 月，〈全晉文〉亦載此條。
〔註10〕參見《晉書》卷七十三〈庾亮傳〉，頁 1916。
〔註11〕庾亮在明帝死後出任中書令，但其時王敦已死，不可能再表薦庾亮，故不知在此之前庾亮何時出任中書令。

以怕見忌於王敦，不敢任中書監，若後以王敦表薦，不得不就中書監之職。王敦權勢，實逾人主。庾亮雖刻意規避王敦，但私下卻爲明帝穿針引線，居中聯絡明帝之班底。《藝文類聚》四十六載孫綽所載太尉庾亮碑云：

> 王敦阻兵敢權，志闚神器，乃轉公左衛將軍，要雄戟以扶轂，勒武旅以翼豹尾。死難之心，義形于色，親受中詔，奔告方伯，於是群后契盟，同稟高謀，嚴栖懷德，以嚮赴義，拯神器於獸吻，扶帝座於已傾，王室之不壞，繄伯舅是賴。〔註12〕

在第二次王敦之變中庾亮扮演的正是「親受中詔，奔告方伯」的角色，「中詔」正是中書省的權責。〔註13〕而在此之前的聯絡工作早已展開，碑文中「群后契盟，同稟高義」也是明帝與班底密謀討王敦，並取得盟誓的表述。在這些班底中，另一位明帝之「布衣之交」，同時與庾亮交情匪淺者爲溫嶠。

## （二）溫　嶠

溫嶠，字太眞，《晉書》本傳稱其「風儀秀整，美於談論，見者皆愛悅之。」〔註14〕二都傾覆後，受平北大將軍劉琨之遣，奉表勸進。王導、周顗、謝鯤、庾亮等人並與之親善。〔註15〕溫嶠雖博學有識量，但卻爲時人目爲第二流。《世說新語·品藻》曰：

> 世論溫太眞，是過江第二流之高者。時名輩共說人物，第一將盡之閒，溫常失色。〔註16〕

余嘉錫箋疏云：「太眞智勇兼備，忠義過人，求之兩晉，殆罕其匹。而當時以爲第二流，蓋自汝南月旦評以來，所謂人倫鑒裁者，久矣夫不足盡據矣。」〔註17〕余嘉錫立論可謂中肯。溫嶠後遷太子中庶子，深見寵遇。太子視之爲布衣之交，數陳規諷，甚有弘益。王敦第一次舉兵內向，六軍敗績，太子將自出戰，溫嶠諫之乃止。王敦欲廢太子，誣以不孝，賴溫嶠仗義執言乃得免。明帝即位後，機密大謀皆所參綜。明帝欲以之爲心膂，手詔命其爲中書令，

---

〔註12〕《藝文類聚》卷四十六〈職官部二、太尉〉，頁820。
〔註13〕晉中央下行文可分成兩大類：一爲政府公文，凡由尚書省頒下之詔、敕、符屬之；一爲皇室文書，凡未經或不經尚書省之「手詔」、「口詔」、「中詔」屬之。詳見陳啓雲，〈兩晉三省制度之淵源、特色及其演變〉，頁181～187。
〔註14〕《晉書》卷六十六〈溫嶠傳〉，頁1785。
〔註15〕同上書，頁1786。
〔註16〕余嘉錫，《世說新語箋疏》〈品藻第九〉25條，頁517。
〔註17〕余嘉錫，《世說新語箋疏》〈品藻第九〉25條，頁518。

《初學記》引檀道鸞《晉陽秋》，載其文曰：

> 卿以令望，忠允之懷，著於周旋。且文清而旨遠，宜居機密，今以
> 卿為中書令。〔註18〕

溫嶠上書辭讓曰：

> 臣才短學淺，文疏不通，中書之職，酬對無方，斟酌輕重，豈惟文
> 疏而已。自非望士良才，何可妄居斯任。〔註19〕

《文心雕龍·詔策》云：

> 自魏晉策誥，職在中書。……晉氏中興，唯明帝崇才，以溫嶠文清，
> 故引入中書，自斯以後，體憲風流矣！〔註20〕

溫嶠最後雖出任中書令一職，但其謙讓之由，恐與庾亮讓中書監一職無異，是為避王敦之忌。而從明帝以庾亮、溫嶠為中書監、令看來，明帝欲將尚書、中書職權劃開，避免因宰相互兼而使職司原為「內樞」的中書省功能消失，並且設法安排班底出掌中書，做為與己密切關聯的機構，藉此培植反王家勢力，明帝自固之心明矣！《文心雕龍》云東晉唯明帝以才取人，是以以溫嶠為中書令。何以東晉除卻明帝，其他皇帝皆不重才？這雖是劉勰欲跳脫門第框架思考的個人觀點，也意謂明帝以溫嶠任中書令一職在當時即備受重視，至於齊梁劉勰《文心雕龍》所見者乃「體憲風流」，又非僅以才取人而已。按東晉已是門閥社會，門資、地望與官品高低有極大關係。中書監、令皆為三品官，職高權重，溫嶠雖出身士族，〔註21〕但以被時人目為第二流的溫嶠，出任中書令，恐怕還是逾越常情。再者溫嶠以母亡未葬，鄉評有虧，《世說新語·尤悔》曰：

> 溫公初受劉司空（劉琨）使勸進，母崔氏固駐之，嶠絕裾而去。迄
> 於崇貴，鄉品猶不過也。每爵皆發詔。〔註22〕

劉孝標注引虞預《晉書》曰：

---

〔註18〕 徐堅等撰，《初學記》，北京：中華書局，2004年2月，卷十一，頁273。
〔註19〕 《初學記》卷十一，頁273。
〔註20〕 劉勰著、黃叔琳等注，《文心雕龍校注》，北京：中華書局，2000年8月，〈詔策第十九〉，頁265。
〔註21〕 毛師漢光認為士族的主要內容，實指累世官宦、門閥顯耀及經學傳家等諸方面而言，而尤其以在官宦上顯達為士族主要的高低標準。並以三代之中有二代居官五品以上者做為辨別士族的標準。請參閱毛漢光，〈兩晉南北朝主要文官士族成分的統計分析與比較〉，收錄於氏著《中國中古社會史論》，頁140～146。
〔註22〕 余嘉錫，《世說新語箋疏》〈尤悔第三十三〉9條，頁902。

元帝即位，以溫嶠爲散騎常侍。嶠以母亡，逼賊，不得往臨葬，固
辭。詔曰：「嶠以未葬，朝議又頗有異同，故不拜。其令入坐議，吾
將折其衷。」〔註23〕

按當時九品中正之制，升官進爵均極重鄉品，溫嶠因爲鄉議有虧，每爵皆發
詔。故以常情而言，溫嶠得以出任中書令之機遇甚低，《文心雕龍》認爲係明
帝崇才，此說可能忽略人事任命背後所隱含之政治角力；溫嶠善於協調，又
豈止體憲風流，從事文疏而已？明帝以其文清，只是說詞，明帝心思是欲將
中書省變成皇帝機要，以其職權出納詔命，政由己出，這當然也是跟王家鬥
爭之具體安排。溫嶠身爲明帝心腹成員，亦知明帝心思，但王敦旋即以左司
馬一職將其從中書令調離。

溫嶠與庾亮曾爲東宮同僚，私交甚篤。《世說新語・任誕》云：

溫太眞未高時，屢與揚州、淮中估客樗蒱，與輒不競。嘗一過，大
輸物，戲屈，無因得反。與庾亮善，於舫中大喚亮曰：「卿可贖我！」
庾即送直，然後得還。經此數四。〔註24〕

溫嶠不拘細行，常以盡輸，求救庾亮，若非摯友，何敢乃爾！庾亮視溫嶠之
不羈爲任達，亦不以爲忤，屢屢伸出援手，解救至交。

明帝即位後，二人密晤爲明帝謀畫討敦。太寧二年（324 年）六月，王敦
將舉兵內向，《晉書》言：「帝密知之。」，〔註25〕研判明帝在王敦陣營內必有
布置，隨時通報王敦動向，甚且可能還居核心，而溫嶠最有可能膺此任。

前此溫嶠因有棟樑之才望，甚得明帝倚重，王敦忌之，所以請爲左司馬，
是不欲明帝身邊有足堪大任之親信。溫嶠至敦處，數諫王敦，敦不納，溫嶠
乃謬爲設敬，綜其府事，干說密謀，以附其欲，並深結錢鳳，又以計得補丹
楊尹。但錢鳳對庾、溫二人疑慮甚深，嘗語王敦曰：「（溫）嶠於朝廷甚密，
而與庾亮深交，未必可信。」〔註 26〕王敦原欲以溫嶠覘伺朝廷，未料溫嶠還
都後具奏王敦逆謀，並請朝廷爲之備。〔註 27〕溫嶠、庾亮又私問郭璞討敦之
事是否可行。《晉書・敦璞傳》曰：

王敦之謀逆也，溫嶠、庾亮使（郭）璞筮之，璞對不決。嶠、亮復

---

〔註23〕 余嘉錫，《世說新語箋疏》〈尤悔第三十三〉9 條，頁 902。
〔註24〕 余嘉錫，《世說新語箋疏》〈任誕第二十三〉26 條，頁 744。
〔註25〕 《晉書》卷六〈明帝本紀〉，頁 161。
〔註26〕 《晉書》卷六十七〈溫嶠傳〉，頁 1787。
〔註27〕 《晉書》卷六十七〈溫嶠傳〉，頁 1786～1787。

令占己之吉凶，璞曰：「大吉。」嶠等退，相謂曰：「璞對不了，是
不敢有言，或天奪（王）敦魄。今吾等與國家共舉大事，而璞云大
吉，是爲舉事必有成也。」於是勸帝討敦。〔註28〕

溫嶠、庾亮於討敦之謀，極其關鍵，庾闡作〈揚都賦〉對溫、庾甚爲推崇，認
爲「溫挺義之標，庾作民之望。方響則金聲，比德則玉亮。」〔註29〕溫嶠係劉
琨派至南方勸進司馬睿之代表，劉琨之妻爲溫嶠從母，劉琨雖爲段匹磾矯詔殺
害，但段匹磾之所以無所顧忌，專殺劉琨，實與王敦密使段匹磾殺劉琨有關，
朝廷後以段匹磾尚強，需恃其爲晉討石勒爲由，不爲劉琨舉哀，亦是憚王敦勢
大，不敢窮究段匹磾戮害台輔之罪。溫嶠爲明帝謀滅王敦，容或有爲劉琨報仇
之思；然溫嶠一心爲主，王敦竟以討伐溫嶠爲名興兵犯順，其無正當理由固已
明矣，最後招致敗亡。除了溫嶠外，另一明帝班底，是與庾亮私交頗深的桓彝。

## （三）桓　彝

桓彝，字茂倫，譙國龍亢人，乃東漢大儒桓榮九世孫也。算得上家世儒
宗，《晉書》本傳言其少孤貧，有人倫識鑑，少與庾亮深交。〔註30〕田餘慶考
其先世及桓彝事蹟認爲曹魏嘉平政爭中因曹爽之誅而被連誅的桓範，就是譙
郡龍亢桓氏，即桓榮第六世孫，而其後人爲免受預逆之事牽連，述其先世時
只得以「名位不顯」掩蔽之。〔註31〕又桓彝在中朝時有人倫識鑑之說，史無
資料可以佐證，少與庾亮深交，恐亦非事實，桓彝與庾亮深交是江左時期事。
桓彝南下之初，因不見信於王、馬，而被止於江北，逮司馬睿爲丞相，桓彝
始應辟命。過江後，附庸風雅，與勝流交接，即預江左八達名士之列，然桓
氏家族始終不爲時人所重。〔註32〕

桓彝渡江後，因與庾亮深交，得在明帝司馬紹爲太子時即與之交游，而
成親附。明帝即位後，王敦務在架空皇帝，於昔日之「太子黨」，尤其嫌忌。
桓彝因與明帝親善，亦以疾去職避禍。觀桓彝之做法，正與庾亮相同，想來
應不是巧合。庾、桓兩人反應如出一轍，當然是保家、保己之措施，然「以
疾去職」，亦有可能是明帝爲保全班底與實力，藉以鬆懈王敦嫌忌的策略。

---

〔註28〕《晉書》卷七十二〈郭璞傳〉，頁1909。
〔註29〕余嘉錫，《世說新語箋疏》〈文學第四〉77條，頁257。
〔註30〕參見《晉書》卷七十四〈桓彝傳〉，頁1939。
〔註31〕參見田餘慶，《東晉門閥政治》，頁113～126。
〔註32〕同上書，頁126～137。

桓彝雖去官，但仍與庾亮保持密切聯絡，《世說新語・賞譽》云：

> 庾公爲護軍，屬桓廷尉覓一佳吏，乃經年。桓後遇見徐寧而知之，
> 遂致於庾公曰：「人所應有，其不必有；人所應無，己不必無。眞海
> 岱清士。」〔註33〕

《世說新語》此條記載與《晉書》稍有出入，《晉書・桓彝傳》云：

> 於時王敦擅權，嫌忌朝士，彝以疾去官。嘗過輿縣，縣宰徐寧字安
> 期，通朗博涉，彝遇之，欣然停留累日，結交而別。先是，庾亮每
> 屬覓一佳吏部，及至都，謂亮曰：「爲卿得一吏部矣。」亮問所在，
> 彝曰：「人所應有而不必有，人所應無而不必無。徐寧眞海岱清士。」
> 因爲敍之，即遷吏部郎，竟歷顯職。〔註34〕

余嘉錫箋疏引清代學者程炎震語云：「太寧三年（325 年）十月，庾亮爲護軍將軍。」〔註35〕若取此說，則此事發生在第二次王敦之變後，其時明帝新崩未久，〔註36〕但《晉書》〈成帝紀〉、〈庾亮傳〉皆云明帝崩，庾亮旋徙中書令，不見爲護軍將軍之記載，不知程炎震此說據何而來。《世說新語》雖成書在《晉書》之前，然唐人修《晉書》必也有所本，〔註37〕又若庾亮囑桓彝覓佳吏爲太寧三年（325 年）十月事，及至桓彝至輿縣時事已經年，則桓彝推薦徐寧時已是成帝之世。根據《晉書・桓彝附徐寧傳》曰：

> 徐寧者，東海郯人也。少知名，爲輿縣令。時廷尉桓彝稱有人倫鑒
> 識，彝嘗去職，至廣陵尋親舊，還遇風，停浦中，累日憂悒，因上
> 岸，見一室宇，有似廨署，訪之，云是輿縣。彝乃造之。寧清惠博
> 涉，相遇欣然，因留數夕。彝大賞之，結交而別。至都，謂庾亮曰：
> 「吾爲卿得一佳吏部郎。」〔註38〕

據此，徐寧被薦當是桓彝去官時事，故此事應當發生於第二次王敦之變前，〔註39〕疑是劉義慶誤植庾亮官職歟？此事直接證明桓彝雖去官，與庾亮仍過

〔註33〕余嘉錫，《世說新語箋疏》〈賞譽第八〉65 條，頁 459。

〔註34〕《晉書》卷七十四〈桓彝傳〉，頁 1939～1940。

〔註35〕余嘉錫，《世說新語箋疏》〈賞譽第八〉65 條，頁 459。

〔註36〕據《晉書》及《資治通鑑》，明帝崩於太寧三年（325 年）閏八月戊子。

〔註37〕唐以前寫成的晉史，在十八家以上，唐初修《晉書》，以臧榮緒的《晉書》爲
　　　藍本，博採眾家之長，兼用文集、筆記及小說的資料。請參閱杜維運，《中國
　　　史學史（第二冊）》，臺北：三民書局，民國 87 年，頁 204。

〔註38〕《晉書》卷七十四〈桓彝傳〉，頁 1955～1956。

〔註39〕王素，〈試述東晉桓彝之功業〉，《中國史研究》，2005 年第一期，頁 25～36。

從甚密,甚且利用去職之便,爲庾亮覓才。然庾亮並非尙書省長官,何以要桓彝覓一佳吏部郎?又據〈徐寧傳〉亦言其受桓彝之薦任吏部郎,此中僅單純覓才,抑或要在吏部另植人脈,則不得而知。

桓彝於王敦之變前還替明帝執行那些工作?因事涉機密,任何事皆須潛圖之,故俱湮沈而不彰,《晉書‧桓彝傳》僅言「明帝將伐王敦,拜彝散騎常侍,引參密謀。」〔註40〕以明帝行事謹愼之風格,若無互信,不致「引參密謀」。據《通典》載「散騎常侍」職掌云:

> 魏文帝黃初初,置散騎,合於中常侍,謂之散騎常侍。後用士人,……散騎常侍掌規諫,不典事。……雖隸門下,而別爲一省。自魏至晉,共平尙書奏事,東晉乃罷之,而以中書職入散騎省,故散騎亦掌表詔焉。〔註41〕

散騎常侍原爲門下省職,但東晉情況特殊,往往以中書職入散騎省,《唐六典》注左散騎常侍云:

> 東晉并中書入散騎省,故庾亮讓中書牋曰:「方今並省,不宜多官。往以中書事並附散騎,此事宜也。方今喉舌之要則任在門下,章表詔命則取之散騎,殊無事復立中書也。」晉代此官選望甚重,時與黃門侍郎謂之黃散。〔註42〕

散騎常侍在東晉與三省長官一樣同爲三品官,職掌重要。前述中書、門下原均爲「內樞」機關,與君主較爲親近,並且共同牽制「外樞」之尙書省。東晉中書之職因爲權臣兼領而失去作用,君主不得不以門下侍中掌機事以牽制

---

文中論及此事的時間,認爲桓彝以疾去官應在太興三年(320 年)前後,其所持理由乃據《世說‧企羨》云:「王丞相拜司空,桓廷尉作兩髻、葛帬、策杖,路邊窺之,歎曰:『人言阿龍超,阿龍故自超。』不覺至臺門」作者認爲桓彝看見王導,是在其去官至興縣覓得徐寧之後回建康時事,而王導拜相是在太興四年(321 年),故推斷桓彝以疾去官在太興三年(320 年)左右,而推薦徐寧亦在三年至四年左右。然觀其上下文,並沒交代從何可證桓彝於路邊看王導,是在其去職之時,故相關推論似難成立。又設若桓彝確於太興三年(320 年)前後去職,以常情推之,此時的桓彝在朝中並非居於高官要職,亦不致威脅到王氏,且元帝與桓彝關係並不深,桓彝實無去職必要。及至明帝即位,桓彝因與明帝親善,才有可能爲王敦所忌,亦才有去職避禍之必要。故不採王素之說。

〔註40〕 《晉書》卷七十四〈桓彝傳〉,頁 1940。
〔註41〕 杜佑,《通典》卷二十一〈職官三〉,頁 551~552。
〔註42〕 李林甫等撰,《唐六典》(北京:中華書局,2005 年 4 月),卷八〈門下省〉,頁 246。

外朝大臣，於是門下之勢又重，並有兼昔日中書職任之實。此即《通典》與《唐六典》所謂「中書之職併在散騎。」蓋其時中書機要之任轉在門下，「筆札文采」則取於散騎，〔註43〕所謂「筆札文采」亦即庾亮所言之章表詔命也。換言之，明帝從任命庾亮爲中書監、溫嶠爲中書令，乃至用桓彝爲散騎常侍，其目的均在奪權，欲藉親信近臣掌詔命，並以此爲著力點，重振式微之君權。

　　至於明帝重用桓彝引參密謀，田餘慶推測所謂「密謀」，應指郗鑒建議以流民帥平亂一事。〔註44〕竊意明帝和其班底，計畫對付王敦當非一時之事，而是經長時期運籌，期間各個成員各有職司和角色，其目的均在助明帝打擊王敦，故此「密謀」恐非特定一事，而是泛指對付王敦之整體計畫而言。

## （四）紀　瞻

　　除庾亮外，另一出身大族之成員爲紀瞻。紀瞻，吳國吳人，南土望族，爲人方直清亮，在南土大族中屬積極擁護東晉政權者。早在司馬睿南下以前，因討陳敏有功，及至司馬睿爲安東將軍，紀瞻被引爲軍諮祭酒，又轉鎮東長史，甚得司馬睿親信，一度將京口重鎮也交由紀瞻。紀瞻在南土與軍中俱有重望，司馬睿爲籠絡南土人心，曾親幸紀瞻宅，與之同乘而歸。紀瞻也在周馥、華軼事件中，有功於司馬睿。紀瞻在政治意向上支持司馬氏，較顧榮、賀循等南土重量級人士表現得更積極。長安陷胡後，紀瞻與王導分別代表南北大族聯袂勸進司馬睿，又於司馬睿推讓不居帝位時喝斥韓績不得撤去御座，將司馬睿推向皇帝寶座。

　　元帝踐阼，先後拜其爲侍中、尚書，匡益朝政。明帝即位，欲藉紀瞻時望穩定南土人心，同時坐鎮六軍，故特意拉攏紀瞻。《晉書》〈紀瞻傳〉云：

> 明帝嘗引（紀）瞻於廣室，慨然憂天下，曰：「社稷之臣，欲無復十人，如何？」因屈指曰：「君便其一。」瞻辭讓。帝曰：「方欲與君善語，復云何崇謙讓邪！」……及王敦之逆，帝使謂瞻曰：「卿雖病，但爲朕護六軍，所益多矣。」〔註45〕

《北堂書鈔》卷六十四〈領軍將軍〉109 條云：

> 晉《起居注》武帝太始四年詔曰：「尚書韓伯陳疾解職，領軍閒無上直之勞，可得從容養病，更以伯爲領軍，進丹陽（楊）尹。」……

〔註43〕詳見陳啓雲，〈兩晉三省制度之淵源、特色及其演變〉，頁197～201。
〔註44〕田餘慶，《東晉門閥政治》，頁130。
〔註45〕《晉書》卷六十八〈紀瞻傳〉，頁1823。

《晉中興書》紀瞻辭領軍，乞以常侍宿衛左右。（明）帝曰：「今日
之事，豈得如君所論，但爲朕臥鎮六軍。」〔註46〕

紀瞻當時臥病，明帝與其交心，紀瞻只得勉爲其難爲明帝擔任領軍將軍，藉
其資望，防堵南土大族與王敦聯手，同時坐鎮六軍，穩定軍心。紀瞻所臥護
之六軍，事實上並非平亂主力，王敦之亂實賴流民帥所領導之流民武力平亂。
〔註47〕而爲明帝居中牽線徵召流民帥者爲郗鑒。

## （五）郗　鑒

　　郗鑒，高平金鄉人，高祖父爲漢御史郗慮，《晉書》郗鑒本傳言其博覽經
籍、以儒雅著名，西晉亡後，被推爲（塢）主，領千餘家避難於魯之嶧山，
元帝鎮江左，承制假郗鑒爲龍驤將軍、兗州刺史，鎮鄒山，三年間，眾至數
萬，元帝加輔國將軍，都督兗州軍事。〔註48〕郗鑒能進入建康朝堂，得力於
紀瞻之薦。《晉書》〈紀瞻傳〉載紀瞻上疏曰：

　　臣聞皇代之興，必有爪牙之佐，扞城之用，帝王之利器也。故虞舜舉十
　　六相而南面垂拱。伏見前輔國將軍郗鑒，少立高操，體清望峻，文武之
　　略，時之良幹。……若使鑒從容臺閫，出內王命，必能盡抗直之規，補
　　袞職之闕。……以鑒年時，則與若思同；以資，則俱八坐。況鑒雅望清
　　重，一代名器。聖朝以至公臨天下，惟平是與，是以臣寢頓陋巷，思盡
　　聞見，惟開聖懷，垂問臣（王）導，冀有豪氂萬分之一。〔註49〕

又據《眞誥》卷十五〈闡幽微第一〉注曰：郗鑒「永昌元年（322年）率諸流
民來渡江東」〔註50〕可知郗鑒南下時間較晚，但紀瞻以郗鑒能力突出，薦與
元帝「補袞職之闕」。永昌元年（322年）正月，第一次王敦兵變已作，七月，
紀瞻特薦郗鑒於元帝，或欲解元帝之急，疏文末尾，紀瞻表明宜垂問王導，
亦是「政由王氏」之一旁證。

　　元帝接受紀瞻建議，但對流民帥無法信任，不願放任彼等領軍，故徵郗
鑒入居建康。此亦爲日後東晉對付流民帥一貫之手法：僅徵召流民帥個人入

〔註46〕隋‧虞世南撰，《北堂書鈔》，天津：天津古籍出版社，1988年12月，卷六十
　　　　四〈領軍將軍〉109條，頁264。
〔註47〕詳見田餘慶，《東晉門閥政治》，頁37～45。
〔註48〕詳見《晉書》卷六十七〈郗鑒傳〉，頁1797。
〔註49〕《晉書》卷六十八〈紀瞻傳〉，頁1822～1823。
〔註50〕陶宏景撰，《眞誥》，收錄於原刻影印《百部叢書集成》，臺北：藝文印書館，
　　　　卷十五，頁7。

臺城。一則可使其脫離其所倚仗之武力及地盤，就近看管，再則可測試流民帥對朝廷之向心力，並非所有流民帥皆願受朝廷徵召入京，後來的蘇峻之亂即因是引發。但郗鑒接受徵召，其時郗鑒受石勒所逼，率眾退保合肥，東晉素來不讓流民帥率眾渡江，故其眾只能南至合肥。郗鑒隻身入建康，朝廷徵拜領軍將軍，轉尚書，但郗鑒均以疾不拜。田餘慶認為領軍將軍負宿衛之任，非流民帥所宜領，而尚書之職衡諸當時內外情勢亦屬不合，故郗鑒「以疾不拜」。〔註51〕此說合情合理，但或有隱晦曲折之處。郗鑒原職兗州刺史，就在朝廷徵召之前，剛被王敦加為安北將軍。王敦此時掌控朝政，政由己出，朝臣不敢違逆敦意。郗鑒被加為安北將軍後不數日朝廷便授與新職，或許亦為郗鑒「以疾不拜」領軍將軍與尚書之因，其不欲與王敦正面衝突，「以疾」避職或為郗鑒當時最佳選擇。但郗鑒自江北來到建康，不會只為「以疾不拜」。元帝於永昌元年（322 年）閏十一月崩，自郗鑒渡江至元帝崩殂，其間五個月，郗鑒未授新職，亦未北返合肥，可能與太子司馬紹有所接觸，甚且已參與謀畫討敦事宜。因為明帝初即位，便以郗鑒為外援，拜其為安西將軍、兗州刺史、都督揚州江西諸軍、假節，鎮合肥。此時郗鑒才再回到合肥統領流民軍隊。倘使先前無接觸和十足把握，明帝當不致貿然以郗鑒為外援。

合肥自三國以來，一直是南北戰略要地，〔註52〕與建康互為倚角。〔註53〕王敦憚郗鑒武力，不願郗鑒守合肥，遂表鑒為尚書令，由是徵還朝廷，此為

---

〔註51〕田餘慶，《東晉門閥政治》，頁 46。

〔註52〕有關合肥之得名，據《水經注》云：「肥水又北逕荻城東，又北逕荻丘東，右會施水枝津，水首受施水于合肥縣城東，西流逕成德縣，注于肥水也。」（北魏‧酈道元注、民國‧楊守敬、熊會貞疏，《水經注疏》，南京：江蘇古籍出版社，1989 年 6 月，頁 2674〜2675。）又云：「施水受肥於廣陽鄉，東南流逕合肥縣，……蓋夏水暴長，施合於肥，故曰合肥也。」（頁 2690。）合肥因為北受肥水，南受施水，往北可循肥水入淮，由淮水可進據中原；南沿施水可至巢湖，由巢湖可接濡須水達長江，由長江可下江東，故其成為淮南地區的水陸要衝。《讀史方輿紀要》云：「欲固東南者，必爭江漢，欲規中原者，必得淮泗，有江漢而無淮泗，國必弱，有淮泗而無江漢之上游，國必危。」（顧祖禹，《讀史方輿紀要》，臺北：樂天出版社，民國 62 年，〈江南方輿紀要序〉，頁 843。）《通鑑地理通釋》（宋‧王應麟，《通鑑地理通釋》，臺北：廣文書局，民國 60 年 9 月。）又云：「唐氏曰：『自古天下裂為南北，其得失皆在淮南，吳不得淮南，而鄧艾之故，吳并於晉。陳不得淮南，而賀若弼理之故，……故陳並於隋，南得淮則足以拒北，北得淮則南不得自保矣。』」合肥之重要性由此可見。請參見《通鑑地理通釋》卷十一，頁 18。

〔註53〕請參閱田餘慶，《東晉門閥政治》，頁 46。

太寧元年（323年）八月事，足見明帝此時仍低調部署，盡量不與王敦正面衝突，而王敦於明帝周邊和任命之人事，管控嚴格，藉此遙制朝廷。郗鑒自合肥南返建康，道經姑孰，與王敦相見，議論西都人物，郗鑒謂樂廣柔而能正，勝於奮滿之失節，王敦大怒，久留不遣，以郗鑒名位俱重，不敢加害，最後仍放歸朝廷，郗鑒至建康遂與明帝謀討王敦。郗鑒與明帝謀畫討敦事宜，對明帝做出最關鍵之提議是：建議明帝以流民帥做為主力平王敦之變，〔註54〕解決中央軍力嚴重不足之問題，免蹈第一次王敦之變時僅以台城之兵抵拒王敦之窘境。

## （六）應　詹

　　在討滅王敦過程中另一位發揮影響力的武將則為應詹。應詹，字思遠，汝南南頓人，曹魏侍中應璩之孫。弱冠知名，以學藝文章著稱。應詹渡江主要是因鎮南大將軍劉弘為詹之祖舅，請其為長史。後王澄繼劉弘為荊州，又假應詹督南平、天門、武陵三郡軍事，故其與荊州淵源頗深。

　　司馬睿至江東，以應詹安撫谿蠻及討杜弢有功，假詹建武將軍，王敦又上詹監巴東五郡軍事，賜爵潁陽鄉侯。元帝與王敦交惡，以鎮北將軍劉隗出鎮，應詹為其軍司，後加散騎常侍，累遷光祿勳。

　　王敦第一次稱兵，專制自樹，應詹因與劉隗之上下關係，於劉隗亡走北方後，為免牽連，只得「優游諷詠，無所標明」〔註55〕以避禍。應詹雖未如前述諸人以疾去職，但其「優游諷詠，無所標明」在王敦人肆誅殺、整肅劉、刁黨羽之風暴中，僅得自全。及至明帝因王敦之迫，問計於應詹，乃慷慨陳辭：

> 陛下宜奮赫斯之威，臣等當得負戈前驅，庶憑宗廟之靈，有征無戰。

> 如其不然，王室必危。〔註56〕

這種論調，更加堅定明帝討敦意志，也讓應詹成為明帝班底的一員。

　　明帝與庾亮、溫嶠、桓彝、郗鑒、應詹等人密謀之詳細時間不明，或次第進行，或同時進行，其中討敦之軍事計畫至遲於太寧元年（323年）八月以後已著手進行。而從明帝太子時期就與太子交好，並將太子推居皇位之王導，因為與王敦為從兄弟，又是王家重要成員，在密謀討敦過程中，被完全摒除於核心班底之外。雖然如此，明帝深知王家在朝勢力，表面上仍委由王導領

〔註54〕請參閱田餘慶，《東晉門閥政治》，頁37～45。
〔註55〕《晉書》卷七十〈應詹傳〉，頁1859。
〔註56〕《晉書》卷七十〈應詹傳〉，頁1859。

衛討敦。

太寧二年（324 年）六月，明帝完成討敦軍事部署，決意和王敦一決高下，負責各個正面攻守任務之將領如下：

> 丁卯，以丹楊尹溫嶠爲中壘將軍，與右將軍卞敦守石頭，以光祿勳應詹爲護軍將軍、假節、督朱雀橋南諸軍事，以尚書令郗鑒行衛將軍，都督從駕諸軍事，以中書監庾亮領左衛將軍，以尚書卞壺行中將軍。徵平北將軍、徐州刺史王邃，平西將軍、豫州刺史祖約，北中郎將、兗州刺史劉遐，奮武將軍、臨淮太守蘇峻，奮威將軍、廣陵太守陶瞻等還衛京師。〔註 57〕

此外，明帝將征討大都督之責加予王導，同日「加司徒王導大都督、假節、領揚州刺史。」在眾目睽睽下，王導只得與王敦畫清界線。平北將軍、徐州刺史王邃爲王敦、王導之叔，明帝調其還衛京師，一則使其受祖約、劉遐、蘇峻等流民帥將領牽制，另一方面亦是防其倒向王敦。但觀王導與王含書，王邃先將明帝藉流民帥平亂之謀告訴王導，王導又以書信將諸多軍息透露給王含，王家人「心思外濟」證據確鑿。

溫嶠、郗鑒、庾亮、應詹均爲明帝班底和親信，陶瞻爲陶侃之子，陶侃則與應詹爲昔日戰友，私交匪淺，〔註 58〕祖約、劉遐、蘇峻等流民帥是透過郗鑒引薦，郗鑒可居中協調約制，而卞壺、卞敦兄弟，史書雖未言彼等參與密謀，但卞壺曾爲明帝太子時期東中郎長史，與明帝頗有淵源，卞壺正直不阿，任職負責，深受明帝賞識。〔註 59〕另還有紀瞻爲其臥護六軍，中央則有桓彝擔任散騎常侍，於明帝左右，承旨掌理詔命。綜觀明帝之部署，除庾亮、王邃外，幾無北方高門人士，明帝或慮彼等與王家內外相維相應，亦未可知。七月，兩軍交戰，敦軍失利，王敦憤惋而亡，不數月，敦軍徹底潰敗。明帝籌擘經年之滅敦計畫，終底成功。

明帝之所以能在短短二年之間討平王敦，除明帝本人岐嶷能斷外，其於險峻局勢中，苦心潛謀，以昔日太子時期至交和僚屬組成一謀滅王敦之班底，且成員各司其職，既爲明帝後盾，亦爲明帝前鋒，最後終得討滅王敦，確保

---

〔註 57〕《晉書》卷六〈明帝紀〉，頁 161。
〔註 58〕請參閱《晉書》卷七十〈應詹傳〉，頁 1861。
〔註 59〕《晉書》卷七十〈卞壺傳〉曰：「（卞）壺幹實當官，以褒貶爲己任，勤於吏事，欲軌正督世，不肯苟同時好。然性不弘裕，才不副意，故爲諸名士所少，而無卓爾優譽。明帝深器之，於諸大臣而最任職。」，頁 1871。

東晉國祚之賡續。

## 第二節 明帝之政治布局

明帝討滅王敦後一年駕崩，諸多措施根本不及施行，但短短一年間，明帝即已完成若干布署，這些措施對東晉政治均有實質影響。就中茲可注意者有如下數端：

### 一、復三族刑

王敦之變後面對紛亂之政局，爲求內部和輯，人心寧定，不能大張旗鼓地進行政治清算，此即溫嶠、郗鑒等人上議赦宥王敦佐吏之因，〔註60〕明帝亦從善如流，先是太寧二年（324 年）七月「丁酉，帝還宮，大赦，惟敦黨不原。」〔註61〕至十月一改前令，下詔王敦羣從一無所問。〔註62〕

東晉開國倚恃大族扶持，皇基未固，短短八年間，兩次動搖國本的王敦之變，讓新朝顯得左支右絀，窘態畢露。非但如此，朝廷在面對此類事變時，缺乏法律基礎據以處置。蓋西晉武帝泰始四年（268 年）頒行「泰始律」，雖然對於各類犯罪之刑罰較前爲輕，但於謀反、大逆、大逆不道等重罪，仍多施以三族刑、族刑、汙瀦、腰斬等酷刑，惟此等並未做爲刑律中之常例，而是臨事以詔令處置。〔註63〕西晉時期凡謀反、亂政者，幾乎皆以三族刑處置，〔註64〕蓋三族刑實爲翦除反側勢力，並恫嚇其他有異心者之有效手段。西晉末年，懷帝於永嘉元年（307 年）正月詔除三族罪。東晉開國，未遑修法，以致於兩次王敦之變，朝廷非但無法以三族罪從重處置敦黨，反而礙於現實，不得不發詔從輕發落。明帝於太寧三年（325 年）春二月，復三族刑，惟不及婦人。三族刑之恢復，自可確認要對謀反者或敵對勢力祭出重罰，讓謀反、大逆分子依法受到嚴厲處置，重懾人心以杜絕未來之患，此爲明帝未雨綢繆之措施。但終東晉之世，雖屢有大逆、謀反之事發生，實際並未有夷三族之

---

〔註60〕參見《晉書》卷六十七〈郗鑒傳〉，頁 1798。
〔註61〕《晉書》卷六〈明帝紀〉，頁 162。
〔註62〕同上。
〔註63〕請參見寧漢林，《中國刑法通史》（第四冊），瀋陽：遼寧大學出版社，1989年 10 月，頁 29。
〔註64〕請參閱拙著《魏晉南北朝的婦女緣坐》，國立臺灣大學歷史研究所碩士論文，頁 65～68。

例，僅有一例，也僅止於族誅，〔註65〕可見明帝回復三族刑，震懾作用大於實質。

## 二、分上流之勢強本弱枝

王敦專勢以來，沿江重鎮皆以王家人出鎮，致使荊、揚對峙，上流〔註66〕威逼下游的情勢再三重演，明帝為解決此一戰略部署問題，於討滅王敦後，調動外鎮人事，藉以強化中央勢力。《晉書·明帝紀》云：

> 屬王敦挾震主之威，將移神器。帝崎嶇遵養，以弱制強，潛謀獨斷，廓清大梲。改授荊、湘等四州，以分上流之勢，撥亂反正，強本弱枝。雖享國日淺，而規模弘遠矣。〔註67〕

過去治晉史者，論荊、揚對峙者夥，但論及明帝曾分上流之勢，扭轉上下游對峙，改變京師備受威脅之態勢者鮮！今就王敦之變後州鎮改授情形，一探明帝之部署。

上引史料中言及明帝「改授荊、湘等四州，以分上流之勢。」所謂四州，除荊、湘外，另二州何所指？據《晉書·地理志》云：

> 元帝渡江，建都揚州，……是時司、冀、雍、涼、青、幷、兗、豫、幽、平諸州皆淪沒，江南所得但有揚、荊、湘、江、梁、益、交、廣，其徐州則有過半，豫州惟得譙城而已。〔註68〕

據此，可知東晉泰半之州皆無實土，僅空具名義，即所謂「僑州」。此類州鎮或授以北方晉人，各自努力，或以實州之方鎮都督其軍事，於南方之政局影響甚微。故明帝所改授之上游州鎮，必指有實土之州，其中豫州雖居揚州西方，但自祖逖亡後，豫州就由祖約出鎮，直至明帝駕崩，未曾異動。而交、廣二州在揚州以南，徐州則居揚州之北，揚州以西統實土者只有荊、湘、江、梁、益諸州，其中益州於西晉惠帝以後，郡縣皆沒於李特，史稱成漢。後其子李雄續僭號於蜀，是時益州郡縣雖沒於李氏父子，但江左仍遙置之。〔註69〕

---

〔註65〕 此為殷涓、庾倩被殺之事，嚴格說來，此事為桓溫翦除政敵之手段，並非晉帝之處置，請參閱拙著《魏晉南北朝的婦女緣坐》，頁69～71。

〔註66〕 上游概指建康以西皆屬之。請參徐震堮注，《世說新語校箋》附錄〈世說新語詞語簡釋〉「上、下」條：「東晉都於建康，處長江下游，故自都泝江而西皆曰『上』，自荊江等州赴建康皆曰『下』。」見該書下冊，頁551。

〔註67〕 《晉書》卷六〈明帝紀〉，頁165。

〔註68〕 《晉書》卷十五〈地理志〉，頁463。

〔註69〕 《晉書》卷十四〈地理志〉，頁440。

易言之，桓溫伐成漢以前，東晉未能實際治理益州。因此，明帝所改授之上游四州，必定是據有實土之荊、湘、梁、江四州。今據萬斯同《東晉方鎮年表》將王敦之變前後此四州方鎮之異動表列如下：〔註70〕

| 時間 | 荊州 | 江州 | 湘州 | 梁州 |
|---|---|---|---|---|
| （元帝）永昌元年（322年）壬午<br>正月王敦反，三月入京師，十一月帝崩 | （王）敦 三月解<br>王廙 平南將軍、都督荊梁二州軍事、荊州刺史，十月卒<br>王含 衛將軍領刺史 | （王）敦 正月舉兵犯闕，三月入京師，四月還武昌 | （司馬）承 四月王敦陷湘州，被殺 | （甘）卓 五月為王敦黨所殺<br>敦舒 |
| 明帝太寧元年（323年）癸未 | （王）含 十一月遷征東大將軍、都督江西諸軍事<br>王舒 監沔南諸軍事、荊州刺史 | （王）敦 四月移鎮姑熟<br>王彬 十一月命 | 缺 | （敦）舒 |
| （明帝太寧）二年（324年）甲申<br>六月王敦反，復寇京師，七月死 | （王）舒 | （王）彬 入為光祿勳<br>應詹 十月，平南將軍都督江州諸軍事、江州刺史 | 劉顗 | 缺 |
| （明帝太寧）三年（325年）乙酉<br>八月（按《晉書·本紀》為閏八月）帝崩 | （王）舒 六月改湘州<br>陶侃 征西大將軍開府儀同三司、都督荊、湘、梁、雍四州軍事、荊州刺史 | 應詹 | （劉）顗 六月改廣州<br>王舒 平西將軍都督湘州諸軍事、湘州刺史 | 缺 |

四州之中最關鍵者為荊州，東晉荊州刺史因兼督數州，實據江南之半，又有「分陝」之稱。〔註71〕元帝時左遷荊州刺史陶侃為廣州刺史，將西土軍政一委於王敦，外重之局成形。此後，荊州刺史一職始終是王家囊中物，王家任此職者，先後有王敦、王廙、王含、王舒。王敦之變後，明帝趁勢將荊州改授陶侃，坐鎮上流。

陶侃，字士行，本傳謂其原鄱陽人，吳平，徙家廬江之尋陽。陳寅恪謂其為溪族。〔註72〕陶侃以出身故，只能藉武功致位通顯。陳敏之亂、杜弢之

---

〔註70〕參見萬斯同，《東晉方鎮年表》，收錄於《二十五史補編》，頁3454。原表無記錄者，以「缺」字表示。

〔註71〕參見《晉書》卷八十四〈殷仲堪傳〉，頁2194。

〔註72〕參閱陳寅恪，〈魏書司馬叡傳江東民族條釋證及推論〉，收錄於氏著《陳寅恪

亂、梁、益流人之亂均賴侃平定。然其雖爲當日江左勝流，惟陶侃前在洛下時，卻遭「奈何與小人共戴」之鄙，至若張華、顧榮等與之交接者，則均異之。〔註73〕明帝以陶侃代王舒，除因昔日其吏荊州時治績甚佳外，其戰功與出身亦是要因。陶侃功業卓群，坐鎮荊州，實至名歸，由陶侃任荊州，可堵異心者口實。況且陶侃出身小姓，不致重演王家歷史。明帝遂安心以陶侃居分陝重任。

江州在惠帝時始自荊、揚分出，〔註74〕是揚州以西僅次於荊州之要州，不僅爲晉之南藩，且有運漕之利。〔註75〕兩次王敦之變期間，江州被控於王家的王敦及王彬手中。事變之後，明帝徵王彬爲光祿勳，以其親信應詹出任江州刺史，王家此時受王敦之累，自保猶不暇，只得拱手讓出江州。

湘州是懷帝時分荊州、廣州而置。〔註76〕元帝時爲防範王敦，以宗室譙王承出鎮，然而湘州瘠困，難有作爲，軍力舟乘又爲王敦分半，譙王承非但無法有效牽制王敦，反爲王敦授意王廙殺害。司馬承亡後，由何人任湘州，史無明載，惟見太寧二年（324年）劉顗爲湘州刺史。劉顗何時出任湘州刺史，史料闕如，其人相關事蹟亦無所悉，其爲湘州刺史直至太寧三年（325年）六月，始與王舒互調，出任廣州刺史，而原廣州刺史王舒調爲湘州。劉顗從王敦亂前即出鎮湘州，至王敦亂後一年，因明帝欲安撫王家才調爲廣州刺史，想必不爲敦黨，否則明帝不致使其安居湘州。至於王舒於太寧三年（325年）六月出鎮湘州一事，《晉書・王舒傳》云：

> 及（王）敦敗，王含父子俱奔（王）舒，舒遣軍逆之，並沈於江。
>
> 進都督荊州、平西將軍，假節。尋以陶侃代舒，遷舒爲安南將軍、

集・金明館叢稿初編》，頁89～93。
〔註73〕參見《晉書》卷六十六〈陶侃傳〉，頁1768。
〔註74〕《晉書》卷十五〈地理志〉云：「惠帝分桂陽、武昌、安成三郡立江州。」又云：「惠帝元康元年（291年），有司奏，荊、揚二州疆土廣遠，統理尤難，於是割揚州之豫章、鄱陽、廬陵、臨川、南康、建安、晉安，荊州之武昌、桂陽、安成，合十郡，因江水之名而置江州。」頁458～463。洪亮吉，《東晉疆域志》（收錄於二十五史補編）引《水經注》云：「惠帝永平中始置江州。」又引《元和郡縣志》云：「有司奏分江州在元康元年（291年），定立江州則在二年（292年）也，永興元年（304年）又分廬江之尋陽、武昌之柴桑二縣置尋陽，屬江州。」，頁3616。
〔註75〕參見《晉書》卷八十一〈劉胤傳〉，頁2114。
〔註76〕《晉書》卷十五〈地理志〉曰：「（晉）懷帝又分長沙、衡陽、湘東、零陵、邵陵、桂陽及廣州之始安、始興、臨賀九郡置湘州。」頁458。

> 廣州刺史。舒疾病，不樂越嶺，朝議亦以其有功，不應遠出，乃徙
> 爲湘州刺史，將軍、都督、持節如故。〔註77〕

王舒得以不遠出，乃應朝議之請，朝議以其「有功」，不應遠出。而王舒之功，乃指其於王敦之變中二項貢獻，一爲王舒與王導入告明帝王敦欲起兵，一爲沈王含、王應父子於江。此二功勞皆爲出賣同宗以求自全的失德手段。王舒以此敘功，又以此得不遠出。明帝雖有心削弱王家勢力，但面對朝議如此，也只得緩圖，而不得不以王舒代劉顗，將劉顗遠遷廣州。然而明帝對此亦非無算計，蓋湘州邊上，還有一與王家關係不深之陶侃，且侃軍實力遠勝湘州，陶侃以征西大將軍加開府儀同三司之尊，都督荊、湘、梁、雍四州諸軍事，王舒必不致妄動，故明帝以王舒任湘州，既能俯聽朝議，緩和王家與皇權間的緊張對峙，又不致威脅中央，產生尾大不掉之局。

梁州乃西晉武帝時分益州而立。〔註78〕《晉書‧地理志》云：

> 惠帝復分巴西置宕渠郡，統宕渠、漢昌、宣漢三縣，并以新城、魏
> 興、上庸合四郡以屬梁州。尋而梁州郡縣沒于李特，永嘉中又分屬
> 楊茂搜，其晉人流寓於梁益者，仍於二州立南北二陰平郡。〔註79〕

東晉初，甘卓爲梁州刺史，鎮襄陽，〔註80〕於荊州有牽制之實，此即第一次王敦之變時，再三拉攏甘卓，說服其共同舉事之因。甘卓首尾觀望，欲執兩端，未依約出兵助王敦，後襄陽太守周慮承敦意殺卓，以解除王敦後方之患。〔註81〕甘卓死後，王敦表薦郭舒爲梁州刺史。據《晉書》〈王戎附郭舒傳〉觀之，郭舒爲人忠亮，胸襟弘大，與應詹同樣先後任劉弘、王澄掾屬，應與應詹熟識，後爲王敦召爲參軍，轉從事中郎。王敦謀逆，郭舒曾勸諫，王敦雖不從，但重其公亮，故於甘卓死後，表爲梁州刺史。郭舒自永昌元年（322年）出鎮梁州，至成帝咸和元年（326年）四月入爲僕射，明帝實際並未改授，第二次王敦之變，郭舒未助王敦，應詹是否居中聯繫，不得而知，但郭舒之立場，應是其日後仍爲梁州刺史的主因。

一言以蔽之，明帝於王敦之變後，調動上游州鎮，一則仍讓王家保有湘

---

〔註77〕《晉書》卷七十六〈王舒傳〉，頁2000。
〔註78〕《晉書》卷十四〈地理志〉云：「（武帝）泰始三年，分益州之梁州於漢中。」，頁436。
〔註79〕《晉書》卷十四〈地理志〉，頁437～438。
〔註80〕參見《晉書》卷七十〈甘卓傳〉，頁1863。
〔註81〕同上書，頁1863～1866。

州刺史之職，但使陶侃於後監控，不致威脅中央。一則將距離建康最近之江州，置於自己班底應詹之手，以護衛建康，節制上流。而原本表現尚佳之州鎮，則維持不動，以免全面改授，使人心浮動。

　　為強化根本，除上游州鎮外，明帝亦重新部署京城左近之區。其中青、徐、兗三州實為一體，是揚州東北方門戶，直接扼制建康咽喉，從州鎮人事之安排，最可看出勢力之消長。據《東晉方鎮年表》，王敦之變前後，此三州州鎮異動如下：〔註82〕

| 時　　　間 | 徐　　　州 | 兗　　　州 | 青　　　州 |
|---|---|---|---|
| （元帝）永昌元年（322年）壬午<br>正月王敦反，三月入京師，十一月帝崩 | （王）敦 | （郗）鑒　七月入為尚書<br>劉遐　北中郎將、兗州刺史 | （曹）嶷<br>（劉）隗　三月召還京<br>王邃　十月征北將軍、都督青、徐、幽、平四州軍事，鎮淮陰 |
| 明帝太寧（323年）元年癸未 | （王）敦　三月石勒陷下邳，退保盱眙，入為大司農<br>王邃 | （劉）遐 | （曹）嶷　八月石虎陷青州，被殺<br>王邃　改鎮徐州 |
| （明帝太寧）二年（324年）甲申<br>六月王敦反，復寇京師，七月死 | （王）邃　六月召衛京師<br>劉遐　十月北中郎將、監淮北諸軍事、徐州刺史 | （劉）遐　十月改徐州<br>檀斌 | 缺 |
| （明帝太寧）三年（325年）乙酉<br>八月帝崩 | （劉）遐 | （檀）斌　四月為石勒所攻，被殺 | 缺 |

　　青、徐、兗三州屬北府軍區，〔註83〕位於建康東北，於中央安全之防禦，具舉足輕重地位。東晉初年，三州之域尚未完全淪陷，其間塢堡林立，依違南北。太寧三年（325年）以後，淮北盡淪於後趙，青、兗二州之地亦失，徐州所剩僅半。太寧元年（323年），王敦以其叔王邃代己為徐州，太寧二年（324年）六月，明帝欲討伐王敦，召王邃入衛京師，實為防堵王家上下游串連與王敦相呼相應，王敦之變後，明帝以討王含有功之流民帥劉遐任徐州刺史。

　　劉遐原為塢主，壁於河、濟之間，後遣使受元帝節度，朝廷嘉之，屢討

〔註82〕參見萬斯同，《東晉方鎮年表》，頁3454。原表無記錄者，以「缺」字表示。
〔註83〕東晉時北府以都督徐、兗、青三州諸軍事為主，成帝咸和六年，又加都督揚州之晉陵、吳郡諸軍事。詳見吳慧蓮，《東晉劉宋時期之北府》，頁30～33。

－117－

逆有功，太寧元年（323 年），明帝以其爲兗州刺史。王敦之變，因郗鑒之薦，與蘇峻俱赴京討王含，〔註84〕事平，以功拜北中郎將、監淮北軍事、徐州刺史，代王邃鎮淮陰。原職兗州刺史則由檀斌接替。

有關檀斌生平，史無所載，惟《晉書・石勒載記》載石勒將「石瞻攻陷兗州刺史檀斌于鄒山，斌死之。」〔註85〕太寧三年（325 年）四月，檀斌死，兗州刺史則由明帝班底親信郗鑒出任，並都督青、徐、兗三州軍事。其時淮北尚未完全陷於石勒，兗州刺史多以此區流民帥出任，從劉遐、檀斌至郗鑒，盡皆流民帥。

與徐、兗同屬北府之青州，早在元帝即位前，即爲王彌別帥曹嶷盜據，曹嶷自稱青州刺史。建武元年（317 年）六月，曹嶷稱藩勸進，青州刺史一職便委由曹嶷出任。太興四年（321 年）三月，元帝爲防制王敦，進曹嶷爲安東將軍，七月，以腹心劉隗出任青州刺史，鎮淮陰，都督青、徐、幽、平四州軍事。永昌元年（322 年）三月，劉隗被召還京師，繼則北奔石勒。十月，王敦安排王邃任征北將軍、青州刺史，都督青、徐、幽、平四州軍事。太寧元年（323 年），王邃改鎮徐州，曹嶷因建康懸遠，勢援不接，被石虎所殺。明帝未再授青州刺史，太寧三年（325 年）七月，車騎將軍、兗州刺史郗鑒都督徐、兗、青三州軍事，北府重要性與日俱增。

明帝於王敦亂後，對青、徐、兗三州亦有所調整，青州不設州刺史，徐、兗二州則以流民帥劉遐、郗鑒出任，同時將此區軍事重權畀予郗鑒，一則藉以拱衛京師，再則讓青、徐、兗、豫成爲流民帥之優勢區，使得日後北府地位益形重要。

明帝於王敦亂後之州鎮部署，上流以陶侃坐鎮，王家除湘州外，沿江的州鎮勢力幾乎全部肅清。王家原居上游之勢，從此一挫而潰，此即「撥亂反正」。明帝又於近揚州之江州、兗州部署自己班底，藉青、徐、兗、豫、江之軍力拱衛京師，讓親朝廷勢力對揚州形成半包圍之態，有效地分隔上游與揚州，達到強本弱枝目的。明帝雖未能徹底解決荊、揚對峙與地方對抗中央之問題，但其以選用恰當州鎮，扭轉地方壓迫中央和東西對峙的難題，達到皇權重振目的，並且讓北方大族勢力從州鎮中退卻。唯天不假年，明帝正待大展鴻圖，卻於王敦之變後菁年而崩，但觀其思慮與部署實可謂弘遠。

---

〔註84〕參見田餘慶，《東晉門閥政治》，頁 42～45。
〔註85〕《晉書》卷一百五〈石勒載記〉，頁 2742。

## 三、設計新政治勢力架構

　　明帝於王敦之變後，重新部署人事之際，亦留意各種勢力之安撫與拉攏，尤其在意吳地人士的籠絡。太寧三年（325 年）八月，明帝下詔：

> 吳時將相名賢之冑，有能纂修家訓，又忠孝仁義，靜己守眞，不聞
> 于時者，州郡中正亟以名聞，勿有所遺。〔註86〕

明帝循元帝做法，極力拉攏吳地人士。尤其王敦之變前後，北方石勒步步進逼，礙於內政上的大難題，明帝不克處理北方形勢，及至王敦之變告一段落，青、兗兩州先後淪陷，倘若無法內聚人心，撫順和輯，紛雜之內政問題必多添變數，東晉既立足江東，在地勢力輕忽不得，是以明帝頗在意籠絡吳地人心。

　　閏八月，明帝不豫，值此之際，一場政治鬥爭已如火如荼展開。王敦之變時，庾亮協助明帝做聯絡、策應等工作，成功討滅王敦。庾亮遂以外戚和重臣之姿躍上政治舞台成爲要角。與此同時，明帝亦多方培植親皇室勢力，宗室成員司馬宗、司馬羕和外戚虞胤均受重用。虞胤乃元敬皇后之弟，元敬皇后雖非帝母，但於明帝有母養之恩。明帝以虞胤爲右衛將軍，與左衛將軍南頓王司馬宗俱爲明帝所親昵，委以禁旅。明帝對南頓王宗與虞胤之寵任，與庾亮、王導產生衝突矛盾，《晉書·庾亮傳》曰：

> 及帝疾篤，不欲見人，群臣無得進者。撫軍將軍、南頓王宗，右衛
> 將軍虞胤等，素被親愛，與西陽王羕將有異謀。亮直入臥內見帝，
> 流涕不自勝。既而正色陳羕與宗等謀廢大臣，規共輔政，社稷安否，
> 將在今日，辭旨切至。帝深感悟，引亮升御座，遂與司徒王導受遺
> 詔輔幼主。〔註87〕

同書〈外戚虞胤傳〉亦有類似記載：

> 及帝不豫，（司馬）宗以陰謀發覺，事連（虞）胤，帝隱忍不問，徙
> 胤爲宗正卿，加散騎常侍。〔註88〕

上引史料直指西陽王羕、南頓王宗、虞胤等人謀廢大臣，欲共輔政，而「大臣」者，同書〈汝南王亮附司馬宗傳〉有較清楚說明：

> （司馬）宗與王導、庾亮志趣不同，連結輕俠，以爲腹心，導、亮
> 並以爲言。帝以宗戚屬，每容之。及帝疾篤，宗、胤密謀爲亂，亮

---

〔註86〕《晉書》卷六〈明帝紀〉，頁 164。
〔註87〕《晉書》卷七十三〈庾亮傳〉，頁 1917～1918。
〔註88〕《晉書》卷九十三〈外戚虞胤傳〉，頁 2413。

> 排闥入，升御牀，流涕言之，帝始悟。轉爲驃騎將軍。胤爲大宗正。
> 宗遂怨望於辭色。〔註89〕

文中並未言明司馬宗和庾亮、王導何以會「志趣不同」，但「大臣」者顯然係指王導和庾亮兩人。司馬宗「連結輕俠，以爲腹心」，威脅到王導、庾亮，二人才會狀告明帝。但明帝未做嚴厲處置，是明帝刻意維護？抑或如史書所言因彼等爲戚屬而優容之，則不得而知。又庾亮於帝疾篤之際流涕陳述，明帝既感悟，何以此等大事僅以調職了事，又據〈明帝紀〉云：

> 壬午，帝不悆，召太宰、西陽王羕，司徒王導，尚書令卞壼，車騎
> 將軍郗鑒，護軍將軍庾亮，領軍將軍陸曄，丹楊尹溫嶠並受遺詔，
> 輔太子。……凡此公卿，時之望也。敬聽顧命，任託付之重，同心
> 斷金，以謀王室。〔註90〕

明帝之輔政大臣不止王導、庾亮，明帝若眞「感悟」，理應委由王、庾輔政，而不致搞出陣容龐大，各具「時望」之輔政團。王夫之認爲輔政多人是庾亮欲避外戚專權之名而引之一同參政。〔註91〕此說大可商榷！箇中實隱含諸多疑點，比對《資治通鑑》所載相關情節與《晉書》所載大相徑庭，當可看出端倪：〔註92〕

> 右衛將軍虞胤，元敬皇后之弟也，與左衛將軍南頓王宗，俱爲帝所
> 親任，典禁兵，直殿內，多聚勇士以爲羽翼；王導、庾亮皆忌之，
> 頗以爲言，帝待之愈厚，宮門管鑰，皆以委之。帝寢疾，亮夜有所
> 表，從宗求鑰；宗不與，叱亮使曰：「此汝家門戶邪！」亮益忿之。
> 及帝疾篤，不欲見人，群臣無得進者。亮疑宗、胤及宗兄西陽王羕
> 有異謀，排闥入升御床，見帝流涕，言羕與宗等謀廢大臣，自求輔
> 政，請黜之；帝不納。壬午，帝引太宰羕、司徒導、尚書令卞壼、
> 車騎將軍郗鑒、護軍將軍庾亮、領軍將軍陸曄、丹楊尹溫嶠，並受
> 遺詔輔太子，更入殿將兵直宿。〔註93〕

---

〔註89〕《晉書》卷五十九〈汝南王亮傳〉，頁1595。
〔註90〕《晉書》卷六〈明帝本紀〉，頁164～165。
〔註91〕王夫之，《讀通鑑論》卷十三（晉）〈成帝〉曰：「庾亮不專於己，而引西陽王
　　　 羕、王導、卞壼、郗鑒、溫嶠與俱受託孤之遺詔，避漢季竇、梁之顯責，亮
　　　 其愈矣。」，頁403。
〔註92〕田餘慶引《晉書》記載，認爲司馬宗等人之鬥爭對象主要是王導而非庾亮，
　　　 庾亮排闥入見是爲鞏固門閥政治，余以爲此中尚有隱情，而《資治通鑑》記
　　　 載，或可呈現實情於一、二。
〔註93〕《資治通鑑》卷九十三〈晉紀十五〉，頁2937。

雖云《晉書》爲唐人觀點，《資治通鑑》爲宋人觀點，然司馬溫公修史比對諸本，又作《通鑑考異》以存異同，其治史之嚴謹，斷不致無所據、無所本。若據《通鑑》所載，值殿內、典禁兵者非皇帝親信莫屬，王導、庾亮不自安者，除南頓王宗與虞胤受帝親任，已成皇帝內圍核心，恐有取己而代之之勢外，庾亮、虞胤皆爲外戚，彼等於權力、身分既互爲排斥；更有甚者，爲宗、胤「多聚勇士以爲羽翼」，有勇士復有權力，日後必將難制。而王導、庾亮既已進讒於帝，明帝反待宗、胤愈厚，顯示明帝支持宗、胤，二人更有可能祕密受詔於明帝。及帝疾篤，庾亮排闥入，強訴宗、胤罪狀，主要目的在「自求輔政」，藉控馭小皇帝掌控權力而排擠二人。但明帝並未遂亮之願，此與《晉書》言宗、胤等欲共輔政，爲全然不同之記錄。《通鑑》顯然不覺宗、胤等真有異謀，僅曰庾亮「疑」彼等有異謀。聰慧如明帝者，既感知可能無法康癒，又未應允庾亮輔政之請，自必另有安排，才會有召時望公卿入輔之舉。換言之，明帝爲太子安排之輔政大臣，是其精心策畫下之產物。從明帝駕崩前態度推測，明帝固然刻意疏遠王導，但對庾亮亦有防範之心，故未應允庾亮輔政之請，而代以陣容浩大之輔政團，綜觀歷代顧命大臣人數從未如此之多，明帝何以欽點此七位顧命大臣？實乃基於政治考量，亦是明帝爲東晉一朝做出之最大貢獻。就輔政大臣名單看，似已網羅當朝俊彥，究其實，更可視爲當日朝中各股重要勢力之代表人物，明帝藉此爲東晉此後政治發展，架構出一張勢力平衡網絡。

何以見得輔政大臣亦爲當日各股政治勢力之代表人物，可自孔坦之言窺其堂奧。《世說新語・方正》云：

> 蘇子高事平，王（導）、庾（亮）諸公欲用孔廷尉爲丹楊。亂離之後，
> 百姓彫弊，孔慨然曰：「昔肅祖臨崩，諸君親升御床，並蒙眷識，共
> 奉遺詔。孔坦疏賤，不在顧命之列。既有艱難，則以微臣爲先。今
> 猶俎上腐肉，任人膾截耳！」於是拂衣而去，諸公亦止。〔註94〕

會稽山陰孔氏，乃南土大族，斷不能謂其「疏賤」，孔坦此言當有意氣成分，然亦反映出當日顧命大臣乃核心分子、勢力領袖。同樣因未列爲顧命大臣，而將不滿情緒溢於言表者尚有陶侃、祖約。《晉書・陶侃傳》云：

> 初，明帝崩，侃不在顧命之列，深以爲恨。〔註95〕

<hr />

〔註94〕余嘉錫，《世說新語箋疏》〈方正第五〉37條，頁317～318。
〔註95〕《晉書》卷六十六〈陶侃傳〉，頁1774。

同書〈庾亮傳〉云：

> 又先帝遺詔褒進大臣，而陶侃、祖約不在其例，侃、約疑亮刪除遺
> 詔，並流怨言。〔註96〕

《世說新語・容止》曰：

> 石頭事故，朝廷傾覆。溫忠武與庾文康投陶公求救，陶公云：「肅祖
> 顧命不見及，且蘇峻作亂，釁由諸庾，誅其兄弟，不足以謝天下。」
>
> 〔註97〕

《晉書・祖約傳》云：

> 及王敦舉兵，（祖）約歸衛京都，率眾次壽陽，逐敦所署淮南太守任
> 台，以功封五等侯，進號鎮西將軍，使屯壽陽，爲北境藩扞。自以
> 名輩不後郗、卞，而不豫明帝顧命，又望開府，及諸所表請多不見
> 許，遂懷怨望。〔註98〕

陶侃、祖約懷疑庾亮刪褒進大臣遺詔，應非空穴來風，據《資治通鑑》所載，
明帝引諸大臣領顧命是太寧三年（325年）閏八月壬午日事，丁亥日降遺詔，
戊子日，帝崩。〔註99〕明帝詔定顧命大臣在明帝崩前，而遺詔褒進大臣則在
身後，換言之，明帝預立顧命大臣與褒進大臣原是兩回事，陶侃、祖約不預
顧命，已經深以爲恨，但畢竟顧命大臣之任命，明帝或有特殊考量，但褒進
大臣，頗有交代後事論功行賞之意味，就陶侃、祖約在王敦之亂中的戰功而
言，怎麼樣都算得上是大功，卻不在褒進之列，難怪二人疑庾亮動手腳，再
者觀庾亮日後防陶侃、祖約、蘇峻等人之情形研判，確實不無刪改詔書之可
能。祖約、陶侃等前因未列顧命後又不受褒進，心生怨懟亦屬常情。以軍力
論，陶侃當日手握大軍，軍紀嚴明，祖約實力亦稱可觀，於東晉均爲重要州
鎮，何以不列顧命？究其原因，當與明帝之部署考量有關。

　　綜觀東晉當時朝中的政治生態及其後發展，隱隱然明帝應預見到：王家
從權力核心出局後可能會出現若干股重要勢力，必要預爲安排，以期有利於
皇權的鞏固。就當時情況而言，這些隱然可能成形的政治勢力，既無形諸於
外的政治結盟，亦無固定成員，而是隨時、隨利益之依歸、隨政情演變而變

---

〔註96〕《晉書》卷七十三〈庾亮傳〉，頁1918。
〔註97〕余嘉錫，《世說新語箋疏》，〈容止第十四〉23條，頁616。
〔註98〕《晉書》卷一百〈祖約傳〉，頁2626。
〔註99〕《資治通鑑》卷九十三〈晉紀十五〉，頁2937～2938。

化。況就東晉一朝而言，此前居重要地位之政治勢力，明日未必仍爲主流。所以指當日之政治發展，隱隱然存有此幾股重要勢力之線索，即在明帝所任命之七位顧命大臣，正好有這幾股勢力的影子，雖然並無史料可資證明明帝的「顧命團」確爲這幾股勢力之代表，但從明帝大費周章地任命七位「顧命大臣」一事觀之，此舉並不尋常，或即明帝已觀察到這種趨式，預爲安排。更何況明帝還不致於不知政出多門和人多紛爭亦多，均屬政治發展不隱定因素，也非如此不足以充分解釋明帝何以要任命七位大臣輔政。竊意明帝是藉此先期架構一張政治勢力的平衡網，茲試析如下：明帝的七位顧命大臣，分別爲司馬羕、王導、庾亮、陸曄、郗鑒、溫嶠、卞壺。前六位分別代表在權力架構中，可能發展出的不同政治勢力：司馬羕之於宗室，王導之於北方士族、庾亮之於外戚、陸曄之於南土士族、郗鑒之於流民帥、溫嶠之於北方晉人勢力，均具有極高或至少具有一定程度的代表性。其中北方士族主要是指當日與司馬氏共同南下之北方士族，以及日後渡江具有士族身分之北方人士；流民帥是指率領流人南寓的流民領袖，他們所率領之流民戰鬥力強，因爲政策性的考量，多被安置於江北或邊區。而北方晉人泛指中原失守後留在北方獨力抗胡，並未南徙之晉人勢力，如劉琨、邵續者。此輩晉人雖於日後逐一爲石勒所翦滅，但在東晉初期，彼等是東晉抗胡的最前線，部分還領有東晉的州刺史名號，東晉對待彼輩，雖然素採消極態度，但這些勢力畢竟多奉東晉正朔，對於彼等派至南方的代表，東晉至少在形式上還相當禮遇，甚至縱容。他們與北方士族、流民帥均爲北方中原人士，但因屬性不同，利益亦不相同，故可分疏爲三股不同政治勢力。鳥瞰當日東晉政治版塊，這幾股隱然可見的政治勢力，正是人所共見的主流所在。再者，朝中眾臣以出身、利益故，往往傾向與自身屬性相近之政治人物。又部分人物或同時兼有數種身分，則其所以會傾向某一政治勢力，往往視其於政治鬥爭中之利害爲轉移。當然這些政治勢力並未經由明確之結盟動作而結成一團體，內部聯繫亦可能極爲鬆散，但當牽涉政治利益時，這些人便會支持其政治勢力的代表人物，並隱隱然浮現，成爲一股可以具體感受若已成形之勢力，並藉以制衡其他政治勢力。故雖然在諸多的政治鬥爭中僅見少數個人或家族做爲代表，但在其背後因之而受牽動或主動參與者，絕不僅止於個人或單一家族的政治利益，有關當日政治勢力的推移與鬥爭，下一章中會有說明，爲便於論述，姑名之爲「政治勢力」。

　　司馬氏渡江後，宗室式微，元帝頗有意培植宗室力量，唯王家勢盛時，於宗室多有抑制。明帝時，宗室成員以司馬羕、司馬宗兄弟最受寵任，輔政之任當然委由哥哥司馬羕。王敦之變後，王家勢力雖遭重創，但王導做為北方士族代表人物，仍舊是不二人選，王家勢力盤根錯節，亦非一日可盡除，故北方代表人物當然非王導莫屬。庾亮固為北方士族，然亦具外戚身分，《晉書・陶侃傳》曰：「初，庾亮少有高名，以明穆皇后之兄受顧命之重。」〔註 100〕故知庾亮應是以外戚身分被列為顧命大臣。庾亮於諸多外戚中，與明帝關係最為緊密，是最具政治實力之人物。虞胤雖亦為受明帝倚重之外戚，但其與庾亮不協，不過那是外戚之圈內競爭，若論及外戚之整體利益時，情況或有不同。再者，庾亮為明帝皇后之兄，成帝即位後的舅甥關係，因母后故，只會更密切，故當然應列為外戚代表。南土陸家，乃四大姓之一，在顧榮、賀循、紀瞻等人相繼謝世後，列領軍將軍陸曄為南土士族代表亦是佳選。

　　東晉時期，門閥社會已然成形，在此多方勢力中，真正能左右東晉政局者為前四種政治勢力，流民帥與北方晉人實難躍居政治高層主導政局，但因彼等有軍事實力，雖不能主導政局，卻可牽制前四種勢力。陶侃和祖約不預顧命之因正即在此，祖約與郗鑒同為流民帥，其時沿邊流民帥眾多，武力可觀，然在只擇一代表的前提下，明帝當然選親信郗鑒而捨祖約。郗鑒長於周旋，日後的確在各股勢力之角力中，發揮關鍵性的平衡與制約力量。陶侃未列顧命則與其出身有關，蓋陶侃為小姓，門閥社會中小姓鮮有機會攀附上層，於門第之間時望不足，故陶侃雖以事功通顯，實乃一特例；其背後亦缺乏有力之小姓擁戴。明帝將陶侃安置於荊州，坐鎮上游，不會不知陶侃之軍事實力，但卻不以陶侃為顧命，並非因為陶侃為彊臣，蓋郗鑒就軍權上而言，亦可謂彊臣，陶侃還是因為出身，不為當日其他士族所接受，侃之不預顧命，也就不足為奇。溫嶠為劉琨派至南方之勸進代表，看似孤單一人，實則不然，後繼溫嶠為江州刺史之劉胤，即為北方冀州刺史邵續派至南方之勸進代表，溫嶠薦胤自代，〔註 101〕出任江州刺史，陶侃、郗鑒均謂劉胤非方伯才，遠近亦謂非選，但溫嶠仍薦胤為江州。後劉胤在江州果然大殖貨財，不恤政事，風評極差。史稱王導長子王悅言語恆以慎密，為免時人誤會劉胤是其父所薦用，特別澄清：「聞溫平南語家公云，連得惡夢，思見代者，尋云可用劉胤。

---

〔註 100〕《晉書》卷六十六〈陶侃傳〉，頁 1775。
〔註 101〕請參閱田餘慶，《東晉門閥政治》，頁 52。

此乃溫（嶠）意，非家公也。」〔註102〕觀溫嶠素來行事，沈穩圓融，識見亦
不凡，何以在眾人都有異聲的情況下執意推薦劉胤，又王導對於溫嶠所薦非
人，卻仍用之為江州，其中最重要之原因或許就在於溫嶠背後有一政治勢力，
而劉胤與之同屬，溫嶠也才會薦胤自代。其時北方尚有不少晉人兀自奮鬥，
明帝容或有偏安之思，為正朔計，又不得不以之招徠，故頗以此政治勢力為
重，溫嶠也因此得預顧命之列。又因與明帝關係特殊，數度維護明帝有功，
司馬宗、虞胤因王導、庾亮壓力而遭左遷，明帝特詔時為丹楊尹之溫嶠入殿
護衛值宿，可知明帝於溫嶠信任之專。

　　至於卞壺則為明帝之特殊考量。卞壺，字望之，濟陰冤句人。祖統，曾
為琅邪內史。父粹，正直鑒察。卞壺少有令譽，有裁伯之譽。〔註103〕《晉書‧
卞壺傳》曰：

> 幹實當官，以褒貶為己任，勤於吏事，欲軌正督世，不肯苟同時好。
> 然性不弘裕，才不副意，故為諸名士所少，而無卓爾優譽。明帝深
> 器之，於諸大臣而最任職。阮孚每謂之曰：「卿恒無閒泰，常如瓦石，
> 不亦勞乎？」壺曰：「諸君以道德恢弘，風流相尚，執鄙吝者，非壺
> 而誰！」〔註104〕

卞壺雖出身北方大族，然其重法，與當日風流相尚之大族子弟頗不相類，卞
壺斷裁切直，彈劾不法，不畏強禦之作風，連王導亦忌憚三分。明帝將之列
入顧命，相信並非出於其祖卞統曾任琅邪內史，頗具淵源，而是欲其發揮公
義、執法特質，端正朝綱，維繫皇統，打擊不法。《讀通鑑論》云：

> 晉之敗，敗於上下縱弛，名黃、老而實惟貪冒淫逸之是崇。王衍、
> 謝鯤固無辭其責矣。乃江左初立，胡寇外偪，叛臣內訌，人士之心，
> 習於放佚而憚於拘維，未易一旦革也。卞令執法紀以糾之，使人心
> 震懾而知有名教，誠不可無此中流之砥柱。〔註105〕

明帝以卞壺為顧命，實有深意。而卞壺一句「執鄙吝者，非壺而誰」足見其有
自知之明，且能堅持原則。成帝之世，卞壺數度彈劾權貴，朝中大臣，皆憚其

〔註102〕《晉書》卷八十一〈劉胤傳〉，頁3114。
〔註103〕《晉書》卷四十九〈羊曼傳〉云：「時州里稱陳劉阮放為宏伯，高平郗鑒為方
　　　　伯，泰山胡毋輔之為達伯，濟陰卞壺為裁伯，陳留蔡謨為朗伯，阮孚為誕伯，
　　　　高平劉綏為委伯，而（羊）曼為古之八雋也。」，頁1382。
〔註104〕《晉書》卷七十〈卞壺傳〉，頁1871。
〔註105〕王夫之，《讀通鑑論》卷十三〈成帝〉，頁405。

明正，充分發揮糾舉不法之功，明帝之苦心，正自卞壺被列爲顧命而發顯。

王敦死後，王家勢挫，北方大族雖仍爲最有實力之政治勢力，但其他勢力的實力亦快速上升，明帝深知無法短期內扼制這些勢力，又亟需彼等共同支撐皇朝，故以這些政治勢力領袖共同輔政，利用彼等搶奪政治權力、攻佔社會資源之矛盾與互斥，遞相牽制，非如此很難達到平衡。亦即當彼等中任一最大政治勢力快速膨脹時，他股較小勢力便可聯合起來，達到壓制或牽制該股政治勢力之目的，如此一來，雖然會出現各種政治勢力之衝撞與鬥爭，但在各股政治勢力環環相剋的合縱效應下，總能達到一種平衡狀態，如此才能資源共享，利益均霑。對於任一政治勢力而言，均不願見其他單一政治勢力一枝獨秀，乃至囊括所有資源與利益，因此必要時自會與其他政治勢力合作，共同抑制任一政治勢力持續坐大。而此處所謂「政治勢力」，其成員不必有結盟之動作，主要是由階級或地域利益相同者類聚，但有時亦有個人之特殊利益考量。大體言之，欲判準某人屬於那一政治勢力，以鬥爭、衝突時傾向於那一政治勢力較爲準確。同一政治勢力內，個人意志均不相同，然而在中樞者，援引同屬性者爲後盾，可壯大自己聲勢，同一政治勢力之成員亦需有人在中央爲彼等發聲，爭取共同利益，二者互有需求，互相聲援。

此勢力架構之高明處，在於皇權得以從此中抽身，不必再次陷入皇家與大族之間的直接鬥爭。明帝深知江左開國以來皇權一直處於弱勢，王敦死後，皇權雖然興復，但皇子年幼，大族依然勢盛，皇權欲保優勢業非易易，故明帝駕崩前，設計此一政治架構，由過去皇權與權臣之直接對抗一轉而爲各股「政治勢力」之對抗。通過輔政的設計釋出主政權，但小皇帝在此架構下，至少可以得到喘息與成長空間。一如賽局之中，皇帝即衛冕者，參賽者需先擊敗眾多對手，始取得挑戰資格，在挑戰者產生前，衛冕者可以逸代勞，冷眼觀戰。在權力爭逐的過程中，皇帝非但爲衛冕者，還可以是仲裁者，東晉皇權雖弱，只要不出現崩潰的局面，政局不會因此失衡，均能避開直接的挑戰安居帝位，東晉主弱臣強，卻還能維持九十年不墜，此政治架構影響至鉅。

# 第三節　小　結

明帝之功業犖犖大者有如下四端：一爲平定王敦之變；二爲復三族刑；三爲分上流之勢，撥亂反正，強本弱枝；四爲設計政治勢力架構。

　　元帝駕崩，明帝即位，王敦跋扈威迫，濫殺明帝待從，削減宿衛武士，調動、拔除明帝身邊親信，直欲徹底架空皇權。明帝處此困境，潛謀徐圖，以昔日東宮僚屬、親信爲班底，共謀討伐王敦。

　　明帝班底成員至少包括庾亮、溫嶠、桓彝、應詹、紀瞻、郗鑒等人，其中庾亮尤爲要角，負責居中橫向聯繫。溫嶠則因應情勢，雖「身在曹營心在漢」，爲明帝提供王敦陣營重要情報。郗鑒獻策以流民帥承擔平亂使命，並居間爲其聯絡、說服流民帥共襄王室。紀瞻爲其臥護六軍，其他成員亦各有職司，共爲討敦大業盡力。

　　明帝班底爲避王敦之忌，或以疾去職，或優游諷詠，藉以鬆懈王敦防範之心。同爲王家人之王導，雖擁明帝居大位，然以王敦故，被排除於明帝班底之外。另一可資注意者，明帝親信當中，具北方大族身分者僅有庾亮，但庾亮爲明帝妻兄，是以外戚身分受到親任，從明帝班底成員隱然可見明帝對北方大族有強烈防範之心。

　　明帝平定王敦之亂後次年，下詔恢復三族刑，僅不及婦人。元帝以來屢有興兵叛亂之事，卻無法源以重罪論處，此不啻對欲爲亂者是變相鼓勵，明帝有鑑於此，恢復三族刑，讓日後爲亂者，依法可從重治罪，意在嚇阻、威懾，是未雨綢繆積極防治之措施。但實際上，終東晉之世，均未施用三族刑，震懾作用大於實質。

　　王敦之變後，明帝改授王家控制之諸州鎮，荊州由陶侃出鎮，湘州由王舒出任，梁州爲郭舒，江州代以班底成員應詹。王舒雖仍出鎮湘州，但後有陶侃都督其軍事，又有江州從中阻隔，對揚州不致產生威脅，上游四州之改授，可謂已撥亂反正。明帝又將青、徐、兗三州均授以流民帥，並使班底郗鑒都督三州軍事，使豫州至青、徐、兗成爲流民帥勢力區，藉以拱衛京師，達到強幹弱枝之目的。同時又可使上游之陶侃勢力與下游流民帥之勢力互相牽制，之所以演成如此部署，或許是時機使然，明帝亦未必有把握能夠有效控制流民帥，但上、下游彼此的牽制，至少使京師暫時處在一種相對安穩的狀態。綜觀從上游之陶侃至下游之郗鑒，除卻政治性考量之湘州刺史王舒外，北方大族勢力正悄悄自軍權上退卻。

　　太寧三年（325 年）閏八月，明帝駕崩，臨終前詔以太宰西陽王羕、司徒王導、尚書令卞壼、車騎將軍郗鑒、護軍將軍庾亮、領軍將軍陸曄、丹楊尹溫嶠共同輔政，此乃明帝精心擘畫之勢力架構。彼等既是朝廷倚重之臣，又

爲各種「政治勢力」之代表人物。司馬羕爲宗室代表、王導爲北方高門代表、
庾亮乃外戚代表、陸曄是南方大族代表、郗鑒爲流民帥代表，溫嶠爲北方抗
胡勢力代表，卞壼則爲嚴謹執法、維繫朝綱之代表。明帝之政治布局，是欲
藉宗室、外戚、南土士族、流民帥、北方抗胡勢力，共同牽制實力最強之北
方士族，進而達到彼此牽制之目的。東晉時，門閥社會已然成型，明帝深知
門閥勢力盤根錯節，故並不以直接打擊大族爲職志，反而利用現實，在其中
分化出各種勢力，藉此達到彼此牽制之目的。東晉初，能夠躍居中央政治最
上層者，不外乎具南、北大族、宗室、外戚等身分者。流民帥、北方抗胡勢
力，在中央層次均屬次要勢力，成爲中央大勢力拉攏之對象。此種安排與布
局是皇權相對衰弱下，皇權欲求自保的設計，明帝利用各股政治勢力爭權逐
利之心，使幾股勢力在其間互相衝撞、協調，達到一種平衡。亦即幾股較弱
勢力合而牽制最強之勢力，是以引弓雖滿，繃得緊，但卻撐持得住。這種多
勢力之平衡設計，使皇權得以超脫，俯瞰全局，非僅得到喘息之機而已。一
如賽局中之衛冕者，只需靜待挑戰者之產生，而此時皇權還可兼任仲裁者維
持賽局局面與秩序。東晉皇權雖弱，卻能維繫國祚於不墜，或即此政治架構
發揮其政治勢力平衡之效。東晉往後也因此尚能享國九十年之久，明帝預爲
架構之政治平衡機制，功不可沒，此亦爲再探明帝歷史地位時不得不給予的
高度肯定。

# 第六章　成帝時期政治勢力之推移

　　成帝即位，太后臨朝，政事一決於庾亮，這是庾亮第一度主掌大政。庾亮亟思削弱其他政治勢力，結果引發蘇峻之亂。因為政策失當，蘇峻亂平，庾亮外鎮以避責，亦將主政大權拱手讓予王導。王導為求鞏固權力，必須尋求朝中有力支援以為王家後盾，同時藉控馭皇帝以掌權。王導的作為先後引起陶侃、庾亮分別在咸和五年（329 年）和咸康四、五年（338、339 年）間二度謀廢王導，但均因郗鑒反對而作罷。咸和九年（334 年），陶侃薨，朝廷以庾亮代侃都督六州諸軍事，鎮荊、江、豫三州。庾亮因為軍權，再度勢盛，雖然外鎮，卻可遙制朝政，第二度搶回主政大權，王、庾互鬥，進入白熱化階段。咸康五年（339 年）至咸康六年（340 年）元月間，王導、郗鑒、庾亮三大政治勢力領袖相繼而薨，東晉政治的發展也隨之進入另一嶄新階段。本章旨在就成帝時期王、庾互鬥的幾個階段和其轉折做一呈現，並藉此印證明帝設計政治勢力架構在東晉初期實際政治運作上所發揮之功效。

## 第一節　庾亮引發蘇峻之亂

### 一、庾亮剗除宗室

　　太寧三年（325 年）閏八月戊子明帝駕崩，己丑，太子司馬衍即皇帝位，時年五歲，史稱成帝。秋九月癸卯，皇太后臨朝稱制。《晉書‧成帝紀》云：

> （太寧三年，325 年）秋九月癸卯，皇太后臨朝稱制。司徒王導錄尚書事，與中書令庾亮參輔朝政。以撫軍將軍、南頓王宗為驃騎將軍，領軍將軍、汝南王祐為衛將軍。〔註1〕

---

〔註 1〕《晉書》卷七〈成帝紀〉，頁 169。

《資治通鑑》云：

> （太寧三年，325 年）秋，九月，癸卯，太后臨朝稱制。以司徒（王）
> 導錄尚書事，與中書令庾亮、尚書令卞壼參輔朝政，然事之大要皆
> 決於亮。加郗鑒車騎大將軍，陸曄左光祿大夫，皆開府儀同三司。
> 以南頓王宗爲驃騎將軍，虞胤爲大宗正。〔註2〕

《晉書・后妃傳》云：

> 及成帝即位，尊后曰皇太后。羣臣奏：天子幼沖，宜依漢和熹皇后
> 故事。辭讓數四，不得已而臨朝攝萬機。后兄中書令亮管詔命，公
> 卿奏事稱皇太后陛下。〔註3〕

同書〈庾亮傳〉云：

> 太后臨朝，政事一決於亮。〔註4〕

據此可知明帝崩後，政治情勢已悄悄出現變化。比對上引《晉書・成帝紀》、
〈后妃傳〉、〈庾亮傳〉及《資治通鑑》，記錄的內容稍有不同，但均顯示原本
受明帝倚重之宗室司馬宗並未獲得輔政之託付，而委以武職。參輔朝政之任
在王導、庾亮、卞壼身上。〔註5〕然而卞壼責在維持風紀、參劾違法失禮情事，
郗鑒、陸曄等人亦屬外圍，眞正能主其事者僅有王導、庾亮。然因太后臨朝
故，庾亮得以血緣之親，掌管詔令，決斷大事，〔註6〕成爲名符其實之主政者，
而王導只得屈從現實，伺機而動。

初掌輔政大權之庾亮，頗不自安，一則因其「德信未孚」，〔註7〕不若王
導之老成持重，深獲人心。再者，論與帝室之親，庾亮外戚身分雖比南、北
大族爲親，但與宗室相較，則又不若。是以庾亮雖暫以后兄輔政，爲鞏固自
己地位與權勢，庾亮勢須另有作爲。

成帝咸和元年（326 年）冬十月，御史中丞鍾雅劾南頓王司馬宗謀反，庾

---

〔註2〕《資治通鑑》卷九十三〈晉紀十五〉，頁 2938。

〔註3〕《晉書》卷三十二〈明穆庾皇后傳〉，頁 972。

〔註4〕《晉書》卷七十三〈庾亮傳〉，頁 1918。

〔註5〕《晉書・成帝紀》云參輔朝政者爲王導和庾亮，《資治通鑑》則記王導、庾亮、
卞壼三人。

〔註6〕《資治通鑑》言政事之大要取決於庾亮，《晉書・后妃傳》則言庾亮管詔命，
〈庾亮傳〉云政事一決於亮。

〔註7〕《晉書》卷四十九〈阮籍附阮孚傳〉云：「咸和初，拜丹楊尹，時太后臨朝，
政出舅氏。（阮）孚謂所親曰：『今江東雖累世，而年數實淺。主幼時艱，運
終百六，而庾亮年少，德信未孚，以吾觀之，將兆亂矣。』頁 1365。

亮使右衛將軍趙胤收之。司馬宗以兵拒戰，爲趙胤所殺，貶其族爲馬氏，妻子徙於晉安，三子綽、超、演皆被廢爲庶人。〔註8〕受波及者尚有太宰西陽王司馬羕以及大宗正虞胤；司馬羕降封弋陽縣王，虞胤左遷桂陽太守。

揆諸史料，此事記載含混不明。《晉書‧成帝紀》僅言「南頓王宗有罪」，汝南王〈司馬亮附司馬宗傳〉言司馬宗轉驃騎將軍，「宗遂怨望形於辭色」。至於如何謀反，與何人共謀？全然不載。案《資治通鑑》述及明帝寢疾時，庾亮夜欲有所表，從左衛將軍司馬宗求鑰，宗不與，復叱亮使曰：「此汝家門戶邪！」胡三省注《通鑑》曰：「爲下（庾）亮殺（司馬）宗張本」〔註9〕《通鑑》又云：

> 南頓王宗自以失職怨望，又素與蘇峻善；庾亮欲誅之，宗亦欲廢執
> 政。〔註10〕

庾亮殺司馬宗之心，早在明帝疾篤之時已經種下，執政後，更是不掩其心。司馬宗因遭調職，耿耿於懷，對庾亮語多不滿，更重要者在其素與蘇峻親善，此後，方有鍾雅劾司馬宗謀反事。

庾亮主政後兩個問題使其備感威脅，一爲上流的陶侃勢大難制；一爲江外「有銳卒萬人、器械甚精」又「撫納亡命」、「蔽匿逃死」之蘇峻。〔註11〕庾亮爲防備陶侃、蘇峻，咸和元年（326年）八月，以丹楊尹溫嶠取代與陶侃頗有交情之應詹爲江州刺史，鎮武昌；以尚書僕射王舒爲會稽內史，以廣聲援；又修石頭城以備之。明帝敗王敦後，一直以抑制王家爲務，後雖在「朝議」壓力下以王舒出鎮湘州，但抑制王家之基本立場不變，庾亮既參與謀畫打擊王家要務，更是抑制王家政策的實際受惠者，此時唯一能與庾亮分庭抗禮者，非王導莫屬，除非有更大利益，否則庾亮應不致重用王家人。王舒出鎮湘州後未久，便代鄧攸爲尚書僕射，旋即又任會稽內史。王舒之所以爲會稽內史，實際上是王導授意，《晉書‧王舒傳》云：

> 時將徵蘇峻，司徒王導欲出舒爲外援，乃授撫軍將軍、會稽內史，
> 秩中二千石。〔註12〕

但同書〈王導傳〉則對徵蘇峻之做法表示反對：

〔註 8〕參見《晉書》卷五十九〈汝南王亮傳〉，頁 1595。
〔註 9〕《資治通鑑》卷九十三〈晉紀十五〉，頁 2937。
〔註10〕《資治通鑑》卷九十三〈晉紀十五〉，頁 2942。
〔註11〕參見《晉書》卷一百〈蘇峻傳〉，頁 2629。
〔註12〕《晉書》卷七十六〈王舒傳〉，頁 2000。

> 庾亮將徵蘇峻，訪之於（王）導。導曰：「峻猜險，必不奉詔。且山
> 藪藏疾，宜包容之。」固爭不從。〔註13〕

庾亮欲徵蘇峻可能已醞釀一段時間，但就上引兩條資料觀之：王導先是出王
舒爲會稽，庾亮才就徵蘇峻事詢問王導。王舒在郡一年多而蘇峻亂作，〔註14〕
一年多後王導既不贊成庾亮徵蘇峻，一年多前斷不致因將徵蘇峻而出舒爲外
援。除非王導早知庾亮有意徵蘇峻，在力諫不從下，才調王舒爲之備。唯從
整體形勢觀察，王家於王敦亂後，掌軍權者幾乎全爲朝廷拔除，王家若無地
方實力及兵權優勢，僅憑王導一人在朝議上與諸勢力鬥爭，不免人單勢孤。
故王導一則配合庾亮防範蘇峻，一則精打細算，希望藉此再讓王家人出掌地
方軍權，所以出王舒爲外援，既是爲朝廷外援，亦是爲王家外援。

　　庾亮視蘇峻有如芒刺在背，況蘇峻有輕朝廷之志，此時執政者正是庾亮
本人，是以不除不快。以實力論，陶侃、蘇峻均非善與之輩，宗室相較之下，
則易於翦除，且司馬宗素與蘇峻親善，若待二者結合，則除之難矣。鍾雅彈
劾司馬宗似乎並未有具體事實，趙胤殺司馬宗似更有意爲之。趙胤曾任王導
從事中郎，〔註15〕因爲殺司馬宗之功，成爲王導、庾亮都想借重之對象。《晉
書・趙誘傳》云：

> 南頓王宗反，（趙）胤殺宗，於是王導、庾亮並倚仗之。〔註16〕

　　種種跡象，顯示司馬宗事件是一場政治鬥爭。這場鬥爭中，庾亮必先取
得王導之支持，才能一舉將司馬宗、司馬羕與虞胤壓制住。趙胤則是替王、
庾執行誅殺命令之人。又司馬宗果有謀反事，司馬羕並未參與，何以王導可
以不坐王敦之罪，而司馬羕卻坐宗罪免官？司馬宗等爲國之宗親，本應八議，
然司馬宗被殺，事亦未下八議，諸多做法，落人口實，故史稱天下咸曰庾亮
翦除宗室，〔註17〕甚至連年幼皇帝對庾亮竊權除宗室亦深表不滿，《晉書・成
帝紀》曰：

> （成）帝少而聰敏，有成人之量，南頓王宗之誅也，帝不之知，及

---

〔註13〕《晉書》卷六十五〈王導傳〉，頁 1750。
〔註14〕《晉書・王舒傳》云王舒在郡二年而蘇峻亂作，蘇峻之亂發生於咸和二年（327
　　　年）十一月，實際上只有一年三個月左右。
〔註15〕據《晉書》記載，趙胤父趙誘原屬王敦參軍，以軍功代陶侃爲武昌太守。誘
　　　死，胤初仍在王敦軍中，後始爲王導引爲從事中郎。趙、王兩家關係甚深。
　　　見《晉書》卷五十七〈趙誘傳〉，頁 1566～1567。
〔註16〕《晉書》卷五十七〈趙誘傳〉，頁 1567。
〔註17〕《晉書》卷七十三〈庾亮傳〉，頁 1918。

蘇峻平，問庾亮曰：「常日白頭公何在？」亮對以謀反伏誅。帝泣謂

亮曰：「舅言人作賊，便殺之，人言舅作賊，復若何？」亮懼，變色。

〔註18〕

《困學紀聞》引殷芸《小說》云：「庾后以牙尺打帝頭云：『兒何以作爾語？』」
〔註19〕李慈銘認爲白頭公應指司馬羕而非司馬宗，〔註20〕《晉書》雜釆諸說，
故違舛如此。〔註21〕不論此說眞實性如何，庾亮翦除宗室確未受到朝中大臣
之責難與質疑，若非有王導支持，庾亮未必敢對宗室大開殺戒。就王導而言，
南方大族雖不能忽視，但有晉以來，南方大族並不能眞正與北方大族平起平
坐，能與北方大族在身分上相抗衡者，一爲宗室，一爲外戚勢力。翦除宗室，
庾亮雖是最大獲利者，但北方士族亦同霑其惠。庾亮、王導在王敦之變後聯
手，再次應驗政治本無永遠之敵人，亦無永遠之朋友，端視政治利益及需要
而定。再從前面成帝與庾亮對話更可看出，成帝年幼，不經意間即已取得仲
裁者地位。

## 二、庾亮政策錯誤

庾亮爲鞏固執政地位，建立威勢，從「出入玄儒」，視「申韓刻薄傷化」
一轉而爲「任法裁物」。〔註22〕明帝爲太子時期，元帝欲打擊大族，行申韓之
術，特以《韓子》賜太子，庾亮諫太子申韓刻薄傷化。前後不過數年，待執
政後，卻走上法家路線。《晉書‧庾亮傳》云：

先是，王導輔政，以寬和得眾，亮任法裁物，頗以此失人心。〔註23〕

庾亮由玄轉法，主要出於權力觀點，而爲元帝政策之再延續。王導因寬和而「得
眾」，庾亮卻因任法而失「人心」。從元帝時期行申韓之術的結果可知，任法裁

---

〔註18〕《晉書》卷七〈成帝紀〉，頁184。
〔註19〕王應麟撰、孫通海校點，《困學紀聞》，瀋陽：遼寧教育出版社，1998年，卷
　　　　十三，頁270。
〔註20〕呂思勉亦有相同看法，參見呂思勉，《兩晉南北朝史》，頁150。
〔註21〕參見李慈銘，《越縵堂讀史札記全編》，頁567～568。
〔註22〕有關庾氏門望之起與庾氏由儒入玄之轉變，請參閱田餘慶，《東晉門閥政治》，
　　　　頁86～91。又有關庾氏世系問題，多田狷介考證庾袞之父應是庾純之兄弟，
　　　　庾純有三位兄弟均在家不仕以奉養父母，並以耕讀方式維生，但名不詳，故
　　　　庾袞、庾琛爲庾峻、庾純之姪，而非其子，或備爲一說。詳見多田狷介，〈穎
　　　　川庾氏の人びと——西晉代の庾袞を中心に——〉，收錄於《木村正雄先生
　　　　退官記念東洋史論集》，1976，頁19～33。
〔註23〕《晉書》卷七十三〈庾亮傳〉，頁1918。

物常損及大族既得利益，極易引起大族反彈，庾亮不會不知，但庾亮仍執意「任法裁物」，除建立威勢外，可能也想對付大族。庾亮一邊翦除宗室，一邊抑制大族，還思解決無法控制之流民帥，勢大難制之蘇峻便成其下一目標。

蘇峻，字子高，長廣掖（挺）人。有才學，舉孝廉。永嘉亂後，糾眾結壘。元帝時，青州刺史曹嶷惡其得眾，欲討之，峻遂率數百家汎海南渡，朝廷用以為將。太寧初年，尚書令郗鑒議召劉遐、蘇峻等流民帥平王敦之變，蘇峻隨庾亮破沈充。進使持節、冠軍將軍、歷陽內史，加散騎常侍，封邵陵公。威望漸著後，蘇峻成為朝廷頭疼人物，《晉書》本傳云：

> 而峻頗懷驕溢，自負其眾，潛有異志，撫納亡命，得罪之家有逃死者，峻輒藏匿之。眾力日多，皆仰食縣官，運漕者相屬，稍有不如意，便肆忿言。〔註24〕

庾亮面對蘇峻之強悍作風，本有抑制之心，適庾亮翦除宗室，司馬宗黨羽卞闡亡奔蘇峻，亮符峻送闡，峻卻保匿之，庾亮亦無可如何，然認定蘇峻終為禍亂，不若及早除之。

咸和二年（327年）冬，庾亮決定徵召蘇峻入朝任大司農，正是當年元帝用於郗鑒身上之策略。徵召入朝對流民帥而言，是使其脫離固有地盤，失去實力後盾。流民帥之所以為朝廷所重，正賴其控馭之武力。這些武力名為朝廷軍隊，實同領兵將帥私有，在中央軍力薄弱，州鎮武力雄厚之情形下，朝廷面對勢大難制之州鎮或流民帥，對此外重內輕之局實難安枕。而此時庾亮正一心一意想建立新的執政權威，徵召流民帥入朝，於庾亮自可立威；然若不從，釁由此生，則非庾亮所能從容肆應。

蘇峻面對徵召，數度表達不想入朝之願：

> 時明帝初崩，委政宰輔，護軍庾亮欲徵之。（蘇）峻聞將徵，遣司馬何仍詣亮曰：「討賊外任，遠近從命，至於內輔，實非所堪。」不從，遂下優詔徵峻為大司農，加散騎常侍，位特進，以弟（蘇）逸代領部曲。峻素疑亮欲害己，表曰：「昔明皇帝親執臣手，使臣北討胡寇。今中原未靖，無用家為，乞補青州界一荒郡，以展鷹犬之用。」復不許。〔註25〕

蘇峻對於庾亮之心思知之甚明，故寧「乞補青州界一荒郡」，亦不肯入朝。除

---

〔註24〕《晉書》卷一百〈蘇峻傳〉，頁2629。
〔註25〕《晉書》卷一百〈蘇峻傳〉，頁2629。

王導外，卞壼、溫嶠亦對庾亮徵召蘇峻再三勸諫，咸認此舉會爲朝廷帶來不測。《晉書·卞壼傳》云：

> 時庾亮將徵蘇峻，言於朝曰：「峻狼子野心，終必爲亂。今日徵之，縱不從命，爲禍猶淺。若復經年，爲惡滋蔓，不可復制。……（卞）壼固爭，謂亮曰：「峻擁強兵，多藏無賴，且逼近京邑，路不終朝，一旦有變，易爲蹉跌。宜深思遠慮，恐未可倉卒。」亮不納。〔註26〕

《資治通鑑》云：

> （卞）壼知必敗，與溫嶠書曰：「元規召峻意定，此國之大事。（蘇）峻已出狂意，而召之，是更速其禍也，必縱毒蠆以向朝廷。朝廷威力雖盛，不知果可擒不；王公亦同此情。吾與之爭甚懇切，不能如之何。本出足下以爲外援，而今更恨足下在外，不得相與共諫止之，或當相從耳。」嶠亦累書止亮。舉朝以爲不可，亮皆不聽。〔註27〕

庾亮專斷，政由己出，當日其他顧命大臣亦莫可奈何。溫嶠出爲外援，恐怕與王舒出爲外援一樣，是當日反對徵蘇峻的朝臣共識。而被步步威逼之蘇峻，決定以討伐庾亮爲名舉兵，同時積極與另一受庾亮威迫之流民帥祖約結合。

祖約爲祖逖之弟，逖亡後，接收其眾，第二次王敦之變後以功封五等侯，進號鎮西將軍。祖約因不預顧命及開府不成，與庾亮有怨。後石聰以眾逼之，祖約向朝廷請救，但官軍非但不至，朝議更欲作涂塘以遏胡寇，在祖約眼中，若涂塘一旦作成，祖約及其眾就被阻於國境之北而後無退路，祖約認爲這是朝廷棄己，於庾亮更懷憤恚。〔註28〕及蘇峻舉兵，因對庾亮同仇敵愾，兩人遂互相推崇，共討執政。祖約更與石勒陰結，請爲內應。石勒本可趁時入犯，幸逢劉曜進圍金墉，石勒自顧不暇，才未釀出更大禍端。祖約之外，另一與蘇峻相結者爲弋陽縣王司馬羕。《晉書》汝南王〈司馬亮附司馬羕傳〉云：

> 及蘇峻作亂，（司馬）羕詣峻稱述其勳，峻大悅，矯詔復羕爵位。峻平，賜死。〔註29〕

司馬羕稱述蘇峻勳業，主要是蘇峻欲討伐庾亮。司馬羕恨庾亮殺弟，又遭免官，想藉蘇峻之力對付庾亮，這當然是招險棋，但卻是司馬羕翻身報仇的機

---

〔註26〕 《晉書》卷七十〈卞壼傳〉，頁1871。
〔註27〕 《資治通鑑》卷九十三〈晉紀十五〉，頁2945。
〔註28〕 參見《晉書》卷一百〈祖約傳〉，頁2627。
〔註29〕 《晉書》卷五十九〈汝南王亮傳〉，頁1594〜1595。

會。不料，最後身死而外，世子播、播弟充及息崧一併伏誅，國除。

　　蘇峻、祖約與司馬羕乃憤懟之士的結合，其共同目的爲討伐庾亮。庾亮主政一年，務在剷除政敵，以致諸人結而爲亂。庾亮深懼敵對勢力全面合流，所以對於溫嶠和郗鑒表達欲防衛京師之議，皆予否定。《晉書·庾亮傳》云：

> 溫嶠聞峻不受詔，便欲下衛京都，三吳又欲起義兵，（庾）亮並不聽，而報嶠曰：「吾憂西陲過於歷陽，足下無過雷池一步也。」〔註30〕

同書〈郗鑒傳〉曰：

> 及祖約、蘇峻反，（郗）鑒聞難，便欲率所領東赴。詔以北寇不許。〔註31〕

溫嶠不得入衛京師是爲防備陶侃趁時而動，至於郗鑒，庾亮雖曰防範北寇侵擾，然郗鑒流民帥之身分有與峻、約聯手之可能，或更招忌於庾亮。

　　咸和二年（327年）十一月，蘇峻兵起，詔以卞壺爲尚書令、領右衛將軍，以會稽內史王舒爲揚州刺史。王家藉此亂事又再度出任揚州刺史。時尚書左丞孔坦、司徒司馬陶回請斷阜陵以阻蘇峻，王導然之，但庾亮卻不肯，中央主其事者是庾亮，王導亦莫可奈何。結果姑孰鹽米爲峻所取，而此前王敦第二次兵變，即駐兵於此，此處豐沛之戰略物資，益增蘇峻之實力。十一月壬子，彭城王司馬雄、章武王司馬休相繼叛奔蘇峻，顯見宗室欲藉蘇峻之亂與外戚庾亮鬥爭。庚申，京師戒嚴，詔庾亮節，都督征討諸軍事。對照王敦之亂時王導假節爲征討都督，看得出權力之移轉。

　　咸和三年（328年）春二月，陶回又諫庾亮宜於小丹楊南步道設伏兵擊峻軍，庾亮剛愎自用，又不聽，痛失破敵之機。丙辰，蘇峻縱火燒臺省及諸營寺署，卞壺力戰而亡。庾亮列陣於宣陽門內，軍士不戰而走，庾亮亦與弟庾懌、庾條、庾翼等奔尋陽。蘇峻遷成帝於石頭，自爲驃騎將軍，矯詔王導猶居本官、祖約爲侍中、太尉、尚書令，弋陽王司馬羕復爲西陽王、太宰、錄尚書事、祖渙爲驍騎將軍，馬雄爲左衛將軍、許柳爲丹楊尹。峻軍侵逼六宮，殘酷無道。

　　庾亮奔溫嶠，嶠素敬重亮，分兵予之。咸和三年（328年）三月，庾太后崩，庾亮失去優勢與依靠。至此，庾亮態度方有所轉變，首先與溫嶠互推爲盟主，溫嶠從弟溫充建議宜以位重兵強之陶侃爲盟主。蘇峻之亂，出兵圍剿共赴

---

〔註30〕《晉書》卷七十三〈庾亮傳〉，頁1918。
〔註31〕《晉書》卷六十七〈郗鑒傳〉，頁1799。

國難者眾，陶侃因與庾亮素有心結，雖坐鎮上游，手握重兵，卻不勤王。究其原因，一則是未得朝廷徵召，不願擅離職守，以防庾亮按罪加害；再者是未獲顧命之餘慍未消。故溫嶠請陶侃同赴朝廷之難時，陶侃答曰：「吾疆場外將，不敢越局。」〔註32〕此話包含兩種涵義，一為當日顧命，均為各種政治勢力代表人物，陶侃以小姓之故，雖於朝廷有功，卻不預其列，今日之事，又何必借重；再者暗指庾亮修石頭城、溫嶠出江州均為防侃，一旦妄動，極有可能以此為口實而遭到剷除。清代學者，編有《朱子年譜》的王懋竑在其《白田草堂存稿》中亦曰：「侃方被疑忌，非得有詔不敢以出師。」〔註33〕故有此情緒之語。後賴溫嶠再三敦請，信使不絕於途，並以為其子報仇相激，〔註34〕且言蘇峻得勢，將來之危害且有更甚於今日者。至此陶侃方領悟許之，即戎服登舟。

　　溫嶠於蘇峻亂中最大功勞在於調和鼎鼐，庾亮與陶侃之芥蒂全賴溫嶠居中協調。庾亮放下身段往拜陶侃，陶侃免不了調侃曰：「庾元規乃拜陶士行邪！」〔註35〕然與之談宴，亦覺其風止可觀，遂盡釋前嫌。《世說新語‧容止》云：

> 石頭事故，朝廷傾覆。溫忠武與庾文康投陶公求救，陶公云：「肅祖顧命不見及，且蘇峻作亂，釁由諸庾，誅其兄弟，不足以謝天下。」于時庾在溫船後聞之，憂怖無計。別日，溫勸庾見陶，庾猶豫未能往，溫曰：「溪狗我所悉，卿但見之，必無憂也！」庾風姿神貌，陶一見便改觀。談宴竟日，愛重頓至。〔註36〕

同書〈儉嗇〉云：

> 蘇峻之亂，庾太尉南奔見陶公。陶公雅相賞重。陶性儉吝，及食，噉薤，庾因留白。陶問：「用此為何？」庾云：「故可種。」於是大歎庾非唯風流，兼有治實。〔註37〕

庾亮誤判形勢，導致蘇峻之亂發生，初時過分輕敵，並未正視蘇峻之亂對朝廷可能帶來之傷害，還令諸州鎮不可勤王，一連串之錯誤決策，幾至覆國。

---

〔註32〕《晉書》卷六十六〈陶侃傳〉，頁1774。

〔註33〕王懋竑，《白田草堂存稿》，臺北：文海出版社，民國56年，卷四〈論陶長沙侃〉，頁十六，總頁144。

〔註34〕陶侃之子陶瞻為蘇峻軍所害。

〔註35〕《晉書》卷六十六〈陶侃傳〉，頁1775。

〔註36〕余嘉錫，《世說新語箋疏》〈容止第十四〉23條，頁616～617。

〔註37〕同上書〈儉嗇第二十九〉8條，頁875。

面對兵強馬盛〔註 38〕的蘇峻，要收拾殘局，庾亮只能仰仗上、下游州鎮，尤其是陶侃與流民帥郗鑒，以及三吳地區之南土大族。故庾亮對陶侃前倨傲後謙遜，也就不足爲奇。

郗鑒於王師敗績後，設壇場，刑白馬，大誓三軍，以激勵爭爲用命。郗鑒建議斷賊糧道，靜鎮京口，清壁以待賊，溫嶠深以爲然。〔註 39〕及陶侃爲盟主，進鑒都督揚州八郡軍事，成爲下游地區最重要之統帥。郗鑒先築白石壘，後又立大業、曲阿、庱亭三壘以距賊，其先見之明以及堅守防線，胡三省注《通鑑》云：「王敦、蘇峻之亂，匡復之謀，郗鑒爲多。」〔註 40〕

另外江東士族，不論扈從成帝或力戰抗敵均有極佳表現。例如策反蘇峻將領之陸曄、守宗廟之孔愉，以及三吳地區之虞潭、顧眾、顧颺等均立有大功，彼等或發私兵，或就東部組成聯軍，成功地摧破峻軍，不但使三吳以及東部地區免受峻軍荼毒，更成功切斷峻軍之物資供應，爲以陶侃爲首之西部聯軍收復建康奠基。〔註 41〕

反觀王導原本隨侍帝側，後竟棄帝，攜二子與蘇峻將路永出亡白石，無怪乎亂平後王導入石頭城，令取故節，陶侃譏曰：「蘇武節似不如是！」〔註 42〕王導大有慚色。

咸和三年（328 年）九月，蘇峻於石頭與庾亮、溫嶠、趙胤大戰，陶侃將彭世、李千等投茅，蘇峻墜馬，斬其首。祖約亦於咸和四年（329 年）正月敗奔石勒，後爲石勒所殺。三月，溫嶠諸軍攻石頭，蘇逸、蘇碩等敗死，蘇峻亂平。

## 三、蘇峻亂後政治架構確立

一場蘇峻之亂，呈現幾個層面的問題：東晉開國，外患來自北方，敵我之勢是南北對峙。兩次王敦之變，內部防衛形成東西對峙之勢，而蘇峻之亂則突顯出建康城及附近三吳地區的拱衛問題。郗鑒從坐鎮合肥至坐鎮京口，顯示防禦三吳成爲爾後國防重點，一則是其密邇京師，與京師安危息息相關，

---

〔註 38〕《晉書》卷六十七〈溫嶠傳〉曰：「時（蘇）峻軍多馬，南軍杖舟楫，不敢輕與交鋒。」，頁 1793。

〔註 39〕參見《晉書》卷六十七〈郗鑒傳〉，頁 1799。

〔註 40〕《資治通鑑》卷九十四〈晉紀十六〉，頁 2955。

〔註 41〕有關江東士族在蘇峻之亂中之貢獻，請參閱方北辰，《江東世家大族述論》，頁 75～77。

〔註 42〕請參閱《晉書》卷六十六〈陶侃傳〉，頁 1775。

再則三吳係江東士族勢力區，京口重鎮之形成，不無防範南土士族有變之考慮，且東邊沿海海賊猖獗，京口部署重兵亦可防其沿江西竄。〔註43〕往後國防上，保江與保淮一直是朝臣爭論之焦點，此固然與北方形勢有關，〔註44〕然從東晉朝廷的主觀意願上而言，郗鑑由合肥至京口，顯示此後東晉北伐政策已經緊縮，由守淮一變而成守江。

蘇峻至建康，「挾天子以令諸侯」，這是東晉百年迭見興師犯順，唯一採此方式者。王敦、桓溫等人雖欲為逆，但都囿於魏晉以來開國模式之思維，一心想採「禪讓」方式，「合法」取天下，劉裕代晉，亦是透過禪讓，遮掩其逆取篡奪之行徑，此或為魏晉以來大族慣有之政治模式，以天命為辭奪人江山，亦要帶有幾分優雅，然此模式一旦形成，時人思維似亦受限，皆欲以此方式取天下，蘇峻雖為逆不成，卻是百年中唯一採取不同方式者。

蘇峻之亂，溫嶠、庾亮移檄征鎮同赴京師平亂，卞敦觀望，擁兵不下，又不給軍糧。亂平後，陶侃奏卞敦不赴國難，無大臣之節，請收付廷尉。王導以喪亂之後宜加寬宥為由，徵為光祿大夫，卞敦名論自此虧矣！〔註45〕可見東晉初期名論標準存乎一心，不討王敦理所當然，不討蘇峻，名論便虧，其間關鍵，階級性使然也。

明帝崩後，庾亮主政，或欲效當初王家模式，一家獨大，政由己出。故庾亮秉政即致力以法立威，抑制大族。為鞏固執政地位，對於朝中幾股重要勢力，或剷除、或壓制、或鬥爭，不意促使幾股敵對勢力合流，釀成蘇峻之亂。庾亮一連串之錯誤，致臺城丘墟，宗社幾覆。庾亮倉皇出奔，賴溫嶠協調陶侃，與下游郗鑑、三吳江東士族聯手，始平定蘇峻之亂。值此亂中，庾亮未立顯赫戰功，王導亦棄帝出奔，反觀陶侃、郗鑑等人表現出色，政治地位亦隨之上升。江東士族有從亂者，但更有戮力以赴平定亂事者，並得到高度肯定，使得成帝以後各朝，江東士族在權力分配上較前有所提升，也緩和與北方士族間之緊張關係。〔註46〕顯示在地勢力之不可忽視，當朝廷政治力強時，

〔註43〕有關京口在政治、軍事上之作用，請參閱田餘慶，《東晉門閥政治》，頁76～79。

〔註44〕此與東晉青州、兗州的喪失有關，及至徐州淪陷，就無法再守淮了。再者東晉守淮係靠流民帥，蘇峻之亂，蘇峻、祖約的勢力遭受重創，東晉亦不得不退保京口，以屏障建康。

〔註45〕參見《晉書》卷七十〈卞壼傳〉，頁1874。

〔註46〕參見方北辰，《魏晉南朝江東世家大族述論》，頁76～77。

在地力量遭到壓制；大亂來時則形勢逆轉，在地力量的轉移與否，頓成能否平亂的關鍵因素之一。

蘇峻亂中，庾太后崩殂，庾亮頓失依恃。亂平，庾亮上表求外鎮自效，遂出為都督豫州、揚州之江西宣城諸軍事、平西將軍、假節、豫州刺史，領宣城內史，鎮蕪湖。外鎮既能避當負之政治責任，又可藉此掌控部分軍權，庾亮深諳外鎮帶兵之重要，故可視此乃庾亮以退為進之方。然而庾亮最大的挫折還在於其個人政治野心和布局的瓦解。庾亮主政以來，務在剷除政敵，削弱其他政治勢力，經此一亂，東晉政局勢必再度回歸至明帝設計之政治架構中，亦即王敦之變後已無法再適用一家獨大之一人決策模式。權力運作不再集中於一家一人之手，適度分享政治資源，由具實力的各「政治勢力」平衡共存，此亦明帝政治架構產生之作用。不惟庾亮，往後之主政者，再也沒有當初王家之條件能夠長期維繫一家獨大局面，庾亮之企圖遭到重挫，亂平之後的庾亮，勢必得做調整，步步為營地與王導在權力場中周旋，亦發顯得明帝之卓見與睿智。

# 第二節　王、庾之爭

## 一、王導拉攏武將維繫軍權

前文已敘及王導在王、馬鬥爭過程中之角色，王敦死後，王家政治實力遭受重挫，即使如此，王家在東晉政壇仍舊實力可觀。成帝時期之王導，依舊是操縱政治之核心人士之一，唯其諸多行事，但為保王家政治地位於不墜，頗引爭議，《世說新語・規箴》曰：

> 郗太尉晚節好談，既雅非所經，而甚矜之。後朝覲，以王丞相末年
>
> 多可恨，每見，必欲苦相規誡。〔註47〕

郗鑒與王家聯姻，又兩次在陶侃、庾亮欲廢王導之際維護他，郗鑒謂王導晚年「多可恨」，應非妄誣。究竟王導執政後期作為如何，實有再探討之必要。

明帝不豫，王導與庾亮等俱受顧命。明帝崩後，庾太后聽政，政事一決於亮，王導頓失元帝以來主政之優勢地位，本擬不出席成帝進璽典禮，以表達不滿與抗議，結果招致卞壼嚴厲批評。《晉書・卞壼傳》云：

---

〔註47〕余嘉錫，《世說新語箋疏》，〈規箴第十〉14條，頁564。

> （明）帝崩，成帝即位，群臣進璽，司徒王導以疾不至。壺正色於
> 朝曰：「王公豈社稷之臣邪！大行在殯，嗣皇未立，寧是人臣辭疾之
> 時！」導聞之，乃輿疾而至。〔註48〕

卞壺不畏強禦，端正朝綱，王導對其畏憚，《晉書·王導傳》云：

> 初，（成）帝幼沖，見導，每拜。又嘗與導書手詔，則云「惶恐言」，
> 中書作詔，則曰「敬問」，於是以爲定制。〔註49〕

成帝不僅拜王導，甚且拜導婦，侍中孔坦密表不宜拜，〔註50〕尚書令卞壺亦奏
王導居官無敬，〔註51〕王導聞之曰：「王茂弘駑痾耳，若卞望之之巖巖，刁玄亮
之察察，戴若思之峰岠，當敢爾邪！」〔註52〕蘇峻之亂，卞壺父子殉節，朝議
贈壺左光祿大夫、加散騎常侍。尚書郎弘訥以爲追贈未副眾望，議曰：「宜加鼎
司之號，以旌忠烈之勳。」〔註53〕司徒王導僅進贈卞壺驃騎將軍，加侍中。對
此弘訥顯有不滿，再次說明：卞壺委質三朝「受顧託之重，居端右之任，擁衛
至尊，則有保傅之恩；正色在朝，則有匡躬之節」〔註54〕宜合典謨，重新慎重
追贈。王導至此才改贈卞壺侍中、驃騎將軍、開府儀同三司，謚曰忠貞，祠以
太牢。另一於成帝被逼幸石頭時不離帝側之荀崧，咸和三年（328年）薨，贈
侍中，謚曰敬。著作郎虞預與王導牋曰：「……且其宣慈之美，早彰遠近，朝野
之望，許以台司，雖未正位，已加儀同。」〔註55〕建議旌表荀崧宜榮副於本望，
王導不從。王導不肯旌表荀崧榮褒，除荀崧於元帝崩後以中興之主上號曰中宗，
與王家意願相違外，荀崧於蘇峻亂中隨侍帝側，若以此受榮贈，豈不突顯王導
棄帝出奔之不節？王導贈周札太過，贈卞壺與荀崧皆寵不增前秩，此種做法，
難脫爲維護家族與個人之私而做出背離時望的政治考量。

　　王敦之死，讓王家頓失軍權上的優勢，而朝廷防範王家之態甚明，王導
深知軍權與執政間之密切關聯，遂多方拉攏有軍事實力之人，欲以彼等爲王
家後盾，王導首先盡力保全王敦舊將，並重用之，使之爲王家外援。《晉書·

〔註48〕《晉書》卷七十〈卞壺傳〉，頁1870。
〔註49〕同書卷六十五〈王導傳〉，頁1751。
〔註50〕案《晉書》卷七十〈卞壺傳〉載：「時……成帝每幸其（王導）宅，嘗拜導婦
　　　　曹氏。侍中孔坦密表不宜拜。」，頁1871。
〔註51〕參見虞世南，《北堂書鈔》卷五十九〈尚書僕射七十三〉，頁232。
〔註52〕《晉書》卷七十〈卞壺傳〉，頁1871。
〔註53〕同上書，頁1872。
〔註54〕同上。
〔註55〕《晉書》卷七十五〈荀崧傳〉，頁1979。

鄧嶽傳》云：

> （鄧嶽）少有將帥才略，爲王敦參軍，轉從事中郎、西陽太守。王含構逆，嶽領兵隨含向京都。及含敗，嶽與周撫俱奔蠻王向蠻。後遇赦，與撫俱出。久之，司徒王導命爲從事中郎，後復爲西陽太守。〔註56〕

同書〈周訪傳〉云：

> 王敦命（周撫）爲從事中郎，與鄧（嶽）俱爲敦爪牙。……咸和初，司徒王導以撫爲從事中郎，出爲寧遠將軍，江夏相。〔註57〕

又於蘇峻亂後，策動、吸收、保全蘇峻叛將，以彼等軍事實力支撐自己，不惜重用小人。《世說新語‧方正》云：

> 蘇峻時，孔羣在橫塘爲匡術所逼。王丞相保存術，因眾坐戲語，令術勸酒，以釋橫塘之憾。羣答曰：「德非孔子，厄同匡人。雖陽和布氣，鷹化爲鳩，至於識者，猶憎其眼。」〔註58〕

《晉書‧袁瓌附袁耽傳》曰：

> 初，路永、匡術、賈寧等皆（蘇）峻心腹，聞祖約奔敗，懼事不立，迭說峻誅大臣。峻既不納，永等慮必敗，陰結於導。導使（袁）耽潛說路永，使歸順。〔註59〕

同書〈溫嶠傳〉曰：

> 初，峻黨路永、匡術、賈寧中塗以眾歸順，王導將襃顯之，嶠曰：「術輩首亂，罪莫大焉。晚雖改悟，未足以補前失。全其首領，爲幸已過，何可復寵授哉！」導無以奪。〔註60〕

同書〈外戚傳〉曰：

> （王）導復引匡術弟孝，（王濛）致牋於導曰：「開國承家，小人勿用。杖德義以尹天下，方將澄清彝倫，崇重名器。夫軍國殊用，文武異容，豈可令涇渭混流，虧清穆之風，以允答具瞻，儀形海內！」導不答。〔註61〕

路永、匡術、賈寧之徒本爲逆臣，見蘇峻失勢，歸順保命，王導非但不罪，

---

〔註56〕《晉書》卷八十一〈鄧嶽傳〉，頁2131。
〔註57〕《晉書》卷五十八〈周訪附周撫傳〉，頁1582。
〔註58〕余嘉錫，《世說新語箋疏》，〈方正第五〉36條，頁317。
〔註59〕《晉書》卷八十三〈袁瓌傳〉，頁2170。
〔註60〕《晉書》卷六十七〈溫嶠傳〉，頁1794～1795。
〔註61〕《晉書》卷九十三〈外戚傳〉，頁2419。

且盡力保全，甚且欲褒顯之。王導以宰輔之尊，不惜虧損名論，雖「涇渭混流」，亦要維護斯輩小人。處此門閥社會，最是講究出身、階級，彼等既非高門，又無盛名，王導之舉實有違常理。王導並非不知朝野觀感，然若不仗此輩之軍事實力以為後援，王家仍欲呼風喚雨，勢不可為。而彼等叛亂餘孽，搖身又為朝廷命官，若非王導，恐亦勢所不能，故二者是各取所需，互相依恃。王濛勸王導「開國承家，小人勿用」，與當日王敦參軍熊甫勸敦之語相同，而所謂「國」與「家」，所指究係誰的國？誰的家？王導重用小人，非為朝廷，當是為家族計。

　　其他佞事王導者亦所在多有，王導皆不排拒，同書〈陶回傳〉云：

　　　　（陶）回性雅正，不憚強禦。丹楊尹桓景佞事王導，甚為導所暱。回常慷慨謂景非正人，不宜親狎。會熒惑守南斗經旬，導語回曰：「南斗，揚州分，而熒惑守之，吾當遜位以厭此謫。」回答曰：「公以明德作相，輔弼聖主，當親忠貞，遠邪佞，而與桓景造膝，熒惑何由退舍！」導深愧之。〔註62〕

王導除以上述諸人支撐其軍事實力外，亦盡力扶植王家勢力，王舒在蘇峻亂前出任丹楊尹，蘇峻之亂時鎮揚州，都是王導之意。此外，王舒之子王允之也是王導重點扶植之人選。王舒卒，王允之去職，以憂哀不拜義興太守，王導與其書曰：「吾群從死亡略盡，子弟零落，遇汝如親，如其不爾，吾復何言！」〔註63〕王導對於家族在地方要職的後繼無人深感憂慮。其欲扶植王家子弟居重位，純為家族計。做為南渡之北方第一等高門，王導原不樂見子弟好武之風，王家之所以傲人者是子孫官秩與榮顯，是以王導次子王恬因為好武，不為王導所喜愛。〔註64〕由於王家子弟在軍權上並無特殊建樹，王導亦知重用路永、匡術之輩爭議太大，只得寵用附己人士如趙胤者，但仍引來批評。《晉書‧孔愉傳》云：

　　　　後（王）導以趙胤為護軍，（孔）愉謂導曰：「中興以來，處此官者，周伯仁、應思遠耳。今誠乏才，豈宜以趙胤居之邪！」導不從。其守正如此，由是為導所銜。〔註65〕

〔註62〕《晉書》卷七十八〈陶回傳〉，頁2066。
〔註63〕《晉書》卷七十六〈王舒傳〉，頁2002。
〔註64〕《晉書》卷六十五〈王導傳〉云：「（王）恬字敬豫。少好武，不為公門所重。（王）導見（王）悅輒喜，見恬便有怒色。」，頁1755。
〔註65〕《晉書》卷七十八〈孔愉傳〉，頁2053。

趙胤在王導、庾亮聯手除宗室之過程中，誅殺司馬宗，立下大功，王導、庾亮爭相拉攏，趙胤與王導有舊，王導又不次拔擢，就是想藉彼力以爲奧援。王導在現實環境不利於己之情形下，企圖收編現有軍事實力者，一些人品有爭議者，亦樂於攀附，王導也必須維護此輩，利用彼之軍事實力，或以防不測或視爲保障政治資本之方，因此對於風評並不理會。

## 二、郭默事變

在王導努力延攬與拉攏之勢力中，另一引起爭議者爲郭默。郭默事件是繼蘇峻之亂後，另一引發政治危機之流民帥事件，王導在此事之處置上，確實引人非議。

郭默，河內懷人，永嘉之亂，郭默率眾自爲塢主，流人依附者眾。明帝時，郭默至京都，明帝授其征虜將軍。劉遐卒，以郭默爲北中郎將、監淮北軍事、假節。蘇峻亂作，朝廷懼流民帥聯合爲亂，拜郭默後將軍、領屯騎校尉。峻死，徵爲右軍將軍。按右軍將軍統領宿衛兵也。〔註66〕郭默不樂宿衛，而欲爲邊將，謂平南將軍劉胤曰：

> 我能禦胡而不見用。右軍主禁兵，若疆埸有虞，被使出征，方始配
> 給，將卒無素，恩信不著，以此臨敵，少有不敗矣。時當爲官擇才，
> 若人臣自擇官，安得不亂乎！〔註67〕

郭默之抱怨，反映出東晉用兵、用將諸多問題，而朝廷對流民帥之不信任，常以徵召入朝測試其忠誠度，拒絕入朝者如蘇峻、郭默，最後均無善終；而應召入朝者如郗鑒，通過朝廷之忠誠測試，際遇與仕途迥然不同。蘇峻亂後，溫嶠旋卒，王導以劉胤代嶠爲平南將軍、都督江州諸軍事、領江州刺史、假節。陶侃、郗鑒均曰劉胤非方伯之才，然王導不納。時值東晉史上第二次移民潮，〔註68〕自江陵至建康，流人萬計，布在江州，而朝廷空罄，百官無祿，均賴江州漕運。劉胤在江州卻大殖貨財，豪侈爲務，不恤政事。後遭有司參

---

〔註66〕《晉書》卷二十四〈職官志〉曰：「左右前後軍將軍，案魏明帝時有左軍，則左軍魏官也，至晉不改。武帝初又置前軍、右軍，泰始八年（272年）又置後軍，是爲四軍。」頁740～741。

〔註67〕《晉書》卷六十三〈郭默傳〉，頁1715。

〔註68〕東晉第一次移民潮在元帝時，幽、冀、青、并、兗五州及徐州之淮北流人，相率過江淮。第二次移民潮在成帝初，因蘇峻、祖約之亂，胡寇又至，百姓南渡者眾。詳見萬繩楠，〈論淝水戰前東晉的鎮之以靜政策〉，收錄於氏著《魏晉南北朝史論稿》，臺北：雲龍出版社，2002年3月，頁183。

－144－

奏，劉胤正方自申理，靜待朝廷決斷。郭默趁機矯詔殺劉胤，〔註69〕王導懼郭默驍勇難制，乃大赦天下，梟胤首于大航，以郭默為西中郎將、江州刺史。陶侃聞之，曰：「此必詐也。」〔註70〕陶侃於蘇峻亂後出任侍中、太尉，加羽葆鼓吹，改封長沙郡公，邑三千戶，賜絹八千匹，加都督交、廣、寧等七州軍事。聞郭默殺劉胤，立遣將率兵據湓口，並以大軍繼進。陶侃未言明是郭默耍詐？抑或王導耍詐？此事看似郭默矯詔濫殺方鎮，王導隱忍，未做恰當處理。然觀陶侃參佐與侃之對答，就中頗有曲折，值得細究。《晉書・陶侃傳》云：

> （陶侃）參佐多諫曰：「（郭）默不被詔，豈敢為此事。若進軍，宜待詔報。」侃厲色曰：「國家年小，不出胸懷。且劉胤為朝廷所禮，雖方任非才，何緣猥加極刑！郭默虓勇，所在暴掠，以大難新除，威網寬簡，欲因隙會騁其從橫耳。」〔註71〕

郭默殺劉胤，宣稱「我被詔有所討，動者誅及三族。」〔註72〕傳胤首於京師後，又詐作詔書，宣視內外。郭默於劉胤死後劫掠財貨、胤女及諸妾後，本云下都，後又還劉胤府，自為江州刺史，王導亦以之為江州刺史。若非陶侃起兵，郭默本可就此穩坐刺史職位。細細推敲，此事並不尋常，郭默若果真假詔殺劉胤，必知己罪深重，不會還擬下都，且再次詐作詔書。劉胤行事雖引爭議，自有朝廷處置，何況尚在申理當中，擅自誅殺方鎮，其罪可誅，斷不致大費周章將劉胤首級傳送京師，此舉若非存心挑釁，就是以此表功。而王導配合梟胤首於大航，更是荒謬至極，身為執政豈有任人誅殺朝廷命官，非但不加聲討，反而主動贈官，若非姑息養奸就是居心叵測，或兩者兼有。待陶侃上疏陳郭默罪狀，王導方收胤首，其處理此事方式，不禁讓人懷疑郭默是真「被詔有所討」，一如陶侃參佐所言「郭默不被詔，豈敢為此事？」又建議陶侃「宜待詔報」方應變行動，以免誤判形勢。陶侃言「必為詐也。」或指郭默矯詔為詐，或不排除王導有心藉郭默控制江州，甚且利用郭默造亂，任彼順流下都？不意陶侃、庾亮不待詔報便及時發兵聲討，陶侃與王導書曰：

> 「郭默殺方州，即用為方州；害宰相，便為宰相乎？」導答曰：「默

---

〔註69〕郭默與劉胤參佐張滿有隙，又有僑人蓋肫挑撥其間，默遂懷恨襲胤。請參閱《晉書》卷六十三〈郭默傳〉，頁1716。

〔註70〕《晉書》卷六十六〈陶侃傳〉，頁1775；又見同書〈郭默傳〉頁1716。

〔註71〕《晉書》卷六十六〈陶侃傳〉，頁1775～1776。

〔註72〕《晉書》卷六十三〈郭默傳〉，頁1716。

居上流之勢，加有船艦成資，故苞含隱忍，使其有地。一月潛嚴，
足下軍到，是以得風發相赴，豈非遵養時晦以定大事者邪！」侃省
書笑曰：「是乃遵養時賊也。」〔註73〕

陶侃與王導信中口氣極為嚴峻，有強烈指責意味，王導只能自圓其說苞含隱
忍是為待陶侃大軍，但觀陶侃參佐之言可知未有詔書徵召陶侃討郭默，陶侃
說得明白：成帝年幼，無法處理大政。即便有詔書，恐非出自皇帝意願。若
非陶侃主動徵討郭默，王導之遵養時晦便成順理成章，陶侃點明王導心思，
王導自知理虧，只能對陶侃做出讓步。郭默被殺後，詔陶侃都督江州，領刺
史，移鎮武昌。從上游之荊州至江州，除豫州為庾亮所掌控外，全為陶侃之
勢力範圍。

### 三、陶侃、庾亮分別謀廢王導

另有一事可資注意，《晉書‧庾亮傳》云：「陶侃嘗欲起兵廢導，而郗鑒
不從，乃止。」廢執政是大事，然此事〈郗鑒傳〉、〈陶侃傳〉、〈王導傳〉均
未載，唯〈庾亮傳〉有此數語，至於陶侃為何欲廢王導，並未明確交代，只
有一段含混記載：

時王導輔政，主幼時艱，務存大綱，不拘細目，委任趙胤、賈寧等
諸將，並不奉法，大臣患之。〔註74〕

從史文看來，陶侃欲廢王導與趙胤、賈寧等人不奉法有關，然而王導主政以
來，威網寬簡、放任貪汙與不法非止一日，《世說新語‧任誕》云：

祖車騎過江時，公私儉薄，無好服玩。王、庾諸公共就祖，忽見裘
袍重疊，珍飾盈列，諸公怪問之。祖曰：「昨夜復南塘一出。」祖于
時恆自使健兒鼓行劫鈔，在事之人，亦容而不問。〔註75〕

《晉書‧王湛傳》曰：

初，（王）述家貧，求試宛陵令，頗受贈遺，而修家具，為州司所檢，
有一千三百條。王導使謂之曰：「名父之子不患無祿，屈臨小縣，甚
不宜耳。」述當曰：「足當自止，時人未之達也。」〔註76〕

從昔日祖逖之「南塘一出」、王述被檢出一千三百條，至蘇峻亂後「鎮之以靜」，

---

〔註73〕《晉書》卷六十六〈陶侃傳〉，頁1776。
〔註74〕《晉書》卷七十三〈庾亮傳〉，頁1921～1922。
〔註75〕余嘉錫，《世說新語箋疏》，〈任誕第二十三〉23條，頁741。
〔註76〕《晉書》卷七十五〈王湛傳〉，頁1963。

〔註77〕王導之態度一向是「山藪藏疾，宜包容之」，此固然引起朝臣不滿，但多數士族亦因此受惠，陶侃雖出身小姓，是否因十數年之積習而於此時謀廢執政，值得商榷。又史文並不載陶侃謀廢王導事發生於何時？田餘慶認爲應在咸和五年（330 年），〔註78〕王懋竑《白田草堂存稿》認爲陶侃謀廢王導乃庾亮之誣詞，〔註79〕王懋竑極力爲陶侃辯誣，論理清晰，然王懋竑可能妄誣庾亮，亦即陶侃可能確有欲廢王導事。咸和五年（330 年）以前，王導與庾亮聯手防備陶侃，侃或與導有心結，然此爲個人恩怨，不足以此藉口說服庾亮、郗鑒共同謀廢執政。咸和五年（330 年）陶侃謀廢王導，最可能原因，不外以下二事：一爲王導控制成帝，陶侃認爲他有不臣之心；二爲郭默事件。

　　成帝即位，中樞雖由王導、庾亮主政，但政事一決於亮，是庾亮大權獨攬的時期。但庾亮由於政策失當，導致蘇峻之亂，咸和四年（329 年）亂平之後，庾亮引咎外鎮，主政大權遂落入王導手中。王導外結小武夫以自固，內則藉控馭小皇帝來掌權。有關王導控馭成帝一事，可從制度面觀察之，庾亮在咸康年間欲率眾黜廢王導，距陶侃第一度提出欲廢王導至少已有八、九年，〔註80〕此事庾亮曾先行諮詢郗鑒，結果郗鑒不許，庾亮乃與鑒書曰：

> 主上自八九歲以及成人，入則在宮人之手，出則唯武官小人，讀書無從受音句，顧問未嘗遇君子。……不云當高選侍臣，而云高選將軍、司馬督，豈合賈生願人主之美，習以成德之意乎！秦政欲愚其黔首，天下猶知不可，況乃欲愚其主哉！主之少也，不登進賢哲以輔導聖躬。……主上知君臣之道不可以然，而不得不行殊禮之事。萬乘之君，寄坐上九，亢龍之爻，有位無人。挾震主之威以臨制百官，百官莫之敢忤。……趙賈之徒有無君之心，是而可忍，孰不可忍！〔註81〕

---

〔註77〕《晉書》卷六十五〈王導傳〉云：「及賊平，宗廟宮室並爲灰燼，溫嶠議遷都豫章，三吳之豪請都會稽，二論紛紜，未有所適。導曰『建康，古之金陵，舊爲帝里，又孫仲謀、劉玄德俱言王者之宅。古之帝王不必以豐儉移都，苟弘衛文大帛之冠，則無往不可。若不績其麻，則樂土虛矣。且北寇游魂，伺我之際，一旦示弱，竄於蠻越，求之望實，懼非良計。今特宜鎮之以靜，羣情自安。』由是嶠等謀並不行。」頁 1751。

〔註78〕請參閱田餘慶，《東晉門閥政治》，頁 55～58。

〔註79〕王懋竑，《白田草堂存稿》卷四〈論陶長沙侃〉，頁 22，總頁 154。

〔註80〕庾亮欲廢王導之事發生於咸康四、五年間（338、339 年），陶侃欲廢導事發生在咸和五年（330 年），兩事至少相距八、九年以上。

〔註81〕《晉書》卷七十三〈庾亮傳〉，頁 1922。

此信中所言之「主上八、九歲」，正是咸和三、四年間。〔註82〕東晉初年，門下省權勢有漸重趨勢，但此時門下省職權卻受到壓抑。《宋書‧百官志》云：「魏、晉散騎常侍、侍郎，與侍中、黃門侍郎共平尚書奏事，江左乃罷。」〔註83〕不但門下平尚書事權喪失，奏事之權更為殿中武官所奪。《唐六典》卷九〈中書省集賢院史館匭使〉引王道秀《百官春秋》云：「初，晉中書置主書，用武官，宋文帝改用文吏。」〔註84〕主書用武官究竟始於何時？又此等武官何以屬於中書省？據陳啟雲考證當始於王導任內。〔註85〕換言之，王導自咸和三、四年間黜廢諸侍臣，代之以武官，王導時兼中書監，而此等武官主呈奏，自是以中書之名出之，故有中書主書武官之名。而王導為何要將小皇帝身邊侍臣代之以武官？此當屬歷史經驗使然，明帝當初對付王家全仗身邊侍臣和太子時期至交，王導或許不欲歷史重演，故將文官侍臣全代以武職，此即「不云當高選侍臣，而云高選將軍、司馬督。」而王導身為中書省長官，正可藉此操控皇帝。小皇帝身邊之侍臣，原負有教育小皇帝之責，王導代之以武官，企圖從教育上「愚君」，所以成帝「讀書無從受音句，顧問未嘗遇君子。」蘇峻之亂時，成帝時年八歲，被遷於石頭，《孝經》、《論語》即由右衛將軍劉超所授。〔註86〕庾亮認為王導挾主臨百官，藉控馭皇帝主導朝政。咸和五年（330 年）陶侃欲廢王導時，皇帝身邊文官侍臣已然代之以武官，想必陶侃對這些事亦有所不滿。庾亮信中又云趙胤、賈寧有「無君之心」，趙、賈之徒既依附王導，彼等有無君之心，當然間接指控王導有無君之心，才會「亢龍之爻，有位無人。」對照上引「趙胤、賈寧不奉法，大臣患之」的史料，可知王導放任趙、賈之徒至少已有五年以上，恐怕朝臣憂慮者並非僅是彼等不奉法，而是無君之心已彰。

咸和五年（330 年），郭默之亂平定後一年，陶侃極有可能認為王導無君之心已顯，並且操控郭默殺劉胤，故謀大軍東指，順流而下廢王導，或欲防堵另一場王氏之變乎？〈庾亮傳〉載庾亮與郗鑒牋曰：

> 昔於蕪湖反覆謂彼罪雖重，而時弊國危，且令方嶽道勝，亦足有所
> 鎮壓，故共隱忍，解釋陶公。自茲迄今，曾無悛改。〔註87〕

---

〔註82〕成帝即位時五歲，八、九歲正是咸和三、四年（328、329 年）。
〔註83〕《宋書》卷四十〈百官志〉，頁 1244。
〔註84〕李林甫等撰、陳仲夫點校，《唐六典》，卷九〈中書省集賢院史館匭使〉，頁 277。
〔註85〕陳啟雲，〈兩晉三省制度之淵源、特色及其演變〉，頁 199。
〔註86〕《晉書》卷七十〈劉超傳〉，頁 1876。
〔註87〕《晉書》卷七十三〈庾亮傳〉，頁 1922。

陶侃欲廢王導，庾亮當年出任豫州刺史，鎮蕪湖。庾亮以茲事體大，反覆與郗鑒商討對策。可知陶侃謀廢王導之時，庾亮和郗鑒均居中協調，一則是因時弊國危，兵甲不可屢興，再者是方鎮聯合，實力足以壓制王導，當然也有另一可能：即庾亮、郗鑒等人聯合，兵力尚可與陶侃抗衡。總之，陶侃欲廢王導，但又不願引起誤會，故先將此意徵詢庾、郗，希望獲得支持，不意郗鑒反對，而郗鑒當時軍力亦甚為可觀，若陶侃執意廢導，勢必得先與郗鑒衝突。陶侃因緣際會，手握大軍，望重一方，但其深知自己「望非世族」之外，還「俗異諸華」，以出身故，實難躋幾大勢力主流，在庾亮代表之外戚勢力與郗鑒代表之流民帥勢力均表反對之餘，陶侃欲翦除北方士族主流勢力，對付王導，必須同時抗衡此三大勢力，陶侃衡量情勢後，廢導之事因而作罷。但陶侃對王導控馭成帝，架空君權之作為始終不以為然。《世說新語‧方正》云：

> 梅頤（當為梅陶）嘗有惠於陶公。後為豫章太守，有事，王丞相遣收之。侃曰：「天子富於春秋，萬機自諸侯出，王公既得錄，陶公何為不可放？」乃遣人於江口奪之。〔註88〕

陶侃認為王導不還政，是「萬機自諸侯出」，故公然以奪人方式表達不承認王導命令之正當性，王導或知陶侃曾欲廢己，面對陶侃，只得隱忍。儘管如此，陶侃廢導之謀畢竟不能重提。明帝設計之政治勢力架構再次發揮其在政治上之功能，適時化解一場政治危機，而在謀廢王導之際，雖然與皇權之行使有密切關聯，但整個過程中，皇帝不預其中，退居一隅，盡由幾股政治勢力縱橫捭闔，最後仍舊歸於一穩定之平衡局面。

## 四、王、郗聯姻以自固

王導極力拉攏武將，他們雖然成為王導維繫家族政治地位的後盾，但王導明白，其所吸納之人風評不佳，用之是不得已，於王家未必為長久之計，故除這些勢力之外，王導亦積極於朝中尋覓具資望又可合作或相互支援之對象，以抗衡庾氏。郗鑒因掌控青、徐、兗都督區軍力，在朝地位優崇，頓成王導急欲合作之對象。而郗鑒身為流民帥首領，在朝雖舉足輕重，但其門戶究竟難與南、北大族相提並論。郗鑒身處廟堂，眼見朝廷對待流民帥之前例，知道要保家族，一則仍要保有流民帥之武力基礎，另一方面應積極轉化流民帥之身分，提升家族之政治、社會地位，欲達此目的，與大族聯姻是最快速而實際之做法。而王

---

〔註88〕余嘉錫，《世說新語箋疏》〈方正第五〉39 條，頁 319。

家此時正處於前所未有之弱勢，王導四處拉攏叛軍降將，其用心昭然若揭。王導於明帝崩後，對郗鑒另眼相待，〔註89〕郗鑒想必心知肚明，當然亦不願放過如此良機，遂向王導提出聯姻提議。《世說新語‧雅量》曰：

> 郗太傅在京口，遣門生與王丞相書，求女婿。丞相語郗信：「君往東廂，任意選之。」門生歸，白郗曰：「王家諸郎，亦皆可嘉，聞來覓婿，咸自矜持。唯有一郎，在牀上坦腹臥，如不聞。」郗公云：「正此好！」訪之，乃是逸少，因嫁女與焉。〔註90〕

郗鑒鎮京口是蘇峻之亂以後的事，王導欣然應允郗鑒聯姻提議，這其實有違當時常情。《世說新語‧方正》云：

> 王丞相初在江左，欲結援吳人，請婚陸太尉。對曰：「培塿無松柏，薰蕕不同器。玩雖不才，義不爲亂倫之始。」〔註91〕

《晉書‧王湛傳》云：

> （王）坦之爲桓溫長史。溫欲爲子求婚於坦之。及還家省父，而（王）述愛坦之，雖長大，猶抱置膝上。坦之因言溫意，述大怒，遽排下，曰：「汝竟癡邪！詎可畏溫面而以女妻兵也。」坦之乃辭以他故。〔註92〕

余嘉錫箋疏云：「王、陸先世，各有名臣，而功名之盛，王不如陸。過江之初，王導勛名未著，南人方以北人爲傖父，故（陸）玩託詞以拒之。其言雖謙，而意實不屑也。」〔註93〕姑不論陸玩是謙詞或不屑，陸、王兩家各爲南、北方第一等大族，其中雖有南、北心結作梗，但門當戶對實爲當日聯姻最重要之考量。王、郗二人雖均爲朝廷重臣，但門戶差距實非陸、王兩家差距可堪比擬，陸玩尚且以門戶差距爲詞而拒婚，郗、王門戶實更難匹配，自傲於臺輔之首的琅邪王氏怎可自毀高門大族極力設防之規範，與郗氏聯姻？另一例中，桓溫勢盛，太原王氏猶目桓氏爲「兵」，以桓氏出身與郗家相距不遠，而琅邪王氏門戶又較太原王氏爲高，當日南渡北人第一高門之王家又怎能不以

---

〔註89〕王導稱疾不朝，卻私送郗鑒赴徐州之任，不惜引來卞壼之嚴厲抨擊，相關問題，請參閱《晉書》卷七十〈卞壼傳〉，頁1870。及田餘慶，《東晉門閥政治》，頁49～51。

〔註90〕余嘉錫，《世說新語箋疏》〈雅量第六〉19條，頁362。

〔註91〕同上書，〈方正第五〉25條，頁305～306。

〔註92〕《晉書》卷七十五〈王湛傳〉，頁1963。

〔註93〕余嘉錫，《世說新語箋疏》〈方正第五〉25條，頁306。

郗鑒「老兵」爲意呢？對此，田餘慶認爲王敦之變後，王導爲維持家族勢力
於不墜「必須在有實力的朝臣中尋求支援，而琅邪王氏在政治上的繼續存在，
在當時又是約束庾氏專恣，穩定東晉政局的必要條件。」〔註 94〕田氏所言甚
是，換言之，王、郗聯姻純爲政治考量，王、郗家族日後之疏遠，〔註 95〕也
緣於政治勢力與形勢產生變化所致。但陶侃謀廢王導時，王、郗關係密切，
郗鑒因此傾向維護王導也是情理中事。

## 五、庾亮藉軍權再度勢盛

咸和七年（332 年）六月，陶侃疾篤，上表遜位，又薦庾亮自代，〔註 96〕
陶侃並無佳子弟，其對王導之疑慮，促使他舉庾亮自代，可能是權衡當日主流
勢力後所做之決定。幾股能主導政治之主流勢力，其中宗室勢衰，南土士族長
時期受到壓制，唯一能與王導所代表之勢力相抗衡者，唯有庾氏所代表之外戚
勢力。而庾亮於蘇峻之亂後勢蹙，只能自求外鎮以規避政治責任，流民帥郗鑒
又向王導傾斜，庾亮雖思藉掌控軍權翻身，但僅憑豫州，力不足濟。陶侃既已
暮年，便思扶助庾亮一臂之力，使其接收上流勢力，抗衡王導。觀王導、庾亮
自明帝崩後，兩人便互相爭權，若非陶侃表薦，王導未必會將上游軍事大權委
於庾亮，且陶侃上表後二年方薨，〔註 97〕有足夠時日安排繼任人選。陶侃薨後，
朝廷即遷庾亮都督江、荊、豫、益、梁、雍六州諸軍事，領江、荊、豫三州刺
史，進號征西將軍、開府儀同三司、假節、開府，遷鎮武昌。

庾亮之政治實力隨著軍權的加重而迅速增加，王導居中樞主政之優勢，
也立即產生變化。庾亮於明帝崩後，第一次掌握大權，主要是靠外戚之裙帶
關係，但此次庾亮再度勢盛，倚恃者卻是結結實實之軍權。政情之變化，讓
王導惶不自安，除緊緊抓住郗鑒這股重要勢力做爲支撐外，王導更需利用情

---

〔註 94〕田餘慶，《東晉門閥政治》，頁 50。
〔註 95〕有關王、郗家族由關係密切而疏遠，情分由濃轉淡，請參閱田書，頁 50～51。
〔註 96〕顏之推，《還冤志》，臺北：商務印書館（王雲五主編，四庫全書珍本十一集），
　　　　年不詳。云：「晉時庾亮誅陶稱後，咸康五年（339 年）冬節會，文武數十人
　　　　忽然悉起，向階拜揖。庾驚問故，並云陶公來。陶公是稱父侃也。庾亦起迎。
　　　　陶公扶兩人，悉是舊怨。傳詔左右數十人皆操伏戈。陶公謂庾曰：『老僕舉君
　　　　自代，不圖此恩，反戮其孤，故來相問陶稱何罪，身已得訴于帝矣。』庾不
　　　　得一言，遂寢疾，八年（342 年）（應爲六年，340 年）一日死。」，頁 22。小
　　　　說家言雖未必可靠，但陶侃薨前主動上表遜位，庾亮便接替陶侃都督六州，
　　　　其間極可能陶侃是薦亮自代的。
〔註 97〕陶侃於咸康七（332 年）年上表遜位，咸康九年（334 年）薨。

勢強化王家以及親王氏者之軍權。咸康元年（335 年），石虎犯邊，王導遂利用時機以親王氏者進據豫州周圍軍事要地。《晉書‧成帝紀》云：

> （咸康元年，335 年）夏四月癸卯，石季龍寇歷陽，加司徒王導大司馬、假黃鉞、都督征討諸軍事，以禦之。癸丑，帝觀兵于廣莫（陽）門，分命諸將，遣將軍劉仕救歷陽，平西將軍趙胤屯慈湖，龍驤將軍路永戍牛渚，建武將軍王允之戍蕪湖。司空郗鑒使廣陵相陳光帥眾衛京師，賊退向襄陽，戊午，解嚴。〔註98〕

同書〈石季龍載記〉曰：

> （石）季龍自率眾南寇歷陽，臨江而旋，京師大震。〔註99〕

同書〈袁瓌傳〉曰：

> 咸康初，石季龍游騎十餘匹至歷陽，（袁）耽上列不言騎少。時胡寇強盛，朝野危懼，王導以宰輔之重請自討之。既而賊騎不多，又已退散，導止不行。朝廷以耽失於輕妄，黜之。尋復為導從事中郎，方加大任，會卒，時年二十五。〔註100〕

綜上所引，石季龍犯邊固是事實，但石季龍「游騎十餘匹」恐怕只是「窺探敵情」之動作，王導卻大張旗鼓地在十五日內完成軍事部署，並有親討之舉。這一反常之舉，田餘慶認為袁耽有意為王導提供一個興軍的機會，目的在利用此事部署，以對抗庾氏勢力。〔註101〕王、庾關係自庾亮代陶侃鎮荊州、領三州刺史、都督六州諸軍事後即再度緊張，庾亮亦有志於翦除王家勢力，拔除王家之影響力，此事可從庾亮使人毀王敦肖像一事略窺端倪。《日藏弘仁本文館詞林校證》庾亮撰〈黜故江州刺史王敦像贊教〉云：

> 綱紀：國像所以表其形容，而昭其事跡，若乃德為物宗，功施於人，圖之可也，豈歷官服事，便儀之不朽邪。是亂大從，而善惡無章矣。王敦始者以朗素致稱，遂饕可人之名，然其晚節晉賊也，猶漢公之與王莽耳。闔棺之惡，固以暴於天下，而乃圖其像貌，著之銘贊，言何所述，義何所依。且吾豈與賊臣之像同堂而處乎！便下毀之，以為鑒戒。〔註102〕

---

〔註98〕《晉書》卷七〈成帝本紀〉，頁 179。
〔註99〕同上書，卷一百六〈石季龍載記上〉，頁 2763。
〔註100〕《晉書》卷八十三〈袁瓌傳〉，頁 2170。
〔註101〕請參閱田餘慶，《東晉門閥政治》，頁 97～99。
〔註102〕唐‧許敬宗編、羅國威整理，《日藏弘仁本文館詞林校證》，北京：中華書局，

江州治所將歷任刺史圖其形貌，著之銘贊，列於一堂。王敦嘗爲江州，庾亮繼陶侃兼江州刺史後，特令將王敦肖像抹去，此時離王敦去世已有年所，陶侃在任時，並未撤去王敦肖像，絕非陶侃贊同王敦之行逕，而是庾亮欲藉此政治動作，達到徹底貶抑王家影響力之目的。

咸康以後，王、庾之較勁又趨於白熱化。《晉書·王導傳》云：

> 時（庾）亮雖居外鎮，而執朝廷之權，既據上流，擁強兵，趣向者多歸之。導內不能平，常遇西風塵起，舉扇自蔽，徐曰：「元規塵汙人。」〔註103〕

庾亮代侃鎮荊州、江州後，實力大增，引發「西瓜偎大邊」效應，王導感受強烈壓迫感，遂以風塵汙人自況。同傳又云：

> 于時庾亮以望重地逼，出鎮於外。南蠻校尉陶稱間說亮當舉兵內向。或勸導密爲之防。導曰：「吾與元規休感是同，悠悠之談，宜絕智者之口。則如君言，元規若來，吾便角巾還第，復何懼哉！」又與稱書，以爲庾公帝之元舅，宜善事之。於是讒間遂息。〔註104〕

《世說新語·雅量》記載稍有不同：

> 有往來者云：庾公有東下意。或謂王公：「可潛稍嚴，以備不虞。」王公曰：「我與元規雖俱王臣，本懷布衣之好。若其欲來，吾角巾徑還烏衣，何所稍嚴。」〔註105〕

《世說新語》未指「有往來者」或勸王導戒備者爲陶稱，《晉書》則明載向王導透露庾亮欲舉兵內向者是陶稱。不管《世說新語》所指的人是誰，根據《晉書》記載，至少陶稱曾向王導洩漏庾亮意向。論者常以此資料謂王導「善處興廢」。但仔細探究，此段記載實與王導作爲不副。王導果眞「元規若來，吾便角巾還第」，則其大可不必汲汲營營強化王氏勢力，亦不需與庾亮明爭暗鬥。若王導言不由衷，則其惺惺作態，與陶稱書，勸其善事庾亮所爲何來？劉孝標注引《中興書》云：「於是風塵自消，內外緝穆。」王導藉書信，讓「謠

---

　　2001年，卷第六九九〈黜故江州刺史王敦像贊教〉，頁465。

〔註103〕《晉書》卷六十五〈王導傳〉，頁1753。又《世說新語·輕詆》云：「庾公權重，足傾王公。庾在石頭，王在冶城坐。大風揚塵，王以扇拂塵曰：『元規塵汙人！』」按庾亮居石頭，王導在冶城應於咸和元、二年（327年）間，但觀晉書上下文，此事應發生於庾亮鎮荊州之後，《資治通鑑》繫此事於咸康四年（338年），此採《晉書》之說。

〔註104〕《晉書》卷六十五〈王導傳〉，頁1753。

〔註105〕余嘉錫，《世說新語箋疏》〈雅量第六〉13條，頁356。

言」止於智者，杜絕悠悠之口，恐怕只是掩人耳目，此事實有曲折隱微之處。

陶稱爲陶侃之子，其人品不佳，《晉書・陶侃附陶稱傳》云其「性虓勇不倫，與諸弟不協。」〔註106〕咸康五年（339年），庾亮以陶稱爲監江夏、隨、義陽三郡軍事、南中郎將、江夏相，陶稱至夏口，率二百人去見庾亮，亮責其前後罪惡，使人於閣外收之，棄市。庾亮殺陶稱後，上疏朝廷，陳其罪狀：父亡不居喪位、昧利偷榮至私殺郭開等羅列俱細，疏末又云：

> 臣又未忍直上，且免其司馬。（陶）稱肆縱醜言，無所顧忌，要結諸
> 將，欲阻兵構難。諸將惶懼，莫敢酬答，由是姦謀未即發露。臣以
> （陶）侃勳勞王室，是以依違容掩，故表爲南中郎將，與臣相近，
> 思欲有以匡救之。而稱豺狼愈甚，發言激切，不忠不孝，莫此爲甚。
> 苟利社稷，義有專斷，輒收稱伏法。〔註107〕

按陶侃薨於咸和九年（334年），換言之，庾亮所指陶稱「父亡不居喪位」至少是五年前之事，另如劉安、楊恭、趙韶之死，陶稱放聲當殺，並未眞殺，三人皆自盡而亡。其他事證亦皆不足使人悅服，疏末庾亮稱其欲阻兵構難，但姦謀未發，而庾亮收陶稱，即刻伏法，專殺之由，乃「有利於社稷」，更是啓人疑竇。

庾亮都督六州，鎮荊、江、豫州後，陶稱出任南蠻校尉、假節。就關係而言，陶稱與庾亮之關係遠較王導來得密切，王導自然將陶稱視爲親庾人士，復因陶侃曾有廢導之謀，王導對陶稱之防備實屬天經地義。咸康四、五年（338、339年）間，庾亮密謀黜廢王導，〔註108〕且爲此事諮詢郗鑒，郗鑒不許。庾亮致書郗鑒提及從陶侃謀廢王導至今，王導曾無悛改。成帝春秋已盛，王導理當歸政，又云：

> 如項日之縱，是上無所忌，下無所憚，謂多養無賴足以維持天下。……
> 願公深惟安國家、固社稷之遠算，次計公之與下官負荷輕重，量其
> 所宜。〔註109〕

庾亮所謂「無賴」正是路永、匡術、匡孝、趙胤、賈寧之徒。換言之，庾亮

---

〔註106〕《晉書》卷六十六〈陶侃傳〉，頁1780。
〔註107〕《晉書》卷六十六〈陶侃傳〉，頁1781。
〔註108〕《資治通鑑》載庾亮謀廢王導事繫之於咸康四年（338年），田餘慶認爲從庾懌被調動等相關事證上來看，此事應發生於咸康五年（339年），見田餘慶，《東晉門閥政治》，頁98～101。
〔註109〕《晉書》卷七十三〈庾亮傳〉，頁1922～1923。

以爲昔日王導爲保持權勢，重用小人，斯輩無所忌憚，無君無法，王導於政治、社會風氣敗壞當負責任，而其無君之心亦由此顯現無遺。庾亮對王導並非無的放矢，事實上朝中對王導僭越之行爲表達不滿者亦不乏其人。《晉書·荀勗附荀奕傳》云：

> 時又通議元會日，帝應敬司徒王導不。博士郭熙、杜援等以爲禮無拜臣之文，謂宜除敬。侍中馮懷議曰：「天子修禮。莫盛於辟雍。當爾之日，猶拜三老，況今先帝師傅。謂宜盡敬。」事下門下，（荀）奕議曰：「三朝之首，宜明君臣之體，則不應敬。若他日小會，自可盡禮。又至尊與公書手詔則曰『頓首言』，中書爲詔則云『敬問』，散騎優冊則曰『制命』。今詔文尚異，況大會之與小會，理豈得同！」詔從之。〔註110〕

同書〈孔愉傳〉曰：

> （孔愉）重表曰：「臣以朽闇，忝廁朝右，而以惰劣，無益毗佐。方今強寇未殄，疆場日駭，政煩役重，百姓困苦，姦吏擅威，暴人肆虐。……。」王導聞而非之，於都坐謂愉曰：「君言姦吏擅威，暴人肆虐，爲患是誰？」愉欲大論朝廷得失，陸玩抑之乃止。〔註111〕

同傳又云：

> 及帝既加元服，猶委政王導，（孔）坦（孔愉從子）每發憤，以國事爲己憂，嘗從容言於帝曰：「陛下春秋以長，聖敬日躋，宜博納朝臣，諮諏善道。」由是忤導，出爲廷尉，怏怏不悅，以疾去職。〔註112〕

按元帝加元服，〔註113〕《通鑑》繫於咸康元年（335 年）春正月，〔註114〕當時成帝已十五歲。孔坦勸成帝「博納朝臣，諮諏善道」，正是王導最不樂

〔註110〕《晉書》卷三十九〈荀勗附荀奕傳〉，頁 1161。
〔註111〕《晉書》卷七十八〈孔愉傳〉，頁 2052～2053。
〔註112〕同上書，頁 2058。
〔註113〕《資治通鑑》胡三省注引沈約〈禮志〉曰：「古者無天子冠禮，故筮日、筮賓、冠於阼，以著代醮於客位，三加彌尊，皆士禮耳。……」〈禮儀志〉又云：「……江左諸帝將冠，金石宿設，百僚陪位，又豫於殿上鋪大牀，御府令奉冕幘，簪導、袞服以授侍中、常侍，太尉加幘，太保加冕，太尉跪讀祝文曰：『令月吉日，始加元服。皇帝穆穆，思弘袞職。欽若昊天，六合是式。率遵祖考，永永無極。眉壽無期，介茲景服。』加冕訖，侍中繫玄統，侍中脫絳紗服，加冕服。冠事畢，太保率群臣奉觴上壽，王以下三稱萬歲乃退。」請參見卷九十五〈晉紀十七〉，頁 2999～3000。
〔註114〕《資治通鑑》卷九十五〈晉紀十七〉，頁 2999。

見者。王導處心積慮將皇帝侍臣全換爲武官，就是怕皇帝諮諏善道，如此孔坦，王導怎能容其在帝側？故而出爲廷尉。而孔愉直指姦吏擅威，更是朝臣詆病王導之處，因此沈穩如王導者聞言，亦一反常態質問「爲患是誰？」王導諸多作爲，實際已在朝臣心中形成一普遍印象：王導恐有無君之心。蔡謨以「朝廷欲加公九錫」之語調侃王導，雖無法據此坐實王導的「無君之心」，但綜觀王導之作爲，一如王夫之與趙翼之論：王導「不得爲晉之純臣」益且明矣。〔註115〕

咸康四年（338年）底，還有一事可資注意：冬十月，顏含以老遜位，當時論者以「王導帝之師傅，名位隆重，百僚宜爲降禮。」〔註116〕太常馮懷以此事問顏含，含曰：

> 王公雖重，理無偏敬，降禮之言，或是諸君事宜，鄙人老矣，不識
> 時務。〔註117〕

顏含對王導實行之諸多政策不表贊同，王導亦曾歎曰：「顏公在事，吳人斂手。」面對王導一昧遵養，「不任刑罰，遂致盜賊公行」，〔註118〕顏含本有微詞，恪守儒家德行之顏含，怎能容忍王導悖禮僭越，故以「鄙人老矣，不識時務」柔性否定馮懷之問。咸和年間，馮懷時任侍中，曾於朝議中提議成帝應拜王導，數年後，又重提降禮之事，兩次提議，均靠荀、孔、顏等儒學大族否定之。不禁讓人懷疑朝中是否有一批如馮懷者，有計畫地將王導推於至尊地位。《晉書》無馮懷傳，史無可稽，暫誌此說，待日後再加探索。

在王導一連串啓人疑竇動作下，庾亮決定要有所回應。咸康五年（339年），庾亮異常調動其弟庾懌從梁州魏興改屯江州半洲，就是爲廢導之事做準備，〔註119〕其間庾亮參軍孫盛諫亮曰：

> 「王公神情朗達，常有世外之懷，豈肯爲凡人事邪！此必佞邪之徒
> 欲間內外耳。」亮納之。〔註120〕

田餘慶認爲「凡人事」，當是「庾亮以王導有篡晉之舉爲起兵口實，而孫盛爲

---

〔註115〕王導妻曹氏卒於咸康元年（335年），蔡謨調侃王導事當在此之前，換言之，咸康年間以前，朝臣恐已有「王導不臣」之憂。

〔註116〕《資治通鑑》卷九十六〈晉紀十八〉，頁3024。另見《晉書》卷八十八〈孝友顏含傳〉，頁2287。

〔註117〕《晉書》卷八十八〈孝友顏含傳〉，頁2287。

〔註118〕《晉書》卷二十八〈五行志中〉，頁840。

〔註119〕請參閱田餘慶，《東晉門閥政治》，頁99～100。

〔註120〕《晉書》卷八十二〈孫盛傳〉，頁2148。

之剖辨，庾亮因而納之。」〔註121〕庾亮謀廢王導之事籌畫已久，不會輕易因孫盛數語便打消廢導之思，想必還有其他原因促使其作罷此事。竊意庾亮欲廢黜王導之事，陶稱必有所聞，而陶稱雖不見信於王導，卻未必表示陶稱與庾亮關係和諧。陶稱將庾亮欲東下的消息透露給王導，原欲取得王導信任，然老謀深算之王導反勸其「善事庾公」，但卻密為之防，一則釋出消息，讓庾亮知道計謀已洩；再則表達謙退不爭，並無二心之意，才會「風塵自消，內外緝穆。」庾亮在徵詢郗鑒遭拒之際，又有陶稱洩其計謀，才會在孫盛諫議時順水推舟，接納建言，打消廢導之念。然而對於陶稱密告之行，庾亮無論如何不能不處置。庾亮隨即調動陶稱職務，陶稱則以本所領二千人自隨，恐怕已料到庾亮必將對付他。至夏口見庾亮，仍將二百人自隨。這是極不尋常又無禮之舉，庾亮大會佐使，責備陶稱前後罪惡，陶稱拜謝之後乃罷出。倘若陶稱罪不可逭，庾亮當場就當收之，而非使人於閣外收之。田餘慶認為庾亮是蓄意消滅陶氏後人。〔註122〕此說未必為實，陶侃諸子，陶範最知名，位至光祿勳、陶斌為尚書郎、陶岱、陶臻等皆至顯官。但除陶稱外，庾亮並未誅殺陶氏諸子，設若真為蓄意消滅陶氏後人，何以只殺一「與諸弟不協」之陶稱？其中關鍵，就在於陶稱密告王導庾亮欲東下，以致事敗。庾亮因之殺稱，箇中緣由不能明言，故以「諸多惡事」做為殺陶稱之理由。但庾亮所舉陶稱之惡，是否足至先斬後奏？想必所稱事由尚不足以服人心，故顏之推《還冤志》中才會有陶侃責讓庾亮「老僕舉君自代，不圖此恩，反戮其孤，故來相問陶稱何罪？身已得訴於帝矣。」〔註123〕之說。換言之，陶稱之被殺，是庾亮與王導鬥爭之結果，王導雖不殺陶稱，陶稱卻因之而死。

　　庾亮廢王導不成與陶侃打消廢導之念，最關鍵之原因在於郗鑒之反對。二人顧忌者並非郗鑒個人，而是郗鑒所代表之流民帥武力。郗鑒在成帝時期政局中，充分發揮平衡槓桿之功用，王夫之認為「東晉之臣，可勝大臣之任者，其唯郗公乎！」〔註124〕郗鑒處京口，卻「處其利而無心」，是郗鑒淡薄世利乎？後人遠距觀察與時人近身對郗鑒之觀察往往有異，《世說新語‧品藻》云：

〔註121〕田餘慶，《東晉門閥政治》，頁59。
〔註122〕參見田餘慶，《東晉門閥政治》，頁56。
〔註123〕顏之推，《還冤志》，頁22。
〔註124〕王夫之，《讀通鑑論》卷十三〈東晉成帝〉，頁405。

> 卞望之云：「郗公體中有三反：方於事上，好下佞己，一反。治身清
> 貞，大脩計校，二反。自好讀書，憎人學問，三反。」〔註125〕

卞壼對郗鑒之評論，將其矛盾個性顯現無疑。又觀郗鑒折衝於幾股勢力間及
與王家聯姻之舉，似不盡然是處其利而無其心。郗鑒其實較諸時人更能認清
時勢：當日主流勢力不在流民帥身上，故能藉諸勢力衝撞相爭之際，發揮其
最大影響力，於其亦爲最大之利。郗鑒讓其家族在極短時間內完成階級之轉
化，由一流民帥之次等士族躋身於最有政治實力之大族之一。史家陳寅恪極
爲激賞的清代學者汪中即認爲「郗公名德，雍容而已」。〔註126〕

王導除以婚姻聯結郗鑒，還設法重用姻親何充。何充，字次道，乃王導
妻之姊子。何充妻，是明穆皇后之妹也。何充既與王導爲姻親，又與庾亮同
爲外戚，同時兼具北方士族與外戚雙重身分，但觀其在政治上之意向，顯然
屬於北方士族政治勢力。王導用何充，正可緩和與庾亮間之對立與磨擦，故
頗有培植何充爲接班人之意。《世說新語・賞譽》云：

> 丞相治楊（揚）州廨舍，按行而言曰：「我正爲次道治此爾！」何少
> 爲王公所重，故屢發此歎。〔註127〕

劉孝標注引《晉陽秋》曰：「（何）充，……思韻淹濟，有文義才情，（王）導
深器之。由是少有美譽，遂歷顯位。導有副貳已使繼相意，故屢顯此指於上
下。」〔註128〕王導與庾亮相爭既久，能推出雙方都能接受之人爲接班人，庾
亮自然樂觀其成。故王導、庾亮聯袂言於成帝：

> 何充器局方概，有萬夫之望，必能總錄朝端，爲老臣之副。臣死之
> 日，願引充內侍，則外譽唯緝，社稷無虞矣。〔註129〕

王導之安排，並非無異聲，阮裕就對何充出身不滿。《世說新語・品藻》云：

> 何次道爲宰相，人有譏其信任不得其人。阮思曠慨然曰：「次道自不
> 至此。但布衣超居宰相之位，可恨！唯此一條而已。」〔註130〕

劉孝標注引《語林》曰：「阮光祿聞何次道爲宰相，歎曰：『我當何處生活？』」

---

〔註125〕余嘉錫，《世說新語箋疏》〈品藻第九〉24條，頁517。

〔註126〕清・汪中，《述學・容甫遺詩》（楊家駱主篇，《中國學術名著第五輯・中國文
學名著第五集第六冊》）臺北：世界書局，民國61年6月，卷五外篇〈廣陵
對〉，頁四上。

〔註127〕余嘉錫，《世說新語箋疏》〈賞譽第八〉60條，頁456。

〔註128〕同上。

〔註129〕《晉書》卷七十七〈何充傳〉，頁2028。

〔註130〕余嘉錫，《世說新語箋疏》〈品藻第九〉27條，頁518。

〔註131〕阮裕未審何充爲兩大勢力協調而出之人，徒以布衣譏何充。當然，庾亮亦積極培植己弟庾冰、庾翼諸人以自固。

咸康五年（339年）三月，庾亮以石勒新死，有意北伐，圖建不世之功，乃上疏欲移鎮襄陽之石城下，並遣諸軍羅布江、沔。〔註132〕王導與庾亮意同，然而郗鑒、蔡謨均表反對。郗鑒所持理由爲「資用未備，不可大舉。」蔡謨則以爲賊強，且糧運困難，反對移鎮。〔註133〕王導雖未反對北伐，但在北伐一事上，王導自始意向與做法就不一致。《世說新語・言語》曰：

> 過江諸人，每至美日，輒相邀新亭，藉卉飲宴。周侯中坐而歎曰：「風景不殊，正自有山河之異！」皆相親流淚。唯王丞相愀然變色曰：「當共勠力王室，克復神州，何至作楚囚相對？」〔註134〕

這一則「楚囚相對」之記事，耳熟能詳。王導在言語間表達之態度積極而奮發，「勠力王室，克復神州」是其宣之於口的職志，對安定和振奮當日人心有極大助益。然而除此資料外，卻從不見王導在北伐之事上有任何積極做法，甚且在意願上有強烈偏安之思。故此時庾亮欲開復中原，王導一秉和輯之作風，並未表示反對，反倒是郗鑒等人因偏安日久，早已喪失興復中原之氣魄。事實上，東晉一朝對有心北伐之人，百般掣肘，深恐彼等以此樹功而尾大難制，故不待敵之對抗，內部先斷其支援，使得幾次北伐都因後繼問題而功敗垂成。流民帥之祖逖、次等士族之桓溫固不待言，即使親如外戚之庾氏，亦無法得到支持。

庾亮在移鎮石城遭否決後三個月，王導薨，治喪參用天子之禮，〔註135〕王導至死，仍難脫僭越之嫌。《文苑英華》載楊羲〈原晉亂說〉認爲西晉輕佻、曠誕之風，過江後猶然，卞壼屬色於朝，杜絕浮僞，以正頹俗，王導、庾亮卻抑之而止。故晉亂不自（王）敦、（蘇）峻，而稔於導、亮。〔註136〕王導一生功過，已發顯者及未發顯者當一併觀察，才能客觀看待這位於東晉初期一手建立東晉基業，咤叱風雲之人物。

---

〔註131〕余嘉錫，《世說新語箋疏》〈品藻第九〉27條，頁518。

〔註132〕請參閱《晉書》卷七十三〈庾亮傳〉，頁1923。

〔註133〕請參閱《晉書》卷七十七〈蔡謨傳〉，頁2035～2037。

〔註134〕余嘉錫，《世說新語箋疏》〈言語第二〉31條，頁92～93。

〔註135〕參見《資治通鑑》卷九十六〈晉紀十八〉，頁3031。

〔註136〕參見宋・李昉等篇，《文苑英華》，北京：中華書局，1995年2月，卷三六二〈原晉亂說〉，頁十，總頁1860。

七月辛酉，朝廷以何充爲護軍將軍，與中書監庾冰參錄尚書事，二者共治中樞。王導死後王、庾兩家之鬥爭仍舊未竟，江州之爭，雙方互不讓步，庾懌甚且不惜送毒酒給王允之。〔註137〕但此僅是地盤之爭，庾、王眞正相爭者，實際是兩股「政治勢力」，由何者主導政局之爭，此由何充和庾冰之關係最可解讀，如若只是家族之爭，王導死後，內政上應爲何、庾之爭，但何充與王導屬於同一「政治勢力」，故所爭者並非單一家族，而是政治勢力之爭。家族者不過是在各政治勢力圈內競爭中之勝出者或代表者而已，當其牽動到政治利益時，這些代表者背後自有一群相同屬性或地域之勢力以爲支撐。故東晉政治表面上看似門閥政治，實際是由「政治勢力」運作之政治模式。而此模式正即當日明帝臨崩之前所設計者。

王導薨後一月，郗鑒亦薨。郗鑒寢疾之際上疏乞骸骨，並曰：

> ……臣所統錯雜，率多北人，或逼遷徙，或是新附，百姓懷土，皆有歸本之心。臣宣國恩，示以好惡，處與田宅，漸得少安。……臣亡兄息晉陵內史邁，謙愛養士，甚爲流亡所宗，又是臣門戶子弟，堪任兗州刺史。公家之事，知無不爲，是以敢希祁奚之舉。〔註138〕

郗鑒臨終以蔡謨自代，爲都督、徐州刺史，郗鑒自知其子少資望，不可超涖，但仍要爲家族計，推薦姪兒郗邁出任兗州刺史。朝廷或對郗家亦有防範之心，並未應允，但一句「門戶子弟」，道盡東晉流民私兵性質之問題，以及家族利益重於一切的時代思維。

前後兩月，東晉政治上三大巨頭已逝其二。四個月後，庾亮亦於咸康六年（340年）春正月薨。庚戌，以南郡太守庾翼都督江、荊、司、雍、梁、益六州諸軍事、安西將軍、荊州刺史、假節，代庾亮鎮武昌，順利完成家族權力之接續。

咸康六年（340年），東晉政治發展進入另一階段。從咸康五年（339年）七月，至咸康六年（340年）元月，半年之間，當時政治上最重要之三位勢力領袖王導、郗鑒、庾亮先後辭世。雖然在臨終前，三者均設法擘畫一己「政治勢力」之接班與布局，但畢竟與三人在世時不可同日而語，政治情勢業已

---

〔註137〕《晉書》卷七〈成帝紀〉曰：「庾懌嘗送酒於江州刺史王允之，允之與犬，犬斃，懼而表之。帝怒曰：『大舅已亂天下，小舅復欲爾邪？』懌聞，飮藥而死。」，頁184。
〔註138〕《晉書》卷六十七〈郗鑒傳〉，頁1800～1801。

產生新變化。在「政治勢力」方面，受創甚深之宗室仍舊元氣未復。昔日溫嶠、劉胤所代表之北方晉人勢力，在石勒肅清這些勢力和經過多年偏安以後，在朝勢力已趨式微。而流民帥同樣在偏安日久之後，身分上已開始轉化，政治勢力益趨衰微。庾氏所代表之外戚勢力雖仍領風騷，但在庾冰、庾翼等人相繼過世後，褚裒等人表現平平，外戚勢力無法再像往日般舉足輕重。至於南土士族，相較其他勢力，總能處於穩定狀態，隨著時間之推移，在地力量反而有日益看漲之趨勢。而勢力最強之北方士族雖有起伏，唯其實力一直無法讓人小覷，始終在政治上層具分庭抗禮之勢。

明帝當日設計之勢力架構中，原無小姓勢力，此亦為陶侃不預顧命之因。然而隨著政治情勢的演變，桓溫所代表之次等士族力量，已適時填補式微之宗室、北方晉人等勢力，而成為最重要之「政治勢力」，雖然政治勢力本身歷經時代變動與推移，迭見不同變化，朝政看似由數股主、次流勢力把持，且時有交綏，不至一動態平衡狀態不能止，依舊難以跳脫明帝設計之政治勢力架構。只是此為一種新型態之勢力架構，與當日之構成者稍有不同，可視之為昔日「政治勢力」架構之一種變體，姑且名之為新政治勢力架構。

咸康六年（340 年）以後，新「政治勢力」架構逐漸成形，依然能有效地達到一種平衡機制，東晉之政治情勢，在各股「政治勢力」互有消長的情勢下趨於平衡，皇權雖弱卻能維持局面。二年後，成帝駕崩，康帝繼位，新「政治勢力」架構仍舊按照內部機制運作，直至桓溫逼迫郗愔交出徐、兗地盤，完成東晉上、下游諸藩鎮之全面控制，東晉「政治勢力」一度失衡，其後又回復平衡。最後二十年，不論是相王、權臣、藩鎮、士族，都無法成為時局重心。〔註139〕究其原因，是均勢被打破，往昔，幾股政治勢力中總有一最強者，其他幾股政治勢力則合而牽制之，使其如一張滿弓，繃得很緊，卻撐持得住。至晉末，幾股勢力無法協調成一均勢，勢力架構失衡，這張政治網絡，自然也就無法撐持，最後寒素勢力藉著軍權衝破這張網羅，劉裕終移晉鼎。

# 第三節　小　結

明帝駕崩前指定之顧命大臣，實際上是當日朝中各股政治勢力之代表人

---

〔註139〕有關東晉最後二十年之政治局勢，請參閱田餘慶，《東晉門閥政治》，頁 210
　　　　～269。

物。明帝崩後，由諸大臣共輔幼主，幾股重要「政治勢力」已然顯現、成形。中樞執政之柄則由王導、庾亮、卞壼共執。庾太后臨朝，又確立庾亮之主政地位。

庾亮上台後，政由己出，為鞏固執政優勢，改採法家路線，又對其他幾股重要「政治勢力」發動一連串之政治鬥爭。庾亮首先與王導聯手，翦除宗室。為防範小姓及流民帥勢力擴張，再度與王導合力防堵陶侃、蘇峻。這些措施顯示「政治勢力」間之鬥爭完全是客觀形勢決定主觀意願，分合乃以政治利害為思考基礎，外戚與北方士族雖然互相競爭中樞之主政權，但二者先聯手壓制南土士族、打擊宗室、流民帥與小姓勢力。

庾亮為防蘇峻勢力坐大，重採「徵召入朝」策略，使其脫離地盤，喪失武力，並且就近看管，結果引發蘇峻反彈，聯合同樣受到壓制的祖約，以討伐執政為名，興兵東下。此舉得到宗室之支持，形成所有反庾亮勢力之大串聯。庾亮處置失當，導致蘇峻攻入石頭，而欲行魏武「挾天子以令諸侯」之故事。庾亮倉皇出奔，賴溫嶠協調，共推陶侃為盟主，三吳地區之南土大族亦發鄉里私兵和西部聯軍東西合擊，郗鑒則固守東北方防務，在三方軍力合作下，蘇峻亂平。庾太后於蘇峻亂中崩殂，庾亮頓失有力倚靠，並引咎外鎮，其企盼一家或一人獨大之局面無法實現，必須在明帝設計之「政治勢力」架構下釋出部分權力，與他股勢力共治朝政。

庾亮外鎮，企圖藉掌控兵權翻身，中樞執政優勢由王導取得。王導為與庾氏競爭，不惜重用叛軍降將，以拉攏小股武力，壯大王家政治實力，同時與郗鑒聯姻以自固。王導有鑑於明帝時重要班底均為太子時期掾屬，故刻意將小皇帝身邊侍臣，全以武官代替文官，藉此控馭成帝。王導又放任郭默殺劉胤，引發陶侃不滿，欲廢執政，賴庾亮、郗鑒居中協調，此事始作罷。

陶侃坐鎮上流，手握強兵，臨薨前，薦庾亮自代，以抗衡王導。庾亮因此領荊、豫、江三州刺史，都督六州諸軍事。庾亮在軍權上之壯大，使得政治情勢出現大逆轉，其雖然外鎮，仍可遙制朝政。王導受其威脅，益發加強控馭成帝，遲不歸政。王導之作為，普遍引起大臣和庾亮不滿，咸康四、五年（338 年、339 年）間，庾亮擬廢黜王導，以之徵詢郗鑒，郗鑒不許，事又為陶稱所洩，庾亮只得作罷。但王、庾與江州之爭，已進入白熱化階段。

陶侃、庾亮分別擬黜廢王導，均因郗鑒不肯而作罷，郗鑒所代表之流民帥勢力，在兩大政治勢力間扮演平衡槓桿。一則是因郗鑒與王家聯姻，再者，

兩大勢力若能維持一平衡局面，對其他各「政治勢力」最爲有利。咸康五年
（339 年）七月至咸康六年（340 年）元月之半年間，王導、郗鑒、庾亮相繼
辭世。彼等均於薨前培植接班人選，部署勢力分配，然而後續政情迭起變化，
「政治勢力」架構亦產生新改變，不過大體而言，仍不脫明帝設計之政治架
構。

　　東晉一朝，主弱臣強，皇朝之賡續實賴此架構所保持之均勢，朝政方能
推移進展，待均勢一旦破壞，權力失衡，政權之延續便產生危機，東晉後二
十年政局正是最佳寫照。東晉初期二十年之政治勢力形態，幾經轉折，但大
致勢力架構都在東晉初期二十年間成形，往後之政情，不過是在此架構下產
生之新形態與破壞罷了。

# 第七章 結 論

　　東晉在中國歷史上是極特殊的朝代。歷來各朝之創建，政權伊始之際，皇權處於制高點，權力高度集中，爾後隨著皇權逐漸空洞化，最後改朝換代。東晉則不然，國之肇建，皇權就處於弱勢地位，卻能延續百年，這是國史此前絕無僅有之例，自有其重要性。從君臣對抗之角度觀察，東晉可謂國史上皇權之新低點，且較諸前朝，東晉一朝君權與臣權之對抗亦產生多種新型態。

　　西晉末年，天下大亂。琅邪王氏先有王衍「狡兔三窟、外建霸業」之謀，其中最具後續效應者，厥為王家選定司馬睿南下開創另一格局。司馬睿空有名位，但無權勢，王家傾家族之力扶持翼戴，方得在南方延續政權。

　　東晉是藉皇權之弱作用——「天命未改」而開國，既恃大族之支持立基，又極可能與王家妥協，有「王與馬共天下」之默契。此共天下之事實意味著皇權不振和權臣執政，隱藏著皇權與權臣家族自始就不可避免的政治鬥爭。故東晉自開國以來，政治結構中就存有不安定性。

　　「王與馬共天下」包含「王與馬共成天下」與「王與馬共治天下」雙重涵義，非其他家族能夠代換之政治模式，因為彼等對司馬氏無共成天下之協贊，即不具有共治天下之條件。故「王與馬共天下」僅是司馬氏與王家間之默契，無法援引或施用在其他家族，也因此造就開國之初王家勢傾朝野、獨領風騷的局面，其他家族無有能出其右者。

　　晉元帝司馬睿從自信不足，必得仗王家以成事，至名望俱顯，圖謀逐步回收君權之轉變，為王與馬共天下帶來變數。元帝欲將打擊王家與抑制大族畢其功於一役，不但走法家路線以樹威，更重用劉隗、刁協排拒王家，但也妨礙了其他大族的既得利益。王敦察覺元帝之轉變，遂採「兵諫」和「清君

側」的直接手段,頗獲大族之默許與支持,讓元帝退回「王與馬共天下」的格局中。這場亂事,真正獲利最大者爲大族,也註定東晉一朝與門閥大族相終始的局面,等同宣告門閥社會之成型與凝固。

元帝崩殂,明帝概括承受「王與馬共天下」之事實。其後徐圖潛謀,以太子時期僚屬組成自己班底,引爲對抗王敦之憑藉。相較王敦後期之專斷與跋扈,不符其他大族利益,引發同聲譴責,迫使王導與王敦畫清界線。是以王敦第二次興兵犯順,因乏正當口實「清君側」,更無利益誘因,未獲大族支持。王導與王敦在政治意向上分道揚鑣,更加速王敦之敗亡。此乃王導與王家「斷尾求生」策略,於王敦死後仍能保住家族。

兩次王敦之變,突顯出東晉立國除先天即存在的外部危機:南、北對峙時傳烽警之外;還有內部危機:即是地方對抗中央的東、西對峙形勢。此種對抗形式從東晉始,歷宋、齊、梁、陳均跳脫不出這種格局,如何防範東、西對峙,成爲爾後五朝重要之內政問題。

明帝在位僅三年,皇權即見興復,但尚未有所表現,便告崩殂。縱使如此,其主政期間幾項政績,對東晉國祚之賡續,功不可沒。其中影響最深遠者,爲政治架構之設計、導引。明帝或許預見到東晉當時隱隱然形成的幾股重要「政治勢力」,便以預立顧命大臣的方式,將這些重要「政治勢力」納入其中,欲以此建構一有利於皇朝延續之平衡機制,東晉往後尚能延祚數十年,此架構發揮勢力平衡之作用是重要原因。

明帝臨崩前,以司徒王導、護軍將軍庾亮、尚書令卞壼、領軍將軍陸曄、丹楊尹溫嶠、太宰西陽王司馬羕、車騎將軍郗鑒共同輔政。彼等既是當日朝廷權力核心之重臣,亦爲朝中各種重要「政治勢力」之代表人物。明帝深知門閥體制與大族勢力之不可撼動,故一反元帝做法,不以打壓大族爲務,反於其中分疏各種勢力,並納入朝廷。觀其布局,是欲形成一多元勢力共構之平衡網,各股勢力在其間折衝、協調,共享「臣權」資源,彼此牽制,使其達到一種動態平衡。這張網羅由南、北士族、宗室、外戚等能夠躍居中央政治最上層之主流勢力和流民帥、北方晉人等次要勢力共同支撐,雖然繃得緊,但卻撐持得住。後兩者因屬次要勢力,無法躍居政治最上層,然往往成爲其他政治勢力拉攏之對象。這種設計高明之處在於其中沒有皇權,皇權可以自外於這張網羅,並且拉高皇權位置。這就使君主有如衛冕者,得以以逸代勞,坐山觀虎鬥;再者,又可兼任仲裁者,維繫大局平衡即可。此無異在「君弱

「臣強」之不安定性中添置一安定機制，故東晉皇權雖弱，卻可享祚百年。若與同樣立國江左之宋、齊、梁、陳相較，東晉國祚較南朝任何一朝都來得長久。雖彼等開國時，都具皇權興復之姿，但激烈之內部政爭，致江山頻頻易主，皇權表面看似相對安定，但不安定性卻更高。反襯東晉所以享國較久，胥賴明帝設計之此一政治架構發揮平衡機制。

明帝崩殂，政治勢力之推移進入嶄新階段。庾太后臨朝，庾亮以后兄關係，主導大政。庾亮欲效王家一枝獨秀，大權獨攬，且為建立威勢，庾亮重新走回法家路線，任法裁物之結果，引發大族不滿；王導則較前更加寬縱大族，以此拉攏人心，朝廷出現雙頭馬車領導。庾亮為提升執政威勢，與王導聯手翦除主流勢力中勢力最弱，但在血源上最親之宗室。庾亮深懼陶侃和流民帥勢大難制，也選擇與王導合作防範小姓與流民帥勢力坐大。可見政治勢力之分合固以政治利益為依歸，階級偏見亦不遑多讓。

庾亮對蘇峻採「徵召入朝」方式欲調離其根本，變相奪其武力，結果引起蘇峻反彈，聯合同受壓制之流民帥祖約稱兵謀廢庾亮，宗室即與之合流，成為反庾勢力之大串聯。庾亮政策與調度失當，導致蘇峻攻入建康，台城丘墟，天子被迫遷石頭，且值庾太后崩殂，庾亮頓失政治上之依靠。庾亮倉皇出奔，幸賴溫嶠分兵，調和陶侃，共推陶侃為盟主，始能組織聯軍討伐蘇峻。蘇峻亂後，庾亮引咎外鎮，大權落入王導手中。在明帝設計之政治勢力架構中，庾亮想循一家獨大之模式已不可得，任何一股主流勢力都必須釋出部分主政權，與其他勢力共享資源。

王導自明帝崩後，即拉攏朝中武將，蘇峻亂後，更多方援引降將以廣聲援，復從制度面將皇帝侍臣以武官易代文臣，藉此控馭成帝。王導放任郭默殺劉胤，引起陶侃不滿，主動發兵討伐郭默，又倡議謀廢王導，因郗鑒反對而作罷。

王導晚年憒憒，不任刑法，藉此籠絡大族與人心。另一方面企思培植王氏勢力，同時不惜與小人合流，王氏與庾氏之爭，實際是北方士族與外戚勢力之爭。

陶侃薨前，薦庾亮自代，庾亮因此領荊、豫、江三州刺史，都督六州諸軍事。軍權在握的庾亮，再度遙制朝政，更激化王、庾間之緊張與對立。王導不肯歸政，又多用非人，致使庾亮繼陶侃之後謀廢王導，然因密謀外洩，郗鑒又持反對態度，只得再度作罷。從陶侃、庾亮分別謀廢王導，可以清楚

呈現政治勢力彼此牽制，形成一可撐持的平衡狀態。

在王、庾鬥爭之過程中，流民帥郗鑒扮演平息政爭之關鍵角色，亦為勢力平衡之槓桿。從王、庾之爭可看出其與王、馬鬥爭之差異：馬、王之爭係皇權抗爭門閥士族；而王、庾之爭是主流「政治勢力」爭奪主政權，皇權在此鬥爭中處於局外，非鬥爭主角，故可冷眼旁觀，必要時還為仲裁者。這是一種新型態、新模式之鬥爭。這種鬥爭基本上包含兩種競爭：一為各「政治勢力」間之敵我之爭，主要爭奪主政權；再者為同一「政治勢力」內部之代表性之爭，而此代表常以家族型態出現，此乃圈內競爭，二者是同時進行。

成帝咸康五年（339 年）七月至咸康六年（340 年）元月，東晉政治上最具影響力之三大勢力代表人物：王導、郗鑒、庾亮相繼而薨。臨終前三人為保其家族與政治勢力，均預做接班安排，然而時局推移變化多端，咸康六年（340 年）以後的政局，又進入另一種新型態之勢力推移，亦可視之為東晉初期「政治勢力」推移之結果與影響。

茲將後續政治勢力之推移與發展簡述於下，一則明其新型態之變化，一則印證明帝設計的政治勢力架構對東晉政治之影響。

東晉第三個掌權的家族是桓家，其所代表者乃次等士族之政治勢力。東晉初年，此股政治勢力因社會資望不足，在已成型之門閥社會中，縱有軍權，卻得不到廣泛認可，亦無法躋身重要勢力之列。前此陶侃之不預顧命，亦同此例。然而在宗室勢力受到重創、偏安日久、如溫嶠為代表者之北方晉人勢力愈來愈不具影響力，復因移民潮逐漸趨平，流民帥身分也逐漸轉化之際，次等士族勢力即趁勢興起，「政治勢力」架構亦隨之形成新的平衡局面。這顯示權力不會真空，隨時會產生新的「政治勢力」去競逐或填補已衰弱、空缺之位置，這也是社會與政治變動之自然結果。而此一新勢力架構可視之為明帝政治架構之新局面，雖然成員不同，但架構不變。至此，更可看出明帝設計此種勢力平衡架構，會隨著政治勢力之各有消長和推移，隨機組合，但總能以此種平衡方式維持一種內部不安定中之安定性。

謝家是東晉最後一個能夠掌控局面的門閥，往後雖還有太原王氏，但已無法掌控局面。謝家仍屬於北方士族政治勢力，但在謝家人短期內相繼謝世後，政治生態一時之間嚴重失衡，往下十餘年中，從主相相持不下至桓玄篡晉，沒有一個「政治勢力」能長期穩定局面，足見政治勢力之平衡是東晉國祚能繼續推移之要因。

　　綜觀東晉每一「政治勢力」佔上風時，其代表性之家族，總是重用家族子弟，這反映出此一時代特殊之「門閥」樣貌，亦為歷來論及東晉政治時總以「門閥政治」目之的原因。然再就掌權之家族如王氏、庾氏、桓氏、謝氏等分析，彼等門第地位並不相等，故單以「門閥政治」之推演，並不足以概括解釋東晉政治演變之軌跡，這些家族挾其「政治勢力」各自與不同政治勢力結盟、互鬥，政局亦有不同面貌，這才能解釋出身不同之士族何以都能在上層門閥中佔有一席之地。然而門閥大族除非代有佳子弟，能夠善處東晉門閥社會極其複雜之婚、宦和家族利益，否則門第地位很難維繫。

　　東晉一朝，真正掌權之關鍵常繫於軍權的掌控，不論是個別的門閥或佔優勢之「政治勢力」，都得以強力軍權為後盾。故自東晉初年以來，中樞之角力戰場常以外藩出鎮之地域為轉移，如荊州、江州、豫州、京口、揚州等地，便成為指標性之地區。皇權與臣權、家族與家族、「政治勢力」與「政治勢力」間之競爭就在這些重點軍事區域展開，而軍事實力之消長，也連帶牽動著「政治勢力」之消長。

　　晉初以來，大族打壓寒素不遺餘力，此為權力及階級排他性使然，寒素在此結構中，原本極難冒出頭。至晉末，大族子弟不習武事，寒素將領反而成為大族方鎮倚重之對象。寒素將領縱有軍事實力，原本在文職官僚體系中缺乏聲望，更難登方鎮之職，唯形勢已屆臨界變化，擋不住軍權落入寒素手中之趨勢。及至孫恩亂起，劉裕在平亂過程中，以戰養戰，蓄積實力。待孫恩、盧循亂平，劉裕仗恃軍力，已成獨大，最後終移晉鼎。

# 徵引書目

## 壹、史　料

1. 《史記》，臺北：鼎文書局，民國 76 年 11 月。

2. 《後漢書》，臺北：鼎文書局，民國 76 年 1 月。

3. 《三國志》，臺北：鼎文書局，民國 76 年 5 月。

4. 《晉書》，臺北：鼎文書局，民國 76 年 1 月。

5. 《宋書》，臺北：鼎文書局，民國 76 年 5 月。

6. 《魏書》，臺北：鼎文書局，民國 76 年 5 月。

7. 《新唐書》，臺北：鼎文書局，民國 78 年 12 月。

8. 《舊唐書》，臺北：鼎文書局，民國 78 年 12 月。

9. 《二十五史補編》，北京：中華書局，1998 年。

10. 《敦煌本晉紀殘卷》，見《敦煌寫卷》列伯希和目 2586 號。

11. 劉劭著、劉君祖撰述，《人物志》，金楓出版有限公司，年不詳。

12. 劉劭著、黃志民校閱、吳家駒注釋，《新譯人物志》，三民書局，2003 年 5 月。

13. 余嘉錫撰，《世說新語箋疏》，臺北：仁愛書局，民國 73 年。

14. 徐震堮注，《世說新語校箋》，北京：中華書局，2004 年 1 月。

15. 晉・皇甫謐撰，《二十五別史》，濟南：齊魯書社，2000 年。

16. 劉正浩等注釋，《新譯世說新語》，臺北：三民書局，2004 年 3 月。

17. 梁・蕭統編、唐・李善注，《昭明文選》，上海：上海古籍出版社，1986 年 6 月。

18. 劉勰著、黃叔琳等注，《文心雕龍校注》，北京：中華書局，2000 年 8 月。

19. 楊明照撰，《抱朴子外篇校箋》，北京：中華書局，1997 年 10 月。

20. 陶宏景撰，《真誥》，收錄於原刻影印《百部叢書集成》，臺北：藝文印書館。

21. 北魏・酈道元注、民國・楊守敬、熊會貞疏，《水經注疏》，南京：江蘇古籍出版社，1989 年 6 月。

22. 顏之推，《還冤志》，臺北：商務印書館（王雲五主編，四庫全書珍本十一集），年不詳。

23. 清・嚴可均輯，《全上古三代秦漢三國六朝文》，北京：中華書局，1987 年 3 月。

24. 隋・虞世南撰，《北堂書鈔》，天津：天津古籍出版社，1988 年 12 月。

25. 唐・歐陽詢撰、汪紹楹校，《藝文類聚》，上海：中華書局，1965 年 11 月。

26. 唐・徐堅等撰，《初學記》，北京：中華書局，2004 年 2 月。

27. 唐・李林甫等撰、陳仲夫點校，《唐六典》，北京：中華書局，2005 年 4 月。

28. 唐・杜佑，《通典》，北京：中華書局，1988 年 12 月。

29. 唐・許敬宗編、羅國威整理，《日藏弘仁本文館詞林校證》，北京：中華書局，2001 年。

30. 唐・劉知幾撰、浦起龍釋，《史通通釋》，臺北：藝文印書館，1978 年 4 月。

31. 宋・王應麟撰、孫通海校點，《困學紀聞》，瀋陽：遼寧教育出版社，1998 年。

32. 宋・馬光等撰，《資治通鑑》，北京：中華書局，1995 年 7 月。

33. 宋・李昉等撰，《太平御覽》，北京：中華書局，1985 年 10 月。

34. 宋・李昉等編，《文苑英華》，北京：中華書局，1995 年 2 月。

35. 宋・王應麟，《通鑑地理通釋》，臺北：廣文書局，民國 60 年 9 月。

36. 宋・黎靖德編，《朱子語類》，臺北：文津出版社，民國 75 年 12 月。

37. 明・顧炎武，《日知錄》，臺北：明倫出版社，1975 年 3 月。

38. 明・王夫之，《讀通鑑論》，臺北：河洛圖書出版社，民國 65 年 3 月。

39. 清・趙翼，《廿二史箚記》，臺北：仁愛書局，民國 73 年 9 月。

40. 清・趙翼，《陔餘叢考》，臺北：新文豐出版公司，民國 64 年 11 月。

41. 清・杭世駿，《諸史然疑》，收錄於《二十二史考論》，北京：北京圖書館出版社，2005 年 3。

42. 清・劉體仁《通鑑箚記》，北京：北京圖書館出版社，2004 年 5 月。

43. 清・王鳴盛，《十七史商榷》，北京：中華書局，1985 年。

44. 清·顧祖禹,《讀史方輿紀要》,臺北:樂天出版社,民國 62 年。

45. 清·王懋竑,《白田草堂存稿》,臺北:文海出版社,民國 56 年。

46. 清·李慈銘,《越縵堂讀史札記全編》,北京:北京圖書館出版社,2003年 9 月。

47. 清·羅振玉,《羅振玉校刊群書敘錄》(原刻印書名爲《雪堂校刊群書敘錄》),揚州:江蘇廣陵古籍刻印社,1998。

48. 清·萬斯同,《東晉將相大臣年表》,收錄於《二十五史補編》,北京:中華書局,1998 年。

49. 清·萬斯同,《東晉方鎮年表》,收錄於《二十五史補編》,北京:中華書局,1998 年。

50. 清·洪亮吉,《東晉疆域志》,收錄於《二十五史補編》,北京:中華書局,1998 年。

51. 清·汪中,《述學·容甫遺詩》(楊家駱主編,《中國學術名著第五輯·中國文學名著第五集第六冊》),臺北:世界書局,民國 61 年 6 月。

## 貳、近人中文專著

1. 方北辰,《江東世家大族述論》,臺北:文津出版社,1999 年 9 月。

2. 毛漢光,《中國中古社會史論》,臺北:聯經出版事業公司,民國 77 年 2 月。

3. 毛漢光,《中國中古政治史論》,臺北:聯經出版事業公司,民國 77 年 2 月。

4. 毛漢光,《兩晉南北朝士族政治之研究》,臺北:中國學術著作獎助委員會,民國 57 年 7 月。

5. 王永平,《六朝江東世族之家風家學研究》,南京:江蘇古籍出版社,2003年 1 月。

6. 王伊同,《五朝門第》,香港:香港中文大學出版社,1978。

7. 王仲犖,《魏晉南北朝史》,上海:上海人民出版社,2003 年 3 月。

8. 王壽南,《中國歷代創業帝王》,臺北:嘉新水泥公司文化基金會,民國 53 年。

9. 田餘慶,《東晉門閥政治》,北京:北京大學出版社,2005 年 6 月。

10. 朱堅章,《歷代篡弒之研究》,臺北:嘉新水泥公司文化基金會,民國 47 年。

11. 何啓民,《中古門第論集》,臺北:臺灣學生書局,民國 71 年 2 月。

12. 何啓民,《魏晉思想與談風》,臺北:學生書局,民國 79 年 6 月。

13. 余英時,《中國知識階層史論(古代篇)》,臺北:聯經出版事業公司,1984

年 2 月。

14. 吳正嵐，《六朝江東士族的家學門風》，南京：南京大學出版社，2003 年 11 月。

15. 吳慧蓮，《東晉劉宋時期之北府》，臺北：國立臺灣大學文史叢刊，民國 74 年 6 月。

16. 呂思勉，《兩晉南北朝史》，臺北：臺灣開明書店，民國 72 年 10 月。

17. 李則芬，《兩晉南北朝歷史論文集（中）》，臺北：臺灣商務書店，民國 76 年。

18. 李清筠，《魏晉名士人格研究》，臺北：文津出版社，2000 年 5 月。

19. 周一良，《周一良集（第壹卷）》，瀋陽：遼寧教育出版社，1998 年 8 月。

20. 唐長孺，《魏晉南北朝史論拾遺》，臺北：流通書報行，年不詳。

21. 唐長孺，《三至六世紀江南大土地所有制的發展》，臺北：帛書出版社，1957。

22. 孫以繡，《王謝世家之興衰》，臺北：三民書局，民國 56 年。

23. 馬以謹，《魏晉南北朝的婦女緣坐》，國立臺灣大學歷史學研究所碩士論文，民國 82 年。

24. 高明士主編，《中國史研究指南》2（魏晉南北朝史·隋唐五代史），臺北：聯經出版事業公司，民國 79 年 4 月。

25. 張蓓蓓，《中古學術論略》，臺北：大安出版社，1991 年 5 月。

26. 張儐生，《魏晉南北朝政治史》，臺北：中國文化大學出版部，民國 71 年 2 月。

27. 郭梨華，《王弼之自然與名教》，臺北：文津出版社，1995 年 12 月。

28. 陳長崎，《兩晉南朝政治史稿》，開封：河南大學出版社，1992 年 1 月。

29. 陳寅恪，《金明館叢稿初編》，北京：三聯書店，2001 年 6 月。

30. 華世出版社編，《中國社會經濟史參考文獻》，臺北：華世出版社，民國 73 年 10 月。

31. 萬繩楠，《陳寅恪魏晉南北朝講演錄》，臺北：雲龍出版社，1996 年 9 月。

32. 萬繩楠，《魏晉南北朝史論稿》，臺北：雲龍出版社，2002 年 3 月。

33. 寧漢林，《中國刑法通史（第四冊）》，瀋陽：遼寧大學出版社，1989 年 10 月。

34. 蕭黎，《中國歷史學四十年》，北京：書目文獻出版社，1989 年 9 月。

35. 錢穆，《國史新論》，臺北：東大圖書公司，1989 年 3 月。

36. 鄺利安編，《魏晉南北朝史研究論文書目引得》，臺北：臺灣中華書局，1971 年。

37. 蘇紹興,《兩晉南朝的士族》,臺北:聯經出版事業公司,民國 76 年。

38. 嚴耕望,《中國地方行政制度史 (卷中魏晉南北朝地方行政制度)》,臺北:中央研究院歷史語言研究所專刊之四十五 B,1990。

39. 葛劍雄主編,《中國移民史 (第二卷)》,福州:福建人民出版社,1997 年 7 月。

40. 杜維運,《中國史學史 (第二冊)》,臺北:三民書局,民國 87 年。

## 參、近人中文論文

1. 祝總斌,〈「八王之亂」爆發原因試探〉,《北京大學學報》第六期,1980 年。

2. 楊光輝,〈西晉分封與八王之亂〉,《中國史研究》第四期,1989 年。

3. 顧向明,〈西晉賈后:八王之亂的罪魁禍首?〉,《許昌學院學報》,第二十二卷第一期,2003 年。

4. 陳明光、洪鋼,〈20 世紀魏晉南北朝財政史研究述評〉,收錄於黃留珠、魏全瑞主編,《周秦漢唐文化研究》第一輯,西安:三秦出版社,2002 年 10 月。

5. 金應熙、鄒雲濤,〈國外對六朝世族的研究述評〉,《暨南學報》第二期,1987 年。

6. 曹文柱、李傳軍,〈二十世紀魏晉南北朝史研究〉,《歷史研究》第五期,2002 年。

7. 劉顯叔,〈近六十年來國人對魏晉南北朝史的研究〉,《史學彙刊》第四期,1971 年 12 月。

8. 蔡學海,〈近五年 (1987～1991) 來魏晉南北朝史研究報導〉,《中國歷史學會史學會刊》第二十五期,1993 年。

9. 馬志冰,〈從魏晉之際官僚貴族世襲特權的法律化制度化看士族門閥制度的確立與發展〉,《中國文化研究 (京)》(春之卷) 2000 年 1 月。

10. 簡修煒,〈封建門閥制度簡論〉,收錄於《中國古代史論叢第九輯》,福州:福建人民出版社,1985 年 4 月。

11. 魏俊超、杜紹順,〈試論門閥士族制度的基礎〉,《華南師範大學學報》第二期,1983 年。

12. 石榮倫,〈門閥制度發展階段新論〉,《江蘇教育學院學報 (主科版)》,南京:1993 年 4 月。

13. 汪征魯、鄭達炘,〈論魏晉南朝門閥士族的形成〉,《福建師範大學學報》第二期,1979 年。

14. 谷霽光,〈六朝門閥 —— 門閥勢力之形成與消長〉,《文史哲季刊》5-4,1936 年。

15. 蒙思明，〈六朝世族形成的經過〉，《文史雜誌》第一卷第九期，1941 年 8 月。

16. 毛漢光，〈三國政權的社會基礎〉，收錄於氏著《中國中古社會史論》，臺北：聯經出版事業公司，民國 77 年 2 月。

17. 毛漢光，〈中古大士族之個案研究——琅邪王氏〉，收錄於氏著《中國中古社會史論》，臺北：聯經出版事業公司，民國 77 年 2 月。

18. 毛漢光，〈五朝軍權轉移及其對政局之影響〉，收錄於氏著《中國中古政治史論》。

19. 毛漢光，〈兩晉南北朝主要文官士族成分的統計分析與比較〉，收錄於氏著《中國中古社會史論》。

20. 王炎平，〈關於王導與東晉政治的幾個問題〉，收錄於中國魏晉南北朝史學會編，《魏晉南北朝史研究》，成都：四川省社會科學院出版社，1986 年 3 月。

21. 王素，〈試述東晉桓彝之功業〉，《中國史研究》，2005 年第一期。

22. 余英時，〈名教危機與魏晉士風的轉變〉，收錄於《中國知識階層史論（古代篇）》，臺北：聯經出版社，1984 年 2 月。

23. 余英時，〈漢晉之際士之新自覺與新思潮〉，收錄於《中國知識階層史論（古代篇）》。

24. 吳火有，〈王導鞏固東晉政權之策略及其成效〉，收錄於《新亞書院歷史系系報》5，民國 69 年。

25. 周一良，〈乞活考〉，收錄於氏著《周一良集第壹卷》，瀋陽，遼寧教育出版社，1998 年 8 月。

26. 唐君毅，〈秦漢以後天命思想之發展〉，收錄於《新亞學報》六卷二期。

27. 唐長孺，〈士族的形成與升降〉，收錄於氏著《魏晉南北朝史論拾遺》，臺北：流通書報行，年不詳。

28. 唐長孺，〈王敦之亂與所謂刻碎之政〉，收錄於氏著《魏晉南北朝史論拾遺》。

29. 唐長孺，〈西晉分封與宗王出鎮〉，收錄於氏著《魏晉南北朝史論拾遺》。

30. 唐長孺，〈魏晉南朝的君父先後論〉，收錄於氏著《魏晉南北朝史論拾遺》。

31. 唐長孺，〈門閥的形成及其衰落〉，收錄於《中國社會經濟史參考文獻》，臺北：華世出版社，民國 73 年 10 月。

32. 陳寅恪，〈述東晉王導之功業〉，收錄於氏著《金明館叢稿初編》，北京：三聯書店，2001 年 6 月。

33. 陳寅恪，〈陶淵明之思想與清談之關係〉，收錄於氏著《金明館叢稿初編》。

34. 陳寅恪，〈魏書司馬叡傳江東民族條釋證及推論〉，收錄於氏著《金明館叢稿初編》。

35. 陳啟雲,〈兩晉三省制度之淵源、特色及其演變〉,《新亞學報》三卷二期, 1958 年 8 月。

36. 胡志佳,〈惠帝羊皇后與西晉政局 —— 兼論羊氏家族的發展〉,《逢甲人文社會學報》第八期,2004 年 5 月。

37. 胡志佳,〈西晉王浚家族的興衰及其人際關係 —— 由華芳墓誌銘觀察〉,《逢甲人文社會學報》七期,2003 年 11 月。

38. 童超,〈東晉南朝時期的移民浪潮與土地開發〉,《歷史研究》1987-4。

39. 孫廣德,〈我國古代政權轉移理論之研究〉,收錄於中華文化復興推委會編,《中國史學論文選集(第三輯)》,臺北:幼獅出版社,民國 72 年。

40. 傅樂成,〈荊州與六朝政局〉,收錄於氏著《漢唐史論集》,臺北:聯經出版事業公司,民國 70 年 6 月。

41. 萬繩楠,〈論淝水戰前東晉的鎮之以靜政策〉,收錄於氏著《魏晉南北朝史論稿》,臺北:雲龍出版社,2002 年 3 月。

42. 萬繩楠,〈魏晉南北朝時代的思想主流是什麼〉,《史學月刊》,1957-7。

43. 劉雪楓,〈吳姓士族與東晉早期政治〉,收錄於《遼寧大學學報》1990 年六期,1990 年 11 月。

44. 錢穆,〈中國智識分子〉,收錄於《國史新論》,臺北;東大圖書公司,1989 年 3 月。

45. 龍顯昭,〈西晉流民起義中的杜弢〉,《中國史研究》,1982-3。

46. 魏斌,〈王敦三考〉,收錄於武漢大學中國三至九世紀研究所編,〈魏晉南北朝隋唐史資料〉第十八輯,武昌:武漢大學出版社。

47. 饒宗頤,〈敦煌與吐魯番寫本孫盛晉春秋及其「傳之外國」考〉,收錄於《漢學研究》四卷二期,民國 75 年 12 月。

48. 林校生,〈關於王敦幕府的考察及推論〉,《華僑大學學報(哲學社會科學版)》,2002 年四期。

49. 李濟滄,〈論庾亮〉,收錄於中華書局上海編輯所編,《中華文史論叢(總第八十三輯)》,上海:中華書局。

50. 楊合林,〈陶侃及陶氏家族興衰與門閥政治之關係〉,《史學月刊》2004 年第七期。

51. 王志高,〈試論溫嶠〉,《東南文化》2002 年第九期(總第一六一期)。

52. 王連儒,〈西漢中葉及曹魏後期之琅邪王氏政治〉,青島:《山東社會科學》,2002 年 1 月。

## 肆、日文專著與論文

1. 高須國臣,〈關於王敦的叛亂〉,收錄於《愛知大學文學論叢》36,1968 年。

2. 九州大學東洋史研究室，〈六朝隋唐政權研究文獻目錄〉，載於《東洋史學》19，1958 年。該目錄轉引自高明士主編，《中國史研究指南 2（魏晉南北朝史・隋唐五代史）》，臺北：聯經出版事業公司，民國 79 年 4 月。

3. 桑田・守屋等編，《六朝史研究文獻目錄》，大版：大版大學文學部，1955。該目錄轉引自高明士主編，《中國史研究指南 2（魏晉南北朝史・隋唐五代史）》。

4. 大川富士夫，〈六朝前期の吳興郡の豪族 —— とくに武康の沈氏をめぐって ——〉，收錄於立正大學史學會編，《宗教社會史研究》，昭和五十二年十月。

5. 川勝義雄，《六朝貴族制社會の研究》，東京：岩波書店，1982 年 12 月。

6. 矢野主稅，〈東晉における南北人對立問題 —— その社會的考察〉，收錄於《史學雜誌》77-10。

7. 矢野主稅，〈東晉における南北人對立問題 —— その政治的考察〉，收錄於《東洋史研究》26-3。

8. 石田德行〈東晉的荊州軍閥 —— 譙國龍亢桓氏的場合〉，收錄於《軍事史學》6-4，1971 年。

9. 石田德行〈東晉荊江軍閥的形成過程 —— 穎川庾氏的場合〉，收錄於《軍事史學》6-4，1971 年。

10. 多田狷介，〈穎川庾氏の人びと —— 西晉代の庾衰を中心に ——〉，收錄於《木村正雄先生退官記念東洋史論集》，1976。

11. 安田二郎，《六朝政治史の研究》，京都：京都大學學術出版會，2003 年 2 月。

12. 金民壽，〈東晉政權の成立過程〉，《東洋史研究》四十八卷二號。

13. 宮崎市定，《九品官人法の研究》，京都：同朋社出版，昭和 63 年 4 月。

14. 竹園卓夫，〈八王の亂に關する一考察〉，《東北大學東洋史論集第七輯》，1998 年 1 月。

15. 窪添慶文，〈1970～1989 年日本的魏晉南北朝史研究〉，《中國史研究動態》十二期，1991 年。

16. 都築晶子，〈西晉末期の諸集團について —— その統合の過程と理念 ——〉，《名古屋大學東洋史研究報告》10，1985 年。

17. 越智重明，〈東晉朝中原恢復の一考察〉，《東洋學報》第三十八卷一期，1955 年。